올댓 노인 음악치료

노인을 위한 음악치료의 이론과 실제

황은영 · 문서란 · 김경숙 · 고범석 공저

학지사

머리말

"동~구밖. 과수원길. 아카시아 꽃이 활짝 폈네……."

아버님이 가장 좋아하시는 노래입니다. 아버님은 노래를 부르시는 어머님을 아이 같은 얼굴로 쳐다보십니다. 점점 기억을 잃어 가고 있는 아버님을 위해 오늘도 어머님은 노래를 부르십니다.

이제는 너무나 흔하게 접하는 단어, '치매'.

2018년 통계자료에 의하면 65세 이상 치매 환자 수는 약 70만 명이며 그 유병률은 10.0%로 추정하고 있습니다. 많은 전문가는 고령화가 진행되면서 국내에서 이 비율이 더욱 높아질 것으로 전망하고 있습니다. 치매를 포함한 노인인구의 증가로 인해 국내에서도 노인들을 위한 의료 서비스뿐만 아니라 삶의 질적인 측면에서도 많은 관심과 노력이 필요한 시기입니다. 이러한 사회적 분위기에 따라 음악치료 영역에서도 치매 노인뿐만 아니라 일반 노인, 호스피스·완화의료 노인들까지 그 대상 영역을 확대하며 노인들을 위한 음악활동을 기획·적용하고 있습니다. 이로 인해 노인들과 함께하는 치료사도 많이 늘어나고 있는 추세입니다. 이 책은 노인들과 함께하고 있는 음악치료사와 전공 학생들, 그리고 노인을 위한 활동에 관심을 갖는 다른 치료 분야의 전문가들과 음악치료 적용을 함께 나누고자 하는 마음으로 기획되었습니다.

총 3부로 구성된 이 책의 내용은 다음과 같습니다. 먼저, 1부에서는 노인의 정의와 특징 등 노인에 대한 일반적인 특징을 다루고 있습니다. 노화에 대한 이론적인 정의부터 시작하여 노인에게 발생할 수 있는 치매, 뇌졸중 등 관련 이슈들을 함께 소개하고 있습니다. 2부는 음악치료에 대한 소개입니다. 음악치료의 일반적인 정의와 과정뿐만 아니라 노인들을 위한 음악치료의 목적과 방법에 대해 개괄적으로 소개하고 있습니다. 이를 통해 음악치료에 대한 전반적인 이해를 돕고자 하였습니다.

제3부는 대상별 음악치료로 구성하였습니다. 특별히 3부는 이론과 함께 실제 프

로그램 예시, 그리고 임상의 치료사들의 생생한 목소리로 전하는 실제 사례로 구성하였습니다. 먼저, 4장에서는 일반 노인을 위한 음악치료를 소개하고 있습니다. 여기서는 모든 노인 대상 음악치료에서 공통적으로 이해해야 할 기본적인 개요와 실제 등을 자세하게 제공함으로써 현장에서 일하는 전문가들에게 도움을 주고자 하였습니다. 5장에서는 치매 노인을 위한 음악치료에 대해 소개하고 있습니다. 치매 노인을 위한 음악적인 접근뿐만 아니라 사례를 함께 소개함으로써 음악의 힘을 보여 주고자 하였습니다.

6장에서는 뇌졸중 및 파킨슨병 노인을 위한 음악치료를 소개하고 있습니다. 특별히 이 장에서는 신체, 인지, 언어재활 등 의료 영역에서 음악의 접근방법을 소개하고 있어 심리적인 지지뿐만 아니라 재활 영역에서 효과적인 음악의 힘을 보여 주고 있습니다. 7장에서는 최근 많은 관심을 갖는 호스피스·완화의료에서의 음악치료를 소개하고 있습니다. 웰다잉(well-dying)에 대한 사회적 관심이 높아지면서 이들이 남은 삶을 잘 마무리할 수 있도록 도와주기 위해 음악이 효과적으로 사용될 가능성을 보여 준다는 점에서 의의가 있습니다.

8장에서는 세대통합을 위한 음악치료를 소개하고 있습니다. 한 개인을 위한 음악치료를 넘어서 노인과 가족, 더 나아가 지역사회까지 확장되어 함께할 수 있는 음악활동을 소개함으로써 단순한 개인적인 변화가 아닌 지역사회가 함께 노력하여 해결하고자 하는 의지를 보여 주었다는 점에서 큰 의미를 가진다고 사료됩니다. 마지막 부록에서는 노인들이 선호하는 음악을 제시하였는데, 실제 임상현장에서 노래 부르기 등의 활동을 할 때 매우 유용할 것으로 생각됩니다.

이 책의 저자들은 노인 음악치료 분야에서 많은 임상경력이 있는 치료사들입니다. 따라서 이 책에 담겨 있는 경험과 지식이 노인분야에서 음악치료 활동을 하고자 하는 전문치료사, 학생 그리고 관련 전문인들에게 실질적이고 유용한 도움이 될 것이라고 생각합니다. 이 책이 활자화되어 세상에 나올 수 있도록 아낌없는 지원을 해 주신 학지사 김진환 사장님과 편집부 직원 분들 모두에게 진심으로 감사 인사를 드립니다. 아무쪼록 이 책이 노인들의 행복한 삶을 위해 일하고자 하는 많은 사람에게 조금이나마 도움이 될 수 있기를 기원합니다. 감사합니다.

2020년 저자 일동

차례

2부 음악치료의 개요

3부 대상별 음악치료

1부

노인과 노화

1장

노인 및 노화의 개념

1. 노인의 정의

노인을 한마디로 정의하기는 어렵다. 그 이유는 노인은 사회 · 문화적 환경에 따라 다르게 정의될 수 있기 때문이다. 일반적으로 노인의 정의는 추상적 정의와 조작적 정의로 구분할 수 있다.

1) 추상적 정의

국제노년학회(1951)는 노인을 다음과 같이 정의한다. 첫째, 환경의 변화에 적절히 적응할 수 있는 조직기능이 감퇴되고 있는 사람, 둘째, 인체의 자체 통합능력이 감퇴되고 있는 사람, 셋째, 인체의 기관, 조직, 기능에 쇠퇴현상이 일어나는 시기에 있는 사람, 넷째, 인체의 적응능력이 점차로 결손되고 있는 사람, 마지막으로 조직의 예비능력이 감퇴하여 적응이 제대로 되고 있지 않는 사람이라고 정의한다(임승연, 2001에서 재인용).

또한 Breen(1960)은 노인은 생리・생물학적인 측면에서 퇴화기에 있는 사람, 심리적인 면에서 정신기능과 성격이 변화되고 있는 사람, 그리고 사회적인 면에서 지위와 역할이 상실된 사람이라고 하였다. Atchley(2000)는 인간을 성장, 성숙, 노화의 단계로 구분하고 노화의 단계에 있는 사람을 노인이라고 정의하고 있다.

이러한 여러 가지 정의를 고려할 때, 공통적으로 노인은 생리적 및 신체적 기능의 쇠퇴와 함께 심리적인 변화가 일어나서 사회적으로 역할이 약화되고 있는 사람이라고 정의할 수 있다.

2) 조작적 정의

조작적 정의란 사회과학적 조사, 연구상 편의, 정책 및 행정적 편의를 위해 규정한 것을 의미하는 것으로(이은희, 2013) 노인에 대한 조작적 정의는 다음과 같다.

첫째, 개인의 자각에 따른 정의이다. 노인을 개인 스스로 주관적으로 판단하여 노인이라고 생각하는 사람으로 규정하고 있다. 하지만 이 정의는 개인의 주관에 따라 다양한 측면이 있기 때문에 보편적으로 사용하기 어려운 정의이다.

둘째, 사회적 역할 상실에 따른 정의이다. 노인을 주요한 사회적 지위와 역할이 상실된 상태에 있는 사람으로 규정하는 것이다. 그러나 사회적 역할이 분명하지 않은 경우, 예를 들면 주부 같은 여성의 경우는 적용하기 힘든 정의라고 할 수 있다.

셋째, 연령에 따른 정의이다. 대부분의 현대 사회에서는 노인을 65세 이상으로 규정하고 있다. 그러나 최근 노인의 평균 수명의 증가를 고려하여 현실적인 규정이 요구되고 있다.

넷째, 기능적 연령에 따른 정의이다. 노인을 연령에 의해 일괄적으로 구분하는 것이 아닌 개인의 차이, 즉 어떤 일을 수행할 수 있는 개개인의 능력 차이를 고려하여 노인을 규정하는 것이다. 이는 특히 최근 산업노년학(industrial gerontology)에서 관심을 갖는 개념이라고 한다. 기능적 연령에 따른 노인의 정의는 측정방법의 편의성이 잘 개발되고 연구된다면 각 개인의 차이를 인정하게 되어 사회적으로 효율적인 개념이 될 수 있을 것이다.

3) 법적 정의

국내 노인과 관련된 법령에서는 노인을 다음과 같이 정의하고 있다(〈표 1-1〉 참조).

표 1-1 법령과 관련된 노인의 정의

법률 및 기관	연령
「노인복지법」(제25조, 제26조, 제27조, 제28조)	노인은 생업지원, 경로우대, 건강진단, 상담 입소 등의 조치에서 65세 이상인 자로 규정함
「노인장기요양보험법」(제2조)	노인 등이란 65세 이상의 노인으로 정의함
「기초연금법」(제3조)	기초연금은 65세 이상인 사람으로 규정함
「고용상 연령차별금지 및 고령자 고용촉진에 관한 법률」(제2조)	고령자는 55세 이상인 사람으로, 준 고령자는 50세 이상 55세 미만인 사람으로 규정함

출처: 국가법령정보센터(http://www.law.go.kr)

2. 노화의 개념

노인의 개념을 이해하기 위해서는 먼저 노화에 대한 이해가 필요하다. 노화는 "시간의 흐름에 따라 유기체의 세포, 조직, 기관 또는 유기체 전체에 일어나는 점진적인 변화"(Beaver, 1983)를 말하며 생물학적 · 심리적 · 사회적 측면에서 노화를 이해할 수 있다.

1) 생물학적 노화

인간은 하나의 유기체로서 출생하고 성장 발달하며 결국 죽음에 이르게 된다. 이러한 과정에서 생물학적 · 신체적 변화를 경험하게 되고 이를 생물학적 노화(biological aging)라고 볼 수 있다(Hampton, 1991). 생물학적 노화의 기준은 모든 사람에게 보편적으로 발생하여야 하며 노화의 주 원인이 신체 내적인 데 있어야 한다. 또한 생물학적 노화는 신체적 기능에 부정적인 영향을 미쳐 생명의 종식에 기여하여야 하며 점진적으로 일어나야 한다(Atchley, 2000).

이러한 생물학적 노화와 관련된 이론은 다음과 같이 다양하다. 첫째, 유전적 이론이 있다. 일반적으로 유전인자(DNA) 속에 노화의 속성이 프로그램화되어 있다가 유기체가 적절한 시간이 경과함에 따라 노화현상이 나타나거나 혹은 DNA가 단백질 또는 효소를 결합시키는 과정에서 유전정보가 맞지 않는 것을 생각하게 되면서 이러한 단백질이나 효소가 축적되어 노화를 일으킨다는 이론이다(Shock, 1977).

둘째, 비유전적 세포이론이 있다. 기계처럼 오래 사용하여 신체 기관이 약화되거나 혹은 세포 속에 축적된 해로운 물질이 노화를 일으키기도 하고 신진대사 과정에서 발생된 활성산소의 부작용으로 인해 조직의 기능 손상이 노화를 촉진한다는 이론이다.

셋째, 면역이론이 있다. 항체에 대한 식별능력이 저하되어 이물질을 파괴하지 못하고 체내에서 부작용을 일으키거나 혹은 체내 면역체계의 이상으로 정상세포를 파괴함으로써 노화가 진행된다는 이론이다. 마지막으로, 생리적 통제이론이 있다. 유기체 내의 내분비선, 신경조직 등과 같은 주요 통합 및 조정 기능의 상실이 노화를 촉진한다는 것이다.

2) 심리적 노화

노화는 생물학적 측면뿐만 아니라 심리적 측면에서도 영향을 미친다. 심리적 노화와 관련된 중요한 이론으로, 첫째, Erikson(1963)의 심리사회적 발달이론이 있다. Erikson은 성격의 발달은 개인의 심리 내적 요인이 대인관계의 사회적 접촉을 가짐에 따라 단계적으로 발전된다고 하면서 영아기부터 노년기에 이르기까지 8단계로 구분하여 설명하고 있다. 각 단계별로 과업이 있으며 이 과업을 성공적으로 발전시키면 긍정적인 성격 특성이, 그렇지 않으면 부정적인 성격 특성이 형성된다고 주장한다. 이 이론에 의하면 마지막 8단계인 노년기에 발달시켜야 하는 과업은 자아통합이다. 즉, 자아통합이 발달되지 못하면 노년기에 절망의 태도가 형성될 수 있다. 자아통합은 자신의 과거와 현재의 인생을 받아들이고 만족스럽게 여기며 의미 있게 생각하고 앞으로 다가올 죽음을 기다리는 태도를 말한다.

둘째, Peck(1968)의 발달이론이다. Peck은 Erikson의 7단계와 8단계를 통합하여 7단계 이론을 주장하고 있는데 이 시기 발달과업은 자아분화(self-differentiation) 대

직업역할 몰두(work role preoccupation), 신체초월(body transcendence) 대 신체몰두(body preoccupation), 자아초월(ego transcendence) 대 자아몰두(ego preoccupation)라고 한다. 즉, 이러한 과업이 잘 형성되면 자신의 현재 삶을 인정하고 받아들이지만 그렇지 못하면 죽음을 두려워하고 불안과 초초한 태도를 갖게 된다는 것이다(Bornstein, 1980).

셋째, Havighurst(1972)의 발달과업이론이다. Havighurst는 생애 주기에 따라 6단계로 구분하고 이때 발달과업을 다음과 같이 제시하였다. 악화되는 신체적 힘과 건강에 따른 적응, 퇴직과 경제적 수입 감소에 따른 적응, 배우자의 죽음에 대한 적응, 자기 동년배 집단과의 유대관계 강화, 사회적 역할을 융통성 있게 수행하고 적응, 생활에 적합한 물리적 생활환경의 조성이다.

넷째, Clark과 Anderson(1976)의 적응발달과업이론이다. 이 이론에서는 다섯 가지 적응과제를 제시하고 있는데, 첫 번째는 노화의 현실과 이에 따른 활동 및 행동에 제약이 오는 것을 자각하는 것이고, 두 번째는 신체적 및 사회적 생활반경을 재정의하는 것이고, 세 번째는 노화에 따른 제약 때문에 종전처럼 만족시킬 수 없는 욕구를 다른 방법으로 만족시키는 것이고, 네 번째는 자아의 평가 기준을 새로이 설정하는 것이고, 다섯 번째는 노년기의 생활에 맞도록 생활의 목표와 가치를 재정립하는 것이다.

다섯째, Miller(1965)의 정체감 위기 이론이다. 이 이론에 의하면 한 개인의 직업적 역할은 자신의 정체감을 유지시키는 기반이 되는데 퇴직과 함께 직업적 역할과 그에 따르는 부수적인 역할의 상실을 가져오게 된다. 이로 인해 자아 기반이 무너지고 정체성에 위기를 맞게 된다는 것이다. 반면, Atchley(1971)는 정체감 유지 이론을 주장하였는데, 자신의 정체감은 한 가지 역할을 통해서만 끌어내는 것이 아니기 때문에 퇴직 이후에도 여러 가지 역할에 참여하면서 자신의 정체감을 유지할 수 있다는 것이다.

여섯째, Kuypers와 Bengtson(1973)의 사회적 와해 이론이다. 이 이론에 따르면 사회적 또는 심리적 측면에서 문제가 있는 노인에 대하여 사회적으로 인식된 부정적인 피드백이 부정적인 인식을 강화하는 순환적인 틀이 되어 노인의 사회적 관계를 더욱 어렵게 한다는 것이다.

마지막으로, 사회구성주의 이론이 있다. 이 이론에서는 연령과 노화에 대한 사회적 구성체를 검토하여 개인을 사회적-구조적 맥락에서 연결하고자 하는 것이다. 사회구성주의 이론은 개인과 개인을 둘러싼 상호작용 속에서 노인의 사회적 관계를 규명하고 의미를 찾고 개인의 참여와 상호작용이 현실을 창조하고 그 창조된 현실의 영향을 개인이 받는다는 의미에서 새로운 시각을 줄 수도 있다.

3) 사회적 노화

인간은 출생하면서 개인과 집단 간의 끊임없는 상호관계 속에서 살아가고 있다. 즉, 가족, 이웃, 지역사회 속에서 관계를 맺으면서 자신의 지위를 얻게 되고 이에 맞는 역할을 수행하면서 사회적 관계를 유지하고 있다. 그러나 노인들은 퇴직 등으로 자신의 지위와 역할을 상실하면서 사회적 노화를 경험하게 된다.

노화가 사회적 요소에 어떤 영향을 미치는가에 대해서는 여러 가지 이론이 제시되고 있는데, 첫째, Riley와 Foner(1968)의 연령계층화 이론이다. 이 이론에 의하면 사회는 기본적으로 연령 등급에 따라 구분되는 연령층으로 구성되어 있고 서열화되어 있다는 것이다. 즉, 각각의 연령층에 따라 경험, 태도, 가치관 등이 다르기 때문에 노인 역시 다른 연령층과 구별된다. 따라서 노인들이 다른 연령층과의 관계에서 그들의 지위와 역할을 찾아야 하며 그 속에서 노인에게 활용 가능한 여러 지위와 역할, 기회 등을 선택해야 한다는 것이다(Riley, 1980).

둘째, Rose(1965)의 하위문화 이론이다. 이 이론은 노인 간의 빈번한 상호작용으로 노인에게 특유한 하위문화가 발생한다는 것이다. 이러한 하위문화는 노인에게 공통의 기회를 제공할 수 있지만 그들만의 문화로 인해 사회 통합에는 바람직하지 못하다는 단점이 있다.

셋째, Cowgill과 Holmes(1972)의 현대화 이론이다. 이 이론은 현대화라는 사회적 변화가 노인의 지위를 하락시키고 있다는 것이다. 이러한 결과로 인해 노인빈곤, 노인질병, 노인소외 등의 노인문제가 야기된다는 것이다.

넷째, Henry(1961)의 분리이론이다. 이 이론에서는 노인은 젊은이에 비하여 사회적 역할이 약화되고 죽음에 임하게 되는 확률이 높아지면서 개인의 입장에서는 최적의 만족을, 사회적 입장에서 사회와 분리를 원하며 이러한 분리는 정상적이라고 한다. 많은 연구를 통해 이러한 사회와 개인적으로 분리된 노인의 경우 심리적 만족감을 갖는다고 한다(Butler & Lewis, 1977). 즉, 노화와 더불어 사회활동을 적게 할수록 노인의 심리적 만족이 높아진다는 것이다.

다섯째, Havighurst와 Albrecht(1953)의 활동이론이다. 이 이론은 사회활동의 참여가 높을수록 사회적 만족도가 높다는 것으로 분리이론과 대조된다. 이 이론은 분리이론과 함께 노년 사회학에서 가장 논란이 되고 있다.

마지막으로, Homans(1961)의 교환이론이다. 이 이론은 사회적인 모든 행동을 '적어도 두 사람 사이의 활동의 교환'으로 보고 대인관계는 사람 사이의 보상을 반복적으로 교환하는 것으로 본다. 노인의 경우 상호 교환관계에 있어서 열등한 위치에 있으며 이는 결국 사회와의 관계에서 어려움을 당하는 노인문제의 발생 원인이 된다는 것이다.

3. 노인의 특징

1) 신체적 특징

노화가 진행되면서 노인들에게는 여러 가지 신체적 변화들이 나타난다. 노인의 신체적 특징은 머리가 빠지고 희게 변화고, 청각과 시각 등 감각이 감퇴되며, 피부에 주름이 생기고 탄력성이 없어지며, 근육이 감소되고, 심장박동, 폐활량이 감소되면서 여러 신체 조직이 허술해지는 것이다. 이러한 원인으로 신진대사기능이 떨어지고 질병에 대한 저항력도 약해진다(권중돈, 2004). 또한 신체 내부에서 신경계통의 구조적 변화와 기능적 변화로 수면의 질이나 양이 줄어들고 유기체의 생리적인 적응력이 감퇴하며 체온의 통제나 피로 회복이 원활하게 이루어지지 못하게 된다(Bromley, 1990/1992).

2) 심리적 특징

노인들은 노화로 인해 인지와 기억, 지능, 성격 및 행동에 있어서 퇴행, 유지 및 성숙을 동시에 포함하는 심리적 특징을 가지게 된다. 일반적으로 노인의 정서는 공포, 실망, 분노 등을 자주 나타내기도 하고 감정이 주관적이며 또한 변화를 싫어하고 독선적인 행동을 하므로 융통성이 감소되는 등의 심리적 변화를 경험한다고 한다. 또한 노인은 우울감이 증가하고 수동적이며 과거에 대한 회상을 많이 하고 오래된 물건에 대한 애착심과 의존성이 증가한다(윤진, 1985). 이와 더불어 노인이 되면 기억력과 인지능력이 감소되면서 정서적 · 감정적 통제력이 약화되고 동기가 저하된다(안영선, 1993). 따라서 노인들은 외부로부터의 자극을 수용하고 적응하는 능력에서 변화가 오고 느긋함이 감소되면서 사소한 일에도 화를 내거나 슬퍼하는 경향이 있다. 노인들의 심리적 변화는 현실 원칙보다 쾌락 원칙에 따라 즉각적인 만족을 추구하려는 경향이 강해지면서 때로는 어린아이와 같은 행동을 보일 때도 있다.

3) 사회적 특징

산업화, 도시화의 진행에 따라 핵가족 중심의 가족이 형성되면서 전통적인 노인들의 가치는 상대적으로 낮아지고 더욱 악화되고 있다. 이러한 핵가족화와 전통적인 가족의 붕괴로 인해 노인들은 사회적으로 고립되며 그 심각성이 더해지고 있다. 이와 함께 은퇴, 경제적 능력의 상실, 배우자의 사별 등은 노인들에게 사회적 고립감을 더욱 심화시킨다고 할 수 있다. 즉, 전통적인 사회에서 노인의 가치는 절대적이지만 사회가 현대화될수록 노인의 지위는 상대적으로 낮아지고 더욱 악화된다(Cowgill & Holmes, 1972). 그 이유는 사회가 현대화되고 산업화되면서 새로운 기술이 발달되는데 옛 지식을 소유한 노년층의 경험과 기능은 더 이상 쓸모없게 되면서 사회로부터 분리되는 경험을 하게 된다는 것이다. 이로 인해 노인들은 권위의 상실, 고독감과 가치관의 혼란 등으로 인해 사회적으로 더욱 고립감을 경험하게 될 수 있다.

2장

노인관련 이슈들

1. 치매

1) 치매의 개념

치매(dementia)는 라틴어 de(out of)+mens(mind)+ia(stste of)에서 유래된 것으로 '정신이 없어진 상태'라는 의미이다. 19세기 말까지 치매는 지금과는 달리 정신질환과 사회적 무능력을 포함하는 광범위한 개념으로 사용되었다. 그러나 20세기부터는 그 개념을 서서히 진행하는 뇌질환으로 사고능력이 저하되고 감정기복, 언어기능 이상, 자발성, 동기부여가 없어지는 증상이 나타나서 개인의 일상생활 수행기능에 영향을 미치는 경우라고 정의하고 있어 현재의 개념과 유사하게 정의되고 있다. 또한 1976년 신경과 의사인 Robert Katzmann이 노인치매(senile dementia)와 알츠하이머병이 동일한 질환임을 증명하였으며 이때부터 우리가 알고 있는 알츠하이머병의 개념을 정립하게 되었다(대한치매학회 신경행동연구회, 2017).

치매는 자연스러운 노화과정의 일부가 아니며 단일질환이라기보다는 뇌에 생기는 병리 때문에 여러 가지 인지기능에 이상을 보이는 증후군이라고 할 수 있다. 따라서 치매를 발생시키는 뇌질환은 70~80가지로 다양하며 원인도 점차 증가하고 있다. 2013년 DSM-5(Diagnostic and Statistical Manual of Mental Disorders)에서는 '치매' 대신 '주요신경인지장애(major neurocognitive disorder)'를, '경도인지장애' 대신 '경도신경인지장애(mild nerocognitive disorder)'라는 용어를 사용하였다.

2) 치매의 원인

치매의 원인은 매우 다양하지만 주로 알츠하이머병, 혈관치매, 전두측두엽치매, 파킨슨증을 동반한 치매로 나눌 수 있다(대한치매학회 신경행동연구회, 2017).

(1) 알츠하이머병

알츠하이머병(Alzheimer's disease)은 치매 발생 원인의 약 60~70%를 차지할 정도로 가장 흔한 질환이며 대표적인 퇴행성 질환으로 기억장애, 사고장애, 행동장애가 점차 심해지는 것이다. 이 병은 대표적인 노화관련 질환으로 65세 이상에서 주로 나타나며 65세 이후에는 5년이 경과할 때마다 유병률이 두 배씩 증가한다. 발생기전에 대해서는 여러 가지 가설이 있지만 가장 유력한 것이 뇌에서 베타아밀로이드(beta amyloid)가 과량 생성되거나 혹은 배출되지 않아 뇌 안에 아밀로이드가 축적되고 이로 인해 신경세포가 사멸된다는 것이다. 과거에는 알츠하이머병 치료제가 없고 단지 망상, 우울, 환각 같은 행동이상을 보일 때 이러한 증상을 완화시키기 위해 항정신약물 등을 처방하였지만 최근에는 치매의 진행을 늦추기 위한 약물이 사용되고 있다.

(2) 혈관치매

혈관치매(vescular dementia)는 알츠하이머병 다음으로 많은 치매의 원인이 된다. 혈관치매는 뇌혈관질환, 즉, 뇌졸중으로 인한 뇌손상으로 발생하는 치매이다. 혈관치매는 퇴행성 질환인 알츠하이머병과는 다르게 나타나는데 증상이 갑작스럽게 시작되고 뇌졸중이 재발될 때마다 악화와 정체를 반복하면서 계단식으로 진행한다. 혈관치매는 뇌졸중 위치에 따라 겉질밑 혈관치매(subcortical vascular dementia), 다발 뇌경색치매(multi infarct dementia), 전략 뇌경색치매(strategic infarct dementia)로 분류될 수 있는데 가장 흔한 것이 겉질밑 혈관치매이다. 알츠하이머병처럼 치료제가 아직 없지만 뇌졸중으로 인해 발생하는 혈관치매의 경우 뇌졸중을 예방하거나 재발 방지를 위한 약물치료를 통해 치매의 진행을 막을 수 있다.

(3) 전두측두엽치매

전두측두엽치매(Frontotemporal Dementia: FTD)는 주로 전두엽과 측두엽을 침범하여 행동장애와 언어장애가 나타나는 퇴행성 질환을 말한다. 전두측두엽치매는 조기발현치매(presenile dementia)의 가장 흔한 원인 중 하나로 앞쪽 측두엽에서 퇴행 변화가 발생하여 전두측두엽퇴행이라고도 한다. 이 치매는 임상양상에 따라 행동변이형 전두측두엽치매(behavioral variant frontotemporal dementia), 의미치매(semnantic dementia), 진행비유창실어증(progressive nonfluent aphasia)으로 분류된다. 전두측두엽치매의 경우도 아직 적절한 약물치료 방법은 없지만 신경행동을 완화하고 삶의 질을 증진시키기 위한 약물이 사용되기도 한다(〈표 2-1〉 참조).

표 2-1 전두측두엽치매의 분류별 임상양상

분류	행동양상	인지 저하	뇌의 위치
행동변이형 전두측두엽 치매	-초기부터 의욕 저하 -무감동, 충동억제장애 -부적절한 언행, 수치심 상실 -식욕변화 혹은 과식증 -과도한 집착, 감정이입 소실	-수행능력/판단력 저하 -기억력과 시공간기능은 상대적으로 보존	-양쪽 전두엽과 전측두엽 위축
의미치매	-감정이입 소실 -융통성 없는 태도, 강박증, 인색함, 식욕변화	-이름대기장애, 단어개념 소실, 읽기/쓰기 장애	-편측(주로 좌측) 전측두엽 위축
진행 비유창성 실어증	-말기까지 보존	-문법상실증, 말더듬, 유창성 저하, 복잡한 문장의 이해력 저하	-좌측 뒤쪽 전두엽-뇌섬엽 주변 위축

출처: 대한치매학회 신경행동연구회(2017), p. 27.

(4) 파킨슨증을 동반한 치매

파킨슨증을 동반한 치매(dementia associated with parkinsonism)는 파킨슨증과 치매 증상이 동시에 나타나는 퇴행질환으로 크게 타우병증(tauopathy)과 알파-시누클레인병증(α-synucleinopathy)으로 나눌 수 있다. 이 중 알파-시누클레인병증에 속하는 레비소체 치매는 알츠하이머병 다음으로 흔하며 신경퇴행치매의 약 20%를 차지하는 것으로 알려져 있다.

레비소체 치매(Dementia with Lewy bodoes: DLB)는 임상적으로 치매 증상을 보이는데 뇌간과 광범위한 대뇌 피질에 레비소체가 나타나는 치매를 말한다. 이 치매의 경우 알츠하이머병보다 시공간 지각과 구성능력에 손상이 심하게 나타나며 집중력 장애도 나타난다. 이와 함께 파킨슨병도 질병의 경과 중에 치매 증상이 동반될 수 있으며, 이를 파킨슨병치매(Parkin's Disease with Dementia: PDD)라고 하는데 알츠하이머병 다음으로 흔하게 나타나는 질환이다. 처음에는 운동질환으로 알려졌지만 다양한 비운동적인 증상이 동반된다. 인지기능 저하뿐만 아니라 자율신경장애, 수면장애, 불안, 무감동, 환각 같은 신경행동증상도 흔히 나타난다. 이 치매의 경우 파킨슨병 환자에서 위험성이 같은 연령의 정상 노인보다 여섯 배나 높게 나타난다고 알려져 있다. 파킨슨병치매는 전두엽수행능력 장애, 주의집중력 장애, 시공간능력 장애, 우울감, 정신운동 지체 현상이 뚜렷하게 나타나는 데 비해 기억력 저하는 경미하게 나타나는 편이다.

3) 치매의 증상

치매는 진행되면서 인지기능, 신경행동증상, 일상생활활동에서의 저하를 보이게 된다(대한치매학회 신경행동연구회, 2017).

(1) 인지기능

치매는 다양한 인지기능장애가 나타나는데 인지기능에는 기억력, 언어능력, 시공간능력, 전두엽수행기능, 지남력, 주의집중력, 실행능력이 포함된다.

① 기억력

치매 환자에게 기억장애는 흔하며 중요한 증상이다. 치매 초기에는 최근 기억장애가 주로 나타나고 과거 기억은 상대적으로 유지되지만 치매가 심해지면서 과거 기억에도 문제를 보인다. 특히 알츠하이머병의 경우 기억 저장과 인출 과정이 손상되어 자유회상과 재인 모두에서 장애를 보인다.

② 언어능력

언어는 수용언어와 표현언어로 구분될 수 있다. 치매에서 흔하게 나타나는 언어장애는 원하는 표현을 즉시 말하지 못하거나 물건의 이름을 쉽게 말하지 못하는 경우이다. 알츠하이머병의 경우 초기에는 물건 이름대기 장애가 나타나며 병이 진행되면서 이해력이 저하되고 말수가 적어지면서 따라 말하기, 읽기와 쓰기에도 장애가 발생하며 말기에는 전혀 말을 하지 못하게 된다.

③ 시공간능력

시공간능력은 공간에서 주변을 파악하는 행동을 말하는데 이 능력이 손상되면 방향감각이 저하되고 이로 인해 길을 찾는 것이 어려워진다. 초기에는 익숙하지 않은 곳에서 길을 잃을 수 있지만 심해지면서 익숙한 환경에서도 길을 잃거나 가족의 얼굴을 알아보지 못하는 등의 증상이 나타난다.

④ 전두엽 수행기능

수행기능이란 문제를 해결하기 위하여 계획을 세우고 계획에 따라 여러 가지 일을 동시에 진행하며 변화가 발생했을 때 적절하게 대처할 수 있는 능력으로 주로 전두엽이 중요한 역할을 한다. 손상 위치에 따라 내측전두엽이 손상되면 의욕이 없어지고 무감정, 무의지 또는 무언증이 발생할 수 있으며, 안와전두엽이 손상되면 탈억제와 정서불안정, 지나친 공격성, 사회적으로 부적절한 대인관계가 발생할 수 있다.

⑤ 지남력과 주의집중력

지남력과 주의집중력은 고위 인지기능이다. 지남력은 시간, 장소, 사람에 대한 지남력으로 구분할 수 있다. 주의집중력 손상은 기억력과 다른 인지기능에 영향을 주며 일상생활능력 저하의 원인이 되기도 한다. 알츠하이머병 초기에는 주의력 배분이나 초점 주의력이 저하된다.

⑥ 실행능력

실행능력은 간단한 기능부터 복잡한 동작까지 관련된 모든 운동을 포함하는 것으로 알츠하이머병에서는 뚜렷하게 보이지 않는다. 그러나 치매의 진행에 따라 이미 익숙한 숙련된 운동, 예를 들면 칫솔질, 빗질 등을 적절하게 수행하지 못하는 실행증이 나타나기도 한다.

(2) 신경행동증상

치매 중기가 되면 인지기능장애 외에 다양한 이상행동과 심리증상이 나타난다. 크게 정신병적인 증상과 정서 · 감정적인 증상으로 나타난다.

① 정신병적 증상

정신병적 증상은 비정상적인 정신상태로 다양하게 나타나며 망상, 환각, 착오가 있다.

• 망상

망상(delusion)은 비현실적인 판단 혹은 비이성적이거나 비논리적인 잘못된 믿음이다. 치매에서 망상의 빈도는 10~73%이며 피해망상이나 편집증이 가장 흔하게 나타난다.

• 환각

환각(halluciation)은 실제로는 감각자극이 없는데 있는 것처럼 경험하는 것을 말하며 중등도 치매 단계에서 나타나고 발생빈도는 12~49%이지만 레비소체 치매에서는 80% 이상 흔하다. 환시가 가장 흔하며 환청도 가끔 나타나지만 냄새와 촉각에 대한 환각은 드문 편이다.

• 착오

착오(misidentification)는 지각장애로 인해 나타날 수 있는데 환각과 다르게 망상으로 인한 잘못된 믿음을 외부자극으로 오인하는 것을 말한다. 예를 들면, 낯선 사람이 집에 살고 있다고 생각하는 등의 증상을 보이기도 하는데 이러한 착오증상은 알츠하이머병에서는 16%, 레비소체 치매에서는 17% 정도 보인다.

② 정서적 · 감정적 증상

• 우울증

우울증(depression)은 매사에 흥미가 없고 자신감과 자존감이 낮은 행동을 보이는 것을 특징으로 하며 알츠하이머병에서 약 41%를 보인다. 노인에서 인지기능이 정상이면서 우울증이 있다면 알츠하이머병의 전구증상이나 위험인자의 가능성을 생각할 수 있다.

• 무관심/무감동

무감동은 치매가 진행되면서 빈도가 증가하는 경향을 보이고 계속 지속하면 환자의 일상생활 수행기능에 저하를 초래할 수 있다. 무감동은 정서, 인지, 행동 등의 측면으로 나눌 수 있는데 정서적으로는 주위에 대한 무관심과 흥미 소실을 보이며 인지적으로는 호기심이나 관심 감소, 행동적으로는 노력 부족, 행동의 시작과 유지의 어려움 등을 보인다.

• 불안

불안은 혈관치매에서 비교적 빈도가 높고 치매가 심해지면서 오히려 빈도가 줄어든다. 불안은 인지기능 저하, 사고능력 저하, 혼자 남겨진다는 두려움이 원인이 되어 나타날 수 있다. 치매는 불안증세로 인해 가족과 보호자에게 정신적인 부담이 될 수도 있다.

• 비정상행동

비정상적인 반복행동 또는 과다행동은 치매 진행과 함께 다양하게 나타난다. 배회, 서성거림, 외출, 가출 등의 행동을 하거나 강박적으로 물건을 수집하는 등의 비정상적인 행동이 있을 수 있다.

• 배회

배회는 부적절하거나 목적 없이 걷기 혹은 문제가 있는 보행 등 초조한 행동을 말한다. 배회는 길을 잘 못 찾거나 따분한 불안 등이 원인이 될 수 있다. 배회행동은 보호자에게 상당한 부담으로 작용하며 주의를 요구하는 행동으로 부담이 된다.

• 초조/공격성

초조는 환자가 심리적으로 불안하여 부적절한 말이나 소리를 내는 행동을 말한다. 이러한 초조와 공격성은 인지기능 저하가 심할수록, 혈관치매보다 알츠하이머병에서 더 흔하게 나타난다고 한다. 때리기, 밀기, 깨물기 등의 신체 공격행동과 비명, 저주 등의 언어 공격행동이 있다. 또한 배회, 서성거리기 등 신체 비공격행동, 충고, 불만, 투덜거림 등의 언어 비공격행동이 있다. 초조와 공격성은 보호자에게 가장 부담이 될 수도 있다.

• 보살핌에 대한 저항행동

환자를 돌보는 사람에 대해 돌봄을 거부하는 행동을 말하며 인지 저하가 심할수록 더 흔하게 나타난다.

• 파국행동

파국행동은 어쩔 수 없는 불안과 불만에 대한 강렬한 의사표현이다. 이는 분노반응이라고도 하는데 갑작스럽게 화를 내고 소리치고, 신체 공격적인 행동 반응을 보인다.

• 일몰현상

일몰현상은 오후나 저녁시간에 흥분과 불안 같은 정신행동증상이 나타나거나 악화되는 것을 말한다. 초초증상과 수면장애가 있을 때 일몰현상이 잘 나타난다.

(3) 일상생활능력 저하

일상생활능력은 개개인 모두가 공통적으로 매일 반복하는 일련의 활동으로 주의 환경에 적응하는 능력(Spector et al., 1987), 혹은 매일을 살아가는 데 필요한 기능적인 수행 정도로 기본적으로 스스로 자신을 돌보는 것, 도구를 사용하는 등의 동작을 포함하는 것이라고 하였다(Fleming et al., 1995).

일상생활능력은 자기관리 혹은 개인적 일상활동 같은 단순화 활동으로 구성된 신체일상생활능력(Physical Activities of Daily Living, P-ADLs 혹은 basic ADLs)과 복잡한 환경과의 상호작용 기술이 요구되는 도구일상생활능력(Instrumental Activities of Daily Living: IADLs)으로 구분된다. 구체적으로 신체일상생활능력은 자신을 돌보는 행위로 목욕하기, 대소변관리, 옷 입고 벗기, 식사하기, 기능적 이동하기 등 일상에서 생존에 필요한 활동이며 도구일상생활능력은 청소, 세탁하기, 교통수단 이용하기, 금전관리 등을 수행하는 능력을 말한다(박지환 외, 2012). 치매 노인의 일상생활능력 저하는 인지기능의 저하로 나타나며 우울, 불안, 문제행동 등과도 높은 상관관계를 보인다(김남희, 2007). 이러한 수행능력은 치매가 진행될수록 증상이 더욱 악화되며 따라서 삶의 질에 중대한 영향을 미치는 원인이 된다.

4) 치매 평가도구

치매는 불치의 병이 아니며 최근에는 조기발견과 조기치료가 중요한 이슈가 되고 있다. 그러나 치매를 진단하는 것은 쉬운 일은 아니다. 보통 치매 평가검사는 치매 선별검사, 종합적 인지기능 검사, 일상활동의 기능성 평가, 행동증상 평가, 치매단계 평가, 삶의 질 평가, 가족 스트레스 평가로 크게 구분할 수 있다. 이 중 치매 선별검사는 치매가 의심되는 환자에게 가장 먼저 시행하게 되는 간단한 평가도구이다. 일반적으로 사용되는 도구는 다음과 같은 것들이 있다.

(1) MMSE(Mini-Mental State Examination)

이 검사는 치매의 선별을 위해 임상에서 가장 많이 적용되고 있다. MMSE는 다양한 인지기능들을 5~10분 안에 측정할 수 있도록 고안된 검사로서 심하거나 중간 정도 수준의 치매를 탐지하는 데 신뢰도와 타당도가 입증되었다(Grant & Adams, 2009). 그러나 치매를 확진하거나 치매의 유형을 구별할 수 없으며 경도 인지기능장애에 대해서는 민감도가 낮은 편이고 교육수준과 연령에 영향을 받는 단점이 있다(박민선, 조비룡, 양동원, 김상윤, 2002).

MMSE의 항목에는 지남력(orientation), 기억 등록(registration), 기억 회상(recall), 주의집중(concentration), 계산능력(calculation), 시공간 구성능력(viauospatial function), 그리고 언어와 관련된 능력(language function)이 포함된다.

일반적으로 총점 23점을 인지기능장애의 평가 기준으로 삼는다. 연구 결과, 24~30점은 인지기능 손상 없음(no cognitive impairment), 18~23점은 경도의 인지기능장애(mild cognitive impairment), 0~17점은 분명한 인지기능장애(severe cognitive impairment)로 분류하고 있다(박종환, 김희철, 1996).

(2) GDS(Global Deterioration Scale, 전반적 퇴화척도)

이 척도는 치매가 의심되는 환자나 치매로 진단된 환자의 임상양상 및 심각도를 7단계로 평정한 것이다. 이는 노화와 치매에서 인지장애의 정도를 단계적으로 평가할 수 있다는 의미이다(Reisberg et al, 1982). 단계별로 1=인지 감퇴 없음, 2=매우 경미한 정도의 인지 감퇴, 3=경도의 인지 감퇴, 4=중등도 인지 감퇴, 5=다소 심한 인지 감퇴, 6=심한 인지 감퇴, 7=매우 심한 인지 감퇴로 기술되어 있다.

이 검사도구는 치매의 진행과정에 따른 단계 설정으로 다른 질환과의 감별에 유용하게 적용될 수 있으며, 적용이 매우 간편하고 소요시간이 짧으며 교육수준이나 문화·사회적·경제적 수준과 같은 다양한 변인들과 무관하게 사용할 수 있다는 장점이 있다.

(3) CDR(Clinical Dementia Ration, 치매 임상평가척도)

이 척도는 기억력, 지남력, 판단력과 문제해결능력, 사회활동, 집안생활과 취미, 위생과 몸치장 등 여섯 가지 영역에 대한 평가에 기초하여 치매 임상 단계를 5단계로 평정하도록 구성된 척도이다. CDR은 치매 정도를 판단하고 치료계획을 설정하며 치료에 따른 변화를 평가해 볼 수도 있다. 이 검사는 치매 환자의 전반적인 인지 및 사회 기능 정도를 측정하는 대표적인 척도로 가장 널리 사용되고 있다(최성혜 외, 2001).

이 척도는 CDR=0이면 치매가 아님(none), CDR=0.5이면 치매가 의심스러움(questionable), CDR=1이면 경도(mild), CDR=2이면 중등도(moderate), CDR=3이면 심함(severe), CDR=4이면 매우 심함(profound), CDR=5이면 말기(terminal) 치매를 의미한다.

2. 뇌졸중

1) 뇌졸중의 정의

뇌졸중(stroke)은 뇌혈관 장애로서 '중풍' 혹은 '풍'이라고도 불린다. 뇌혈관장애는 뇌 일부분에 혈액을 공급하는 혈관의 출혈(hemorrhage)과 경색(infraction)으로 인하여 나타나는 의식장애, 반신불수, 운동마비 등 신경학적 증상을 말한다. 뇌졸중은 그리스어 'apolexy'에서 유래된 것으로 '마치 벼락을 치듯이 갑자기 증상이 온다'라는 의미이다.

과거 뇌졸중은 노년층에서 많이 발생했지만 최근에는 20대 또는 30대에서도 발생되고 있다. 또한 의료기술의 발달로 최근에는 뇌졸중에 대한 인식이 높아지고 생존확률도 높아지고 있지만 후유증을 가진 고령인구도 계속 증가하고 있다. 이와 함께 뇌졸중은 정신증상까지 동반하기 때문에 재활케어가 어려우며 고령사회(aged society), 초고령사회(super aged society)에서는 큰 사회문제로 대두될 것으로 보인다.

2) 뇌졸중의 종류

뇌졸중은 혈관이 막히는 폐색성 뇌혈관 장애(허혈성 뇌졸중)와 혈관이 터지는 출혈성 뇌혈관 장애(출혈성 뇌졸중), 고혈압성 뇌졸중으로 구분되며 폐색성 뇌혈관 장애는 뇌경색, 일과성 뇌허혈증으로, 뇌경색은 뇌혈전증, 뇌색전증, 소경색증으로 구분된다. 출혈성 뇌혈관 장애에는 뇌내출혈, 지주막하출혈, 경막하출혈 등이 있다(최선아, 2017).

(1) 뇌혈전

뇌혈전(thrombosis)은 비교적 굵은 뇌동맥에 동맥경화증이 심하여 혈관 내벽이 상했거나 좁아진 상태에서 응고된 혈액이 혈관을 막아서 일어나는 것이다. 혈액공급을 받지 못하면 뇌 조직은 파괴되어 여러 가지 증상을 일으킨다. 뇌혈전 사망률은 뇌출혈보다 낮으나 재발률이 높아 문제가 된다.

(2) 뇌경색

뇌경색(cerebral embolism)은 뇌혈관이 아닌 부위에서 핏덩어리나 심장병의 괴사 조직이 혈류를 따라 흐르다가 뇌동맥에 가서 혈관을 막음으로써 발생한다. 다른 부분의 병이 원인이 되어 발생하기 때문에 먼저 원인을 파악하는 것이 필요하다.

(3) 뇌출혈

뇌출혈(cerebral hemorrhage)은 뇌 속의 작은 동맥이 터져서 피가 뇌실 속으로 흘러 들어가 뇌세포가 기능하지 못해서 발생하는 것이다. 뇌출혈은 유발원인이 중요한데 정신적 긴장, 격무, 과로가 큰 위험요인으로 고려되고 있다.

(4) 지주막하출혈

지주막하출혈(subarachnoid hemorrhage)은 뇌동맥에 생긴 동맥류가 터져서 뇌막 중 하나인 지주막하에 출혈을 일으키는 것이다.

(5) 고혈압성 뇌증

고혈압성 뇌증(hypertensive encephalopathy)은 뇌의 혈압이 갑자기 올라가서 순환장애가 오기 때문에 발생하는 것으로 중증일 때는 반신이 마비되거나 의식이 흐려진다.

(6) 소경색

소경색(lacunar infarction)은 오래된 고혈압에 의해 뇌 안의 아주 작은 혈관이 막히는 뇌경색의 일종으로 경미한 증상을 보이는 경우가 많다. 때로는 증상이 없거나 위치에 따라 반신마비 혹은 다발성으로 누적되면 혈관성 치매가 발생하기도 한다.

(7) 뇌동정맥 기형

뇌동정맥 기형(cerebral arteriovenous malformation)은 동맥에서 모세혈관을 거쳐 정맥으로 흐르는 것이 정상인 혈류가 모세혈관을 거치지 않고 동맥에서 정맥으로 직접 흘러들어가서 발생하는 비정상적인 혈관의 집합체로 중간에 이상 혈관 덩어리인 혈관괴를 말한다.

3) 뇌졸중의 증상

우리의 뇌는 다양한 기능을 가지고 있는데 이러한 뇌의 부분에 혈관이 막히거나 터져서 뇌세포의 일부가 죽게 되면 이 부분에서 담당하던 기능에 장애가 발생하게 된다. 일반적으로 다음의 뇌졸중 증세들이 나타난다(최선아, 2017).

(1) 반신마비

우리 몸의 팔, 다리를 움직이게 하는 운동신경은 대뇌부터 시작되어 뇌간의 아랫부분에서 교차되며 이로 인해 반대쪽 팔과 다리를 지배하게 된다. 따라서 한쪽 뇌에 이상이 생기면 대개는 그 반대쪽에 마비가 오는 것이 일반적이며 뇌졸중의 경우에는 사지가 모두 마비가 되는 경우도 많다.

(2) 반신 감각장애

감각신경도 운동신경과 유사하게 교차하여 올라가게 되므로 손상된 반대쪽 얼굴, 팔, 다리에 감각장애가 발생한다.

(3) 지각장애

지각장애는 운동신경과 교차하여 올라가게 되므로 손상된 뇌의 반대 축의 얼굴, 팔, 다리에 지각장애가 생긴다.

(4) 언어장애

정신은 명료한데 갑자기 말을 못하거나 남의 말을 이해하지 못하는 등의 언어장애가 발생한다. 인간의 90% 이상에서 언어중추는 뇌의 좌측 부분에 있으므로 좌뇌 손상 시 우측 반신바미와 함께 언어장애 증세가 나타나게 된다.

(5) 발음장애

말을 하거나 이해할 수는 있지만 혀, 목구멍, 입술 등의 근육이 마비되어 정확한 발음을 할 수 없는 경우를 말한다. 삼킴장애가 동반되는 경우도 많으며 일반적으로 팔, 다리의 마비도 함께 나타난다.

(6) 시력 및 시야장애

뇌졸중이 후두엽에 생겼을 때는 반대쪽 시야의 한 부분이 어둡고 캄캄해지며 한쪽 눈이 안 보이거나 어둡게 보이는 증상이 나타난다.

(7) 복시

뇌졸중이 뇌간에 생겼을 때는 물체가 뚜렷하게 보이지 않고 두 개로 겹쳐 보인다. 대개 어지러운 증세가 함께 나타난다.

(8) 두통

두통은 뇌경색보다는 뇌출혈에서 많이 나타나며 특히 뇌동맥류의 파열에 의한 출혈에서 극심한 두통이 발생하며 의식을 잃기도 한다.

(9) 어지럼증

어지럼증은 특히 뇌관, 소뇌에 뇌졸중이 생겼을 때 흔히 나타나며 다른 신경학적 증상과 징후를 동반한다.

(10) 의식장애

뇌졸중의 정도가 심한 경우 또는 뇌간 뇌졸중의 경우 의식장애를 동반하게 된다. 가장 심각한 의식장애 상태를 혼수상태라 한다.

(11) 식물인간 상태

심한 뇌졸중으로 인한 혼수상태에서 생명을 건졌다 하더라도 식물인간 상태로 남게 되는 경우가 있다. 이 경우 오랜 시간 누워 지내게 된다.

3. 파킨슨병

1) 파킨슨병의 정의

파킨슨병은 1987년 이 병을 최초로 기술한 영국의 외과 의사 제임스 파킨슨(James Parkins)의 이름을 딴 것으로 퇴행성 신경질환이다. 이 병은 뇌의 흑질(substantia nigra)에 분포하는 도파민의 신경세포가 점차 소실되어 발생하며 안정 시 진전, 경직, 운동완만(운동 느림) 및 자세 불안정성이 특징적으로 나타나는 신경계의 만성 진행성 퇴행성 질환이다(William, Lisa, & Anthony, 2001/2006). 파킨슨병은 유전적 요인과 환경적 요인의 결합으로 발생하며 평균 발병 연령이 대략 60세로 노화와 밀접한 관련이 있다고 한다.

2) 파킨슨병의 증상

파킨슨병은 언제 처음으로 그 징후가 시작되었는가를 정확하게 아는 것이 어려울 수 있다. 그 이유는 초기 증상이 처음으로 나타날 때 그 증상은 다른 질병으로 나타나는 증상과 유사하기 때문이다. 초기에 나타나는 증상은 다음과 같다. 얼굴표정의 변화(무언가 노려보는 듯하며 눈 깜빡임이 부족하다), 걸을 때 한쪽 팔을 내젓지 않음, 등 굽은 자세로 걸음, 동통성 견구축증, 한쪽 다리를 절뚝거리거나 질질 끔, 목이나 사지가 무감각하거나 쑤시고 불편함, 목소리가 낮아짐, 내부 진전[1], 안정 시 진전 등이 있다.

중기에는 손이나 발, 입 주위에 비자발적이고 규칙적인 떨림이 가장 흔하게 나타나며 몸의 한쪽에서 시작하여 시간이 지나면서 몸의 양쪽에 영향을 미치게 된다. 또한 경직, 통증도 동반되며 발의 경련으로 고통을 받는다. 더불어 운동완만이라 불리는 느린 움직임도 나타난다. 이러한 운동완만으로 글씨를 쓰거나 단추를 채우는 등 움직임에 제한을 받으면서 일상적인 영역에서 어려움을 경험한다. 또한 표정이 없

1) 내부 진전은 본인이 느낄 수는 있지만 육안으로는 움직임을 확인할 수 없는 움직임을 말함

고 자발적인 몸짓이 줄어들고 목소리가 작아지는 등의 증상으로 인해 파킨슨병 환자는 불친절하고 무관심하고 적의를 품고 있는 것처럼 보이게 된다. 이로 인해 사회적 고립과 의사소통의 문제가 발생하기도 한다. 이와 함께 자세의 불안정, 보행장애, 꾸부정한 자세, 자율신경계의 손상으로 인한 다양한 생리적인 변화들이 나타나기도 한다.

파킨슨병은 퇴행성 질환으로 계속 악화된다. 말기에는 인지능력 감퇴와 행위능력 문제, 의사소통, 배뇨장애, 낙상, 일상생활 수행장애, 성 기능장애, 연하장애, 보행과 균형 문제, 체중 감소 등의 증상이 나타난다. 기타 우울증, 불안신경증, 무관심과 동기부재 등의 정신과적인 증상이 나타나기도 한다.

3) 파킨슨병의 진단

파킨슨병은 기본적으로 임상 증상을 관찰하여 진단한다. 전형적인 파킨슨병의 경우는 임상 증상들과 신경학적 검사만으로 충분히 진단할 수 있지만, 임상 증상이 유사한 이차 파킨슨병이나 비정형 파킨슨증후군을 감별해 내기 위하여 뇌 자기공명영상촬영(brain Magnetic Resonance Imaging: brain MRI), 단일광자방출단층촬영(Single Photon Emission Computed Tomography: SPECT) 등을 시행하기도 한다(대한파킨슨병 및 이상운동질환학회, 2015).

경우에 따라서는 양전자방출단층촬영(Positron Emission Tomography: PET)을 시행하는 경우도 있다. 그리고 다른 원인을 배제하기 위하여 혈액화학 검사, 갑상선기능검사, 자율신경계 검사 등을 시행한다. 전형적인 파킨슨병에 해당되거나 또는 다른 이차적 질환을 의심할 필요가 없을 경우에는 파킨슨병에 대한 약물을 투여한 후 그에 따른 반응을 관찰하는 검사를 통해 확인할 수 있다.

파킨슨병의 중증도는 호엔야(Hoehn and Yahr Scale, H & Y) 척도를 사용하여 평가할 수 있다. 호엔야 척도는 5단계로 분류되며 단계가 높아짐에 따라 질병의 중증도가 심함을 의미한다(Kevin, Sandy, Kathryn, & Teresa, 2005). 1단계는 일측성 상하지의 장애가 있는 경우, 2단계는 양측성 또는 상부를 침범하여 마스크 같은 무표정한 얼굴표정, 연하장애 등을 동반하나 균형을 유지하는 경우이다. 3단계는 경도 및 중증도의 양측성 장애로 균형이 불안정하나 독립적인 활동이 가능한 경우이며, 4단계는 걷고 서기는 할 수 있으나 무능력한 상태의 경우를 말한다. 5단계는 침상이나 휠체어에만 의존할 정도의 제약이 있는 경우이다(김창환, 김미영, 문제헌, 임비오, 2014).

4. 호스피스

1) 호스피스의 정의

호스피스의 어원은 라틴어 호스피탈리스(hospitals), 즉 주인과 손님 사이의 따뜻한 마음이라는 의미와 장소라는 뜻을 가진 호스피티움(hospitium)에서 유래된 것으로 알려져 있다. 그러나 현대적 호스피스의 개념은 영국 여의사 시실리 손더스에 의해 시작되었으며 미국호스피스협회(National Hospice Association: NHO)는 '말기 환자와 가족에게 입원간호와 가정간호를 연속적으로 제공하는 프로그램'으로 정의하고 있다.

이를 종합하면 호스피스란 말기 환자와 그 가족을 위한 프로그램으로 편안하게 죽음을 맞이할 수 있도록 의학적 관리와 함께 말기에 발생할 수 있는 여러 가지 부정적인 증상을 감소시키고 신체적 · 정서적 · 사회적 · 영적으로 도우며 사별가족의 고통과 슬픔을 경감시키기 위해 지지와 격려를 제공하는 총체적인 돌봄이라고 할 수 있다.

2) 호스피스의 철학과 목적

호스피스의 철학과 기본 원칙은 다음과 같다(Corr, Nabe, & Corr, 1997).

- 호스피스는 말기 환자를 보호하는 시설이 아닌 철학이다.
- 호스피스는 죽음의 문제를 다루는 것이 아니라 삶의 문제를 다루는 것이다.
- 호스피스는 남은 생의 삶의 질을 증진하기 위한 노력이다.
- 호스피스는 말기 환자와 그 가족을 기본 단위로 하여 서비스를 제공한다.
- 호스피스는 신체적 · 심리적 · 영적 욕구를 충족하기 위한 총체적 케어다.

- 호스피스는 환자가 사망한 후에 유가족에 대한 지속적 케어와 지지를 제공한다.
- 호스피스는 다분야의 팀 접근법을 활용하여 전문적 기술과 인간의 존엄성 유지를 위한 노력을 동시에 기울인다.
- 호스피스 프로그램은 연중무휴의 24시간 서비스를 제공한다.
- 호스피스 프로그램에서는 환자나 가족뿐만 아니라 팀 구성원과 자원봉사자에게도 지지를 제공한다.
- 호스피스에서는 환자의 가족의 개별적 특성을 고려하여 개별화된 서비스를 제공한다.

출처: 이은희(2013), pp. 335-336.

3) 호스피스의 유형

호스피스의 유형은 〈표 2-2〉와 같이 분류할 수 있다.

표 2-2 호스피스의 유형

유형	설명
독립형 호스피스	호스피스만 독립적으로 운영하는 형태
병원 내 산재형 호스피스	병원 내에 호스피스 팀이 구성되어 간호를 수행하는 유형으로 주로 내과나 암병동에 호스피스 환자들이 병실 내의 다른 환자들과 함께 입원하여 호스피스 간호를 받음
병원 내 병동형 호스피스	병원 내 확보된 병동에서 호스피스 활동을 하는 유형
가정 호스피스	호스피스 요원이 환자의 가정을 방문하여 돌보는 형태를 말함
시설 호스피스	가정과 유사한 분위기에서 호스피스 간호를 받을 수 있도록 하는 형태
혼합형	이상의 유형 중 두 가지 이상으로 혼합하여 운영하는 경우

4) 호스피스 케어 팀

(1) 정의

호스피스 케어 활동은 여러 전문직 그룹이 팀을 이루어 돌보는 것이다. 팀의 기능은 환자를 포괄적으로 돌보는 것이며 팀 구성은 호스피스의 철학과 생각을 공유하면서 확고한 목표와 과업을 위해 함께 일한다. 구성원의 역할과 자격은 다음과 같다.

(2) 팀 구성

호스피스 케어 전문팀은 코디네이터, 간호사, 의사, 가정간호사, 케어복지사, 사회복지사, 영양사, 약사, 심리학자, 치료사 등으로 구성되어 있고 비전문팀은 환자, 가족, 자원봉사자로 구성되어 있다. 전문팀의 호스피스 코디네이터는 다양한 케어 활동의 전반적인 운영을 조정, 관리하며 의사는 호스피스 케어 의료의 책임자로서 치료적인 측면보다는 지지적이고 완화계획과 증상관리에 더욱 초점을 맞춘다. 간호사는 환자와 가족에게 기본적인 신체 간호를 제공하고 통증과 증상완화를 위해 필요한 간호를 제공한다. 사회복지사는 환자와 가족의 재정, 법, 보험관계 등의 문제를 해결해 주기 위해 사회단체와 연결을 도와주며, 문제를 해결하고 상담자 역할을 한다. 기타 물리치료, 언어치료, 작업치료, 음악치료 등 관련 치료사들은 환자의 신체적 · 심리적 · 사회적 · 영적 측면에서 자신의 남은 삶을 충만히 살 수 있도록 돕는다. 약사와 영양사는 각각 약의 투여와 환자의 영양에 대한 보조를 하며 자원봉사자들은 직접 환자를 방문하여 환자와 가족을 지지하고 좋은 이별을 할 수 있도록 돕는 역할을 한다.

5) 임종 환자의 단계별 심리 특성

죽음에 직면한 사람들은 매우 복잡한 심리적 반응을 보이므로 그들을 도와주기 위해서는 어떻게 반응하고 어떤 단계를 통해 적응해 가는가를 이해하는 것이 필요하다. Kübler-Ross(1969)는 말기 암 환자를 대상으로 죽음에 임박한 인간의 반응을 5단계로 나누어 설명하였다(〈표 2-3〉 참조).

표 2-3 말기 암 환자의 심리적 단계

단계	반응
부정 · 고립 단계	–죽음을 거부하고 부정하며 고립상태에 빠져드는 단계 –'아니야 그럴 리 없어.' 등으로 죽음이라는 현실을 거부하며 오진이라 생각하고 다른 병원을 찾아다님 –부정을 통해 죽음과 관련한 심각한 감정으로부터 자신을 보호하려 함 –이 단계의 마지막에는 사랑하는 사람이나 전문가에게 죽음에 관해 조금씩 표현하려는 징조를 보임
분노 단계	–죽음을 더 이상 부정할 수 없게 되고 감정은 분노와 원망으로 변함 –'왜 하필 내가 죽어야 하나?'라고 하면서 주위 사람이나 신에게 원망, 시기, 질투, 화, 분노의 감정을 표현함 –분노는 임종과정의 자연스러운 반응이므로 주위 사람은 환자의 표현을 비판하지 말고 감정을 표출하도록 도와주어야 함
협상 · 타협 단계	–절박하게 다가온 죽음을 초인적 능력이나 의학 또는 신과의 타협을 통하여 잠시 동안 연기하려고 함 –'내가 죽어 가고 있구나. 그러나……'라고 하며 선행을 전제조건으로 신과 생명을 타협하며 의사의 지시를 잘 따르고 열심히 기도한다면 '신이 죽음을 연기해 줄 거야.'라고 믿음
우울 단계	–체념, 절망과 비탄의 감정상태에 빠져드는 시기로서 죽음을 더 이상 부정하지 않고 우울상태로 접어들게 됨 –가족, 친지와 이별하기 위하여 사전에 자신을 분리할 준비를 함 –과거나 현재의 상실에 대해 우울해하며 미래의 상실에 대한 예비적 우울감을 경험함 –우울은 필요 불가결한 것이며 이 단계를 거쳐야 체념하고 평온하게 죽음을 맞이할 수 있음
수용 단계	–우울감도 분노도 느끼지 않으며 거의 아무런 감정을 갖지 않게 됨 –행복의 단계는 아니며 아무 감정이 없는 단계에서 침착함과 평온함을 보이고 '이제 떠날 시간이다'라는 태도를 보임 –대부분의 환자가 병원보다 집에서 임종하기를 원함

출처: 이은희(2013), p. 332.

6) 사별과 애도 과정

죽음은 두 가지 측면을 지니는데 '죽은 자'와 '살아남은 자'다. 이때 살아남은 자들은 죽은 자와 사별을 경험하게 된다. 사별이란 죽음으로 사랑하는 사람과 이별하는 과정을 말한다(Corr, Nabe, & Corr, 1997). 노년기에 사별을 하게 되면 슬픔, 죄의식, 후회감, 혼돈감, 목적상실 등과 같은 다양한 감정을 경험하며 애도의 과정이 필요하다. Bowlby(1961)는 애도의 과정을 4단계로 구분하고 있다. 애도의 과정은 평균 6개월에서 2년 정도 걸리는 것으로 알려져 있다. 그러나 우리나라의 경우 3년 상을 치루는 전통에 비추어 볼 때 3년 정도 소요된다고 할 수 있다. 구체적인 애도의 단계는 〈표 2-4〉와 같다.

일반적으로 사별가족들은 환자가 사망하기 전부터 상실과 슬픔을 경험하게 된다. 죽어 가는 가족으로부터 감정을 분리하는 과정은 남은 가족의 정신건강을 위해 필요한 과정이다. 사별로 사랑하는 사람을 잃게 되면 큰 슬픔을 경험하게 된다. 이러한 슬픔을 해결하지 못하고 묻어 버리면 이후 신체적 · 심리적 문제를 유발할 수 있는 요인이 될 수 있다. 따라서 환자뿐만 아니라 사별한 가족들을 위한 보살핌과 지지가 계속되어야 한다. 일반적으로 가족에 관한 케어는 사망 후 최소 1년으로 보

표 2-4 Bowlby의 애도 단계

단계	반응
무감각의 단계	-죽음을 목격한 자는 멍하고 어리둥절해하며 예기치 못한 죽음인 경우는 며칠 동안 계속되기도 함 -메스꺼움이나 가슴, 목이 조여 오는 듯한 신체 반응이 수반되기도 함
그리움의 단계	-고인을 되찾으려고 고인을 보았거나 사랑했던 사람을 찾아다님 -좌절감, 분노, 죄의식을 느끼고 격렬한 슬픔을 경험하거나 통제할 수 없을 정도로 울거나 식욕부진, 불면증을 경험함
혼란과 절망의 단계	-사랑하는 사람의 죽음을 수용하지만 무력감, 절망, 우울감이 동반됨 -절망, 혼란의 단계를 지나면서 극도의 피로를 경험하고 수면시간이 증가함
재조정 단계	-가정이나 직장에서 정상적인 생활을 회복함 -우울증이 사라지고 수면습관이 회복되고 에너지가 증가함 -고인에 대한 생각으로 슬퍼지기도 하지만 이 생각에 붙잡히지는 않음

출처: 이은희(2013), p. 333.

표 2-5 사별가족의 심리적 단계

단계	반응
부정	가족의 죽음을 처음 들었을 때 다수의 사람들은 심한 충격을 받고 얼마 동안 믿으려 하지 않는다.
분노	죽음을 현실로 받아들일 때 가족은 강한 감정을 경험하며 울음으로 표현하고 의사, 간호사 등 의료진에 화를 내기도 한다.
우울	상실에 대한 느낌과 외로움이 심할 때 슬픔과 우울감이 나타난다. 이때는 혼자 있기보다는 다른 사람들과 이야기를 나누는 것이 중요하며 우울증과 함께 죄의식을 갖게 되는 경우가 많은데 이때 자신의 감정을 표현하도록 하는 것이 좋다.
산만	죽은 가족을 생각하기 때문에 일상생활에 집중하기 어렵고 판단력도 저하된다. 시간이 지나면서 점점 현실에 집중할 수 있게 된다.
정상화	애도과정은 보통 6개월에서 1년 정도 걸린다. 마지막 단계에서는 그래도 삶에 좋은 점이 많다는 사실을 알고 새로운 삶을 위해 희망을 갖고 노력하는 것이 필요하다.

며, 가정방문, 전화방문, 편지, 유가족 모임 등의 케어 방법이 있다. 사별가족의 심리적인 문제를 다루어 주는 것은 임종 환자 못지않게 중요한 일이다. 일반적으로 사별가족이 경험하는 심리적인 반응은 암 환자가 경험하는 반응과 유사하며 〈표 2-5〉와 같다.

(1) 자녀 사별

자녀를 사별한 부모는 자신의 기본적인 역할을 수행하지 못했다는 깊은 실패감과 자책을 경험하게 된다. 또한 부모는 자녀 사별로 인해 자녀에게 가졌던 꿈과 희망과 자존감의 상실로 괴로워하며 대신 죽지 못한 것에 대한 회한에 잠기고 생존자로서 죄의식을 갖게 된다. 이러한 죄책감을 해소해 주는 것이 필요하다.

(2) 배우자 사별

다른 어떤 경우보다 배우자 사별의 경우 신체적 · 심리적 고통이 크다고 할 수 있다. 남성은 사별을 '분리'로 생각하는 반면, 여성은 사별을 '자포자기'의 느낌으로 나타내는 경우가 있다. 남성들은 여성들보다 직접적이고 감정적인 슬픔을 표현하는 것을 어려워하며 자신들의 생각과 감정들을 정당화한다. 혼자된 여성들은 배우자의 부재에서 오는 외로움, 이전의 생활방식에 대한 그리움, 남편의 사망으로 인한 경제적, 사회적 지위 하락 등에서 더 큰 상실과 슬픔을 경험하게 된다.

7) 국내 호스피스 관련 제도의 변화

한국의 경우 2017년 8월 「호스피스 · 완화의료 및 임종과정에 있는 환자의 연명의료결정에 관한 법률」(약칭 「연명의료결정법」)이 제정되면서 호스피스에 대한 관심이 높아지고 있다.[2] 이 법률의 목적은 "환자의 최선의 이익을 보장하고 자기결정을 존중하여 인간으로서의 존엄과 가치를 보하는 것"이다.

[그림 2-1] 호스피스 완화의료 전문기관

출처: 국립암센터 호스피스 · 완화의료 홈페이지(http://hospice.cancer.go.kr/organ/organMap.do?menu_no=473&brd_mgrno=).

2) 「호스피스 · 완화의료 및 임종과정에 있는 환자의 연명의료결정에 관한 법률」(약칭 연명의료결정법). http://www.law.go.kr/lsInfoP.do?lsiSeq=180823&lsId=&chrClsCd=010202&urlMode=lsInfoP#0000

국내에서는 1965년 '마리아의 작은 자매 수도회'가 주도하여 강릉의 '갈바리의원'에서 호스피스가 시작되었으며 현재 운영 중인 호스피스 완화의료 전문기관은 국립암센터 호스피스 완화의료 홈페이지에서 확인할 수 있다.

2부

음악치료의 개요

3장

음악치료의 이해

1. 음악치료의 정의

음악치료는 음악을 치료적인 목적으로 사용하는 것으로 사회적 · 문화적 배경에 따라 다르게 정의될 수 있다. 음악치료에서 두드러지고, 대표적이며, 영향력을 가지고 있는 두 개의 단체는 미국음악치료협회(American Music Therapy Association: AMTA)와 세계음악치료연맹(World Federation of Music Therapy: WFMT)이다. 먼저 Bruscia는 음악치료에 대해 다음과 같이 정의하고 있다.

> 음악치료는 치료사가 대상자의 건강을 증진시키기 위해 변화의 역동적 힘으로써 발전되는 음악 경험과 관계를 사용하는 개입의 체계적 과정이다.
>
> (Bruscia, 1989, p. 20)

AMTA는 근거 중심을 언급하면서 음악치료를 단순한 건강관련 분야가 아니라 의학 전문 직종으로 보다 엄격하게 규정하고 있으며 그 정의는 다음과 같다.

> 음악치료는 승인된 음악치료 과정을 완수하여 자격을 갖춘 전문가에 의해 치료적 관계 안에서 개별적 목적을 달성하기 위해 음악적 개입을 임상적으로 그리고 근거 중심적으로 사용하는 것이다.
>
> (AMTA, 2012)

한편, WFMT는 앞의 두 정의보다 더욱 확장되어 건강은 물론 삶의 질까지 포함하고 있다.

> 음악치료는 삶의 질을 최적화하고 신체적, 사회적, 의사소통적, 정서적, 인지적, 그리고 영적 건강과 안녕의 증진을 원하는 개인, 그룹, 가족, 또는 사회 공동체 구성원에게 의학적, 교육적, 그리고 일상 환경 속에서 개입하기 위해 음악과 그 요소들을 전문적으로 사용하는 것이다.
>
> (WFMT, 2011)

이 세 가지 정의에서 살펴보면 음악치료는 전문적인 치료사에 의해 각 개인의 치료적 목적을 달성하기 위해 음악적 중재를 사용하는 전문적이며 체계적인 과정이라고 할 수 있다. 국내에서는 1990년대 후반 숙명여대를 중심으로 음악치료사를 위한 석사과정이 개설되어 전문 음악치료사를 배출하고 있으며 현재 다양한 영역에서 이들이 활동을 하고 있다.

2. 음악치료의 과정

음악치료는 Bruscia(1989)가 언급한 것처럼 체계적인 과정이며 클라이언트에 따라서도, 치료적인 목적에 따라서도 다르게 수행할 수 있다. 먼저, 전문의나 교사를 통해 상담을 진행한 후 음악치료에 의뢰되면 음악치료사는 면담과 진단평가를 통해 클라이언트의 특징을 파악한다. 진단평가 이후에는 클라이언트에게 적합한 치료적 목적과 목표를 설정하고 이에 맞는 음악적인 중재를 적용한다. 적용 후에는 그 변화를 양적 또는 질적으로 평가할 수 있다. 일반적인 과정은 다음과 같다([그림 3-1] 참조).

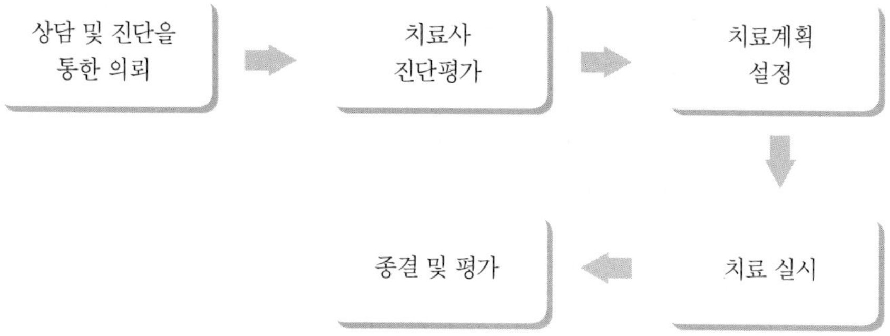

[그림 3-1] 음악치료의 과정

한편, 클라이언트에 따라 개별적으로 혹은 그룹으로 치료를 적용할 수도 있다. 그룹이 효과적인 이유 중 한 가지는 그룹은 클라이언트들이 그룹 밖에서 만나게 되는 문제들을 해결할 수 있도록 도와주기 위해 필요한 지원과 안정감을 제공한다는 것이다.

그룹치료의 원칙에 대해 Plach(1980)는 다음과 같이 제안하고 있다.

- 주어진 활동들은 개개인의 증상에 맞아야 하고 개별 및 그룹의 필요와 그룹 내에서 존재하는 개념적 · 통합적 · 신체적 제한이 무엇이든지 간에 적절하게 맞춰져야 한다.
- 세션에서 사용되는 음악은 그룹의 문화적 · 연령적 요인을 고려하여 선택되어야 한다.
- 활동에 포함되는 구조의 분량은 개별 구성원과 그룹의 기능 수준 여부에 따른다.
- 음악치료 활동에서 리더의 참여 수준은 그룹이 지닌 최고의 잠재력을 끌어낼 수 있는 수준의 경험을 할 수 있게 하기 위한 필요에 따라 결정된다.
- 음악활동에 대한 개인과 그룹의 반응들은 유효한 반응들이다.
- 가능하다면 언제든지 그룹 내 개인이나 그룹의 음악활동 안에서의 행동에 대한 즉각적인 관찰을 전달한다.
- 가능하다면 언제든지 초기 활동으로 다시 돌아가고 활동에 대한 그룹이나 개별 반응을 다시 언급한다.

• 가능하다면 언제든지 그룹 밖에서의 상황을 위한 기술들과 새로 발견한 통찰력 있는 행동들을 통합하는 방식으로 그룹 내에서 탐색한다.

출처: Wheeler, Shultis & Polen (2005/2015), p. 324에서 재인용.

3. 노인을 위한 음악치료의 목적

음악은 노인을 위한 효과적인 중재방법으로 적용될 수 있는데 다음과 같은 특징을 갖기 때문이다.

첫째, 음악은 편만성이 있다. 대부분의 사람은 음악을 일상에서 경험하며 생일. 기념일, 결혼식, 장례식 같은 삶에서 중요한 순간에도 음악을 사용한다. 이처럼 음악은 누구에게나 쉽게 사용될 수 있는 편만성을 가지고 있기 때문에 노인들의 삶에 친숙하게 다가가서 안전하고 비위협적인 환경을 제공함으로 노인들이 일상에서 음악을 심미적으로 경험하며 이를 통해 긍정적인 정서를 이끌어 낼 수 있다.

둘째, 음악은 선호성이 있다. 음악은 누구나 좋아하는 특성을 가지고 있으며 음악에 대한 선호는 나이, 문화집단, 동료집단 등과 관련이 있다. 또한 선호는 경험과 친숙함으로부터 나온다고 할 수 있기 때문에 동일집단의 삶을 잘 통합한다(Flower & Murphy, 2001). 이처럼 음악은 노인들에게 흥미와 즐거움을 제공하면서 동기유발이 되어 삶의 만족도를 높임으로 의미 있는 여가시간을 보내도록 도움을 준다.

셋째, 음악은 융통성이 있다. 음악은 개인의 능력이나 수준에 따라 다르게 적용될 수 있다. 예를 들면, 기능이나 수준이 낮은 노인의 경우 가만히 앉아서 음악을 듣는 것만으로도 긍정적인 경험이 될 수 있고 또한 어떤 사람에게는 음악에 따라 노래를 부르거나 함께 악기를 연주하는 것이 긍정적인 경험이 될 수도 있다. 음악은 이처럼 대부분의 사람들이 편안하게 접근할 수 있는 형태의 예술이며 편만성, 선호성, 융통성 등의 특성이 음악을 치료적으로 적용할 수 있는 요소가 될 수 있다.

미국음악치료협회(AMTA)는 노인들이 음악치료를 통해 기대할 수 있는 목적을 다음과 같이 설명하고 있다.

- 기억을 회고하여 삶의 만족과 회상에 기여
- 정서와 기분상태의 긍정적인 변화
- 성공적인 경험을 통해 얻는 삶의 통제감
- 음악에 대한 집중으로 가지게 되는 자신과 환경에 대한 인식
- 비약물에 의한 고통과 불편함 조절
- 다른 접근이 효과적이지 않을 때조차도 자극을 통한 홍미 유발
- 신체재활과 관련하여 언어의 유창성 혹은 리드미컬하고 연속적인 움직임을 자극하기 위한 구조 제공
- 배우자 혹은 가족과 창조적 음악을 공유하면서 얻는 정서적 친밀감
- 보호자 혹은 가족과의 사회적 상호작용

이상의 내용들을 영역별로 정리하면 다음과 같다.

1) 신체 · 행동 영역

음악은 노인들에게 다양한 신체적 반응을 불러일으키고 또한 행동을 조절하는 데 효과적으로 적용될 수 있다. 즉, 음악이 어떻게 제공되는가에 따라서 신체를 자극시킬 수도 있고 또한 진정시킬 수도 있으며 이와 관련된 생리학적인 반응을 불러일으킬 수도 있다. 예를 들면, 음악은 혈압, 심장박동수, 호흡, 피부전기반응, 동공의 확장, 불쾌함, 통증에 대한 내성 등에 영향을 미친다(Malone, 1996; Standley, 1992; Whitehead-Pleaux, Baryza, & Sheridan, 2006).

또한 음악은 노인들에게 필요한 동작과 근육 기능을 향상시키고 회복을 도우며 이와 함께 운동능력, 감각통합능력, 협응력 등 신체활동을 유도하는 데도 도움이 된다. 구체적으로 음악과 함께하는 움직임을 통해 걷기 같은 대근육 운동능력을 향상시킬 수 있으며 악기를 연주하면서는 잡기 같은 소근육 기능을 강화시킬 수 있다(신미희, 강경선, 2016). 이때 음악의 요소인 멜로디와 리듬은 중요한데 이러한 요소의 변화에 따라 움직임의 모양과 강도를 변화시킴으로써 운동기능을 향상시킬 수 있다. 이처럼 동작을 조절할 수 있는 음악의 효과를 통해 뇌졸중, 뇌손상 환자 등의 보

행기능 향상 등 신체재활에 도움을 줄 수 있다.

이와 함께 음악은 치매 환자의 배회, 동요 등과 같은 행동의 문제를 감소시키는 데도 효과적으로 적용될 수 있다. 즉, 구조적인 음악활동과 감상을 통해 치매 노인의 배회행동을 감소시킬 수 있으며, 노래 부르기를 통해서도 치매 환자의 배회행동 비율을 감소시킬 수 있다(Olderog-Millard & Smith, 1989). 특별히 이런 배회행동을 보이는 노인의 경우는 지속적인 그룹 참여가 어렵기 때문에 개별적인 치료 접근이 효과적이라고 한다(Fitzgerald-Cloutier, 1993). 한편, 동요행동의 경우 뉴에이지 음악이나 고전음악을 감상할 경우 효과적으로 감소되었으며, 라이브 음악을 사용할 경우 더욱 효과적이라는 연구도 있다(Brontons, Koger, & Prikett-Cooper, 1996).

2) 정서 영역

음악은 노인들의 감정표현, 우울감 감소 등 정서에 영향을 미칠 수 있다(Hodges, 1980; Radocy & Boyle, 2003). 음악은 비언어적인 의사소통의 도구로서 말로 표현하기 어려운 감정도 표현할 수 있는 출구가 될 수 있다. 즉, 자신의 감정을 표현할 수 있는 사람들에게는 더 많은 감정을 표현할 수 있도록 도와주며 말을 하지 못하더라도 음악을 통해 분노, 기쁨 등의 다양한 감정을 비언어적으로 표현할 수도 있다(Gfeller, 2002). 또한 음악은 강한 연상작용을 가지고 있어 노인들의 기억을 자극함으로써 자신의 삶을 회고하고 통합하는 데 도움을 줄 수 있다.

이와 함께 음악은 즐겁고 편안한 환경에서 노인들의 정서를 지지하고 사회화를 가능하게 하는 구조를 제공할 수 있다. 구체적으로 음악활동에 참여하면서 노인들은 우울감이 감소되고(Ashida, 2000), 고립감이 감소되며, 타인과의 공감이 증가되면서 참여가 가능하게 된다(Olderog-Millard & Smith, 1989). 특히 음악은 치매 초기 단계에서 눈 맞춤, 말하기, 웃음, 참여를 더욱 증진시킬 수 있다(Brontons & Marti, 2003).

이처럼 음악은 노인의 우울감을 감소시키고(조용란, 이인수, 2012) 삶의 질을 향상시키며(김현정, 정재원, 2013), 기분상태를 변화시키고 무력감을 감소시키는(김두연, 양은아, 2013) 등 정서변화에 긍정적인 영향을 미치며, 이러한 일상적인 생활에서 기분전환을 제공함으로써 삶의 질을 향상시키는 데도 효과적으로 적용될 수 있다.

3) 사회 영역

음악은 즐겁고 안전한 환경을 제공함으로써 노인들이 함께 그들의 경험을 공유하고 서로 다가갈 수 있도록 도와줄 수 있다. 특히 음악이 친숙하고 편안함이 느껴질 때, 노인들은 음악이 제공하는 예견된 구조 안에서 안정감을 느낄 수 있고 또한 음악은 관계라는 토대 위에서 고립된 노인들에게 사회적 소속감을 갖게 하며 공동의 경험을 가질 기회를 제공한다. 예를 들어, 노인들은 음악을 함께 연주하면서 서로 교제를 할 수도 있고 음악경험 후에도 그들의 경험을 나누면서 사회적인 교류와 시간을 공유할 수도 있다(이예솜, 황은영, 2019).

또한 음악은 노인들의 관계를 향상시키는 데 도움이 될 수 있다. 즉 보호자들과 치매 환자가 함께하는 음악치료는 그들의 보호자들에게 자긍심을 향상시킬 수 있으며 또한 환자들과 긍정적인 시간을 함께함으로써 만족감을 증가시킬 수 있고(Clair & Ebberts, 1997), 긍정적으로 참여할 수 있도록 도와준다(Gotell, Brown, & Ekman, 2003).

그리고 음악은 가정에서도 쉽게 사용될 수 있기 때문에 일상생활에서 노인들에게 긍정적인 반응을 유발하는 데 도움을 줄 수 있다. 즉, 함께 좋아하는 음악을 감상하거나 노래를 부르고 또한 간단한 박수 등의 동작을 통해 함께 움직임을 유도함으로 가족 간의 긍정적인 관계를 유지할 수 있도록 도와줄 수 있다(Clair & Bernstein, 1993). 노인관련 음악치료 효과를 분석한 위아름(2016)의 연구에 의하면 음악치료는 노인들의 고독감 감소에서 가장 큰 효과를 보였는데, 이는 은퇴나 자녀의 독립 등으로 인해 사회적 관계가 축소되면서 외로움을 느끼는 노인들에게 집단으로 진행된 음악치료가 여가활동과 새로운 관계형성의 기회를 제공하고 활력을 주었기 때문이라고 보고하고 있다.

4) 인지 영역

음악은 노인들의 현실인식, 기억력, 집중력, 판단력 등 인지적 자극을 제공할 수 있다. 즉, 음악은 회상이나 기억을 활성화시키는 기억자극의 단서로서 역할을 할 수도 있고 특정 절기 혹은 기념일과 관련된 노래를 노인들이 부름으로써 시간, 장소,

사람 등에 대한 지남력을 향상시킬 수도 있다. 예를 들어, 노인들은 음악활동에 참여하면서 언어적 반응, 단어회상, 새로운 음악적 학습도 가능하며(Prickett & Moore, 1991), 또한 악기연주와 노래 부르기를 통해 계절, 시간, 방향 등에 대한 현실감각을 향상시킬 수도 있다(Riegler, 1980). 국내 연구에 의하면 음악활동이 치매 노인의 인지기능 향상에 긍정적인 영향을 미친다(신보영, 황은영, 2015; 최애나, 김윤희, 정광조, 2010; 홍영규, 강영실, 2009).

또한 음악은 의사소통을 포함하여 수용언어, 표현언어, 비언어적 의사소통을 향상시켜 준다. 즉, 음악활동 안에서 노인들은 적절한 억양 패턴들을 문장 구조에 맞게 익히고 자연스러운 구어의 억양을 담고 있는 노래들을 반복해서 부르면서 언어표현이 강화될 수 있다. 또한 음악과 함께하는 이완훈련은 발성기관을 이완시켜 음성산출에도 도움을 준다. 예를 들어, 관악기 연주하기는 불기와 같은 호흡조절능력에 도움을 주고 이러한 능력은 이후 목소리 발화에도 영향을 미쳐 성공적인 언어표현과 언어재활에도 도움을 준다(Brontons & Koger, 2000; Haneish, 2001; Lepp et al., 2003).

4. 음악치료의 방법

음악치료는 다양한 음악경험을 통해 치료적 목적을 달성하는 전문 영역으로 노인들과 함께하는 활동으로는 주로 노래 부르기, 음악과 동작하기, 음악감상하기, 그리고 악기연주하기 등이 있다.

1) 노래 부르기

노래 부르기는 노인들이 가장 선호하는 활동이며 연령이 증가할수록 노래의 중요성은 더욱 커지고 있다(Gibbons, 1982). 노인들에게 노래 부르기는 생리적 · 심리적 · 사회적 측면에서 도움을 줄 수 있다. 먼저, 생리적 측면에서 노래 부르기는 호흡을 통해 긴장이완을 유도하고 몸의 경직성을 감소시켜 신체 안정성을 유도하며 심리적 측면으로는 과거에 즐거웠던 기억을 회고함으로써 정서적인 만족감과 우울, 불안 등의 정서적인 감정을 배출할 수 있도록 도와준다. 사회적 측면에서는 함께 노래 부르는 활동을 통해 동기를 유발하고 유대감을 갖고 함께하는 공동체 의식을 느끼게 하며, 타인을 존중하고 자긍심과 자아실현의 경험을 갖도록 도와준다(김기엽, 2013; 김유정, 2018; 안영희, 2013; 한수진, 2017).

특히 치매 노인의 경우 치매의 진행으로 인해 더 이상 말을 할 수 없게 되었을 때에도 계속적으로 노래를 부를 수 있다(Oldergo-Millard & Smith, 1989). 노래는 다른 악기나 도구 없이 인간의 목소리만으로 음악을 할 수 있는 보편적인 방법이다. 또한 노래는 음악적 요소와 인지적 요소가 결합되어 있는데 음악적 요소, 즉 멜로디, 리듬 등은 인간의 정서적 측면과 관련되어 즐거움과 아름다움을 느끼고 경험하게 해주며 인지적 요소, 즉 가사는 생각과 사고를 촉진하며 언어적인 표현을 강화시키는 역할을 한다. 따라서 치매 노인을 위한 노래 부르기는 치매의 진행 단계에 따라 다르게 적용될 수 있다.

구체적으로 치매 초기에는 주로 다양한 활동에 참여할 수 있다는 점을 고려하여 인지적 · 언어적 기능을 유지하기 위해 노래 부르기 활동을 수행할 수 있다. 즉, 노인들은 가능한 정확한 음정과 박자를 유지하면서 가사를 기억하고 노래 부르기에 참여할 수 있다. 또한 초기에는 노인들이 그룹 음악활동에 성공적으로 참여할 수 있는데 지역사회 합창단 등에서 함께 노래 부르기 등의 활동을 할 수도 있다(Palo-Bengtsson, Winblad, & Ekman, 1998). 이러한 노래 부르기 활동은 치매 노인의 자존감을 향상시키며 즐거움을 통해 초기에 나타날 수 있는 정서적 변화를 긍정적으로 변화시킬 수 있다.

그러나 노인들은 치매가 진행되면서 정확하게 노래를 부르기보다는 친숙한 노래에 반응을 보일 수 있기 때문에 이 시기에는 이러한 참여를 통해 기억력을 촉진하고 우울감을 감소시키는 등의 도움을 줄 수 있다. 치매로 인해 주의가 산만하거나 집중력을 유지하기는 어렵지만 삶의 초반에 불렀던 노래는 기억에 남아 회상을 도와주며 이때 가사는 노인들의 긍정적인 정서를 변화시킬 수 있다(Bright, 1992; Ridder & Aldridge, 2005).

말기 단계에 이르면 노인들은 노래를 부르는 것이 어려울 수 있지만 노래를 따라 부르려고 시도하는 등의 참여는 효과적인 자극제가 될 수 있다. 따라서 인지 정도에 따라 기억과 정서를 자극하면서 자연스럽게 언어표현을 향상시킬 수 있으며 회상을 유도하고 감정을 유발하는 긍정적인 자극제가 될 수 있다.

2) 음악과 동작하기

노화가 진행되면서 노인들은 신체적 노화로 인해 체력이 약화되고 이로 인해서 움직임에 많은 제한을 받게 된다. 이러한 관점에서 노인들의 건강유지와 체력관리를 위해 신체적 움직임은 매우 중요하다고 할 수 있다. 노인들은 음악과 함께하는 동작을 통해 움직임에 대한 동기부여가 되고 정서를 조절하며 성취감과 자신감을 얻게 된다(안영희, 2012; 임영미, 2002).

노화가 진행되면서 노래 부르기와 말하기가 어려워질 때조차도 노인들은 음악에 따라 리드미컬하게 움직이는 것은 가능하다. 치매 초기 단계에서 노인들은 자발적으로 움직일 수 있으며 파트너와 함께 박자에 맞춰 춤을 추면서 친밀감을 향상시킬 수 있다(Palo-Bengtsson, Winblad, & Ekman, 1998). 중기 단계에서 노인들은 정확하게 동작을 하거나 움직이는 것은 어렵지만 함께 움직이는 활동은 사랑하는 사람과의 신체적인 접촉을 유지할 수 있는 기회를 제공할 수 있다(Clair & Ebberts, 1997). 말기단계에는 노인들에게 음악에 따라 움직일 수 있는 기회를 제공함으로써 정신을 올바르게 조직하게 해 주고 감각자극에 대해 의미 있게 반응하도록 허용할 수 있다(Thaut, 2002).

이때 리듬은 중요한 역할을 한다. 왜냐하면 인지적 · 사회적 · 정서적 능력이 감퇴하더라도 노인들에게 리듬을 따라 할 수 있는 능력은 남아 있기 때문이다(Brontons & Pickett-Cooper, 1994). 리듬을 적용하기 위해 박을 느끼고 박에 맞게 움직이기 위해서는 약간의 인지적 과정이 필요할 수 있지만 이 능력은 치매 환자에게 있어 오랫동안 손상되지 않고 남아 있다. 이때 중요한 것은 어떤 활동을 하든지 노인들 각 개인의 신체적 · 심리적 활동수준과 기능에 맞는 음악적 요소를 선택하여 음악을 적용하는 것이다.

3) 음악감상하기

음악을 듣는 경험은 매우 수동적인 활동으로 노화가 매우 심하게 진행된 이후에도 노인들에게 적용할 수 있는 활동이다. 초기 단계에서 노인들은 자신이 선호하는 음악에 대해 분명하게 표현할 수 있으므로 친숙한 음악을 감상하도록 하면서 환경에 대해 친숙함을 가져올 수 있다. 특별히 자신의 젊은 시절 들었던 음악은 집중을 유지하고 기억을 불러일으키는 등의 긍정적인 영향을 미칠 수 있다(Groene, 2001). 또한 클래식이나 공연 등에서 음악을 감상하는 것은 음악에 대한 흥미를 유지하면서 삶의 질을 향상시킬 수 있다. 그리고 조용하고 느린 서정적인 음악은 신체적 긴장을 이완시켜 치매로 인해 나타날 수 있는 수면의 질을 향상시키는 데도 도움이 될 수 있다(Hanser, 1990).

그러나 치매의 진행에 따라 음악은 신중하게 선곡되어야 한다. 노인들은 치매의 진행에 따라 자신의 선호를 분명하게 표현할 수 없기 때문에 더 이상 음악을 듣고 싶지 않은데도 계속적으로 들어야 하는 상황에 놓일 수도 있다. 이때 음악은 자극제가 되기보다는 고통이 될 수 있다. 따라서 치매 말기 단계에서는 자극으로서 최선의 효과를 발휘하게 위해서는 음악을 노인의 일상생활 일정에 따라 관리하여야 한다. 즉, 노인들의 수면, 식사 등 일상생활의 패턴에 따라 적절하게 음악을 사용하는 것이 필요하다.

4) 악기연주하기

악기를 연주하는 것은 노인들의 적극적인 참여를 유도하는 음악활동 중 하나로서 기존의 음악을 다양한 악기로 연주하는 활동과 새로운 음악을 창작하여 연주하는 모든 활동을 포함한다. 이러한 악기연주활동은 질병의 마지막까지 높은 참여도를 가지고 즐겁게 참여하는 활동이다(Clair & Bernstein, 1993).

일반 노인의 경우는 음악적 구조 안에서 적극적으로 참여할 수 있으며, 이를 통해 인지기능을 유지 및 향상시킬 수 있고, 우울감을 감소시키고 자아존중감, 행복감 등 삶의 질을 향상시킬 수 있다(김은아, 2020; 김희정, 2020). 또한 자신을 음악 안에서 적절하게 표현함으로 인해 성취감을 경험할 수도 있다.

치매가 진행되면서 노인들은 정확하게 악기를 연주할 수는 없지만 보호자 혹은 간병인과 함께 연주하는 경험을 통해 상호작용을 향상시킬 수 있고 이로 인해 정서적 만족과 즐거움을 경험할 수도 있다. 치매 말기 단계가 되면 주기적으로 초조함이나 불안을 보일 수도 있는 데 이때 드럼 같은 타악기를 연주하는 활동은 배회행동을 감소시켜 줄 수 있다(Ebberts, 1994). 이처럼 음악에 따라 박수를 치고 고개를 끄덕이는 간단한 활동부터 악기를 배우고 연주하는 활동까지 연주활동은 노인의 현재 기능과 수준에 따라 다르게 적용할 수 있다. 또한 이러한 악기연주는 손기능 향상(신미희, 강경선, 2016)이나 인지 훈련(윤영지, 2008) 등 노인들의 재활 측면에도 효과적으로 적용될 수 있다.

3부

대상별 음악치료

4장 노인을 위한 음악치료

1. 노인을 위한 음악치료 개요

1) 노인을 위한 음악치료 최종 목적

노인의 일상은 행복해야 한다. 행복감은 개인적인 만족에서 비롯되는데 만족감의 근원은 자기 자신으로 사는 것과 존중받고 있음을 느끼는 데 있다. 이는 신체적 · 심리적 · 사회적 노화로 인한 상실을 수용하고 적응하는 과정에 있는 노인을 보다 긍정적이며 능동적으로 삶을 통합하도록 돕는다.

음악치료현장은 노인에게 나 자신이 되어 무엇인가를 자발적으로 하게 하고, 그 참여행동이 적극적으로 받아들여지는 경험을 지속적으로 제공하는 환경이다. 그 안에서 동기와 활력을 얻고, 기쁨과 위안을 얻으며, 나눔과 성찰의 시간을 가짐으로써 자신의 삶을 재조직하는 경험을 하게 된다. 따라서 질병의 유무와는 상관없이 노인을 위한 음악치료는 대상자를 서사적 관점으로 바라보며 음악적 즐거움을 통해 참여 만족감을 제공해야 한다. 서사적 관점이란 휠체어에 앉아 간병인의 도움에 의존하는 현재의 모습이 아니라 출생, 성장, 결혼, 육아의 인생주기를 모두 지나온 어마어마한 삶의 여정이 담긴 인생 전체의 모습으로 대상자를 바라보는 것이다. 이는 노인에 대한 공경과 겸손의 마음과 태도를 자연스럽게 내면화시킨다. 친숙한 음악에 와상환자의 감았던 눈이 떠지고, 무표정한 얼굴에 미소가 흐르며, 좋아하는 노래에 소리를 내 보고 어깨를 들썩이는 것과 같이 질병, 증상, 장애에도 불구하고 생기와 즐거움으로 만족할 때 삶의 질은 높아진다. 또한 눈을 감는 그 순간까지 자신이 주체가 되어 가능한 만큼 계속해 나아가는 인생참여는 일상을 의미 있게 만들어 가는 성공적인 삶의 모습이다. 언제나 그리고 끝까지 지향해야 할 노인 음악치료의 최종 목적은 노인의 삶의 질을 향상시키고 성공적인 삶을 영위하도록 돕는 것이다. 음악과 함께하는 노인의 일상은 풍요롭고 아름답다.

2) 노인을 위한 음악치료 대전제

노인 음악치료는 '노인' '음악' '치료'이다. 이 세 단어에 초점을 맞춰야 한다는 뜻이다. 노인을 아는 것은 대상자의 기능을 파악하는 것이고, 노인의 음악을 아는 것은 선호에 대한 파악이며, 치료는 대상자의 필요를 충족시키는 것을 말한다. 즉, 노인의 필요를, 선호하는 음악으로, 기능에 맞게 제공하는 것이 최우선적으로 준비되어야 할 조건이며, 노인의 삶의 질을 향상시키고 성공적인 삶을 영위하도록 돕기 위한 대전제라고 할 수 있다.

(1) 임상 노인의 필요

노인은 일상생활에서 무엇을 중요하게 여기고, 음악치료현장에 무엇을 기대하는가? 필요를 제공하는 것은 음악치료 참여에 의미를 부여하고, 자발적이며 적극적인 재참여를 가져온다.

일상에서의 필요는 경제력, 건강, 정서적 지원, 사회활동 참여, 자아실현 등으로 볼 수 있다. 음악치료에 대한 필요는 즐거움과 건강으로 보이는데, 참여과정이 즐거우면서 건강에도 도움이 되기를 기대하는 것이다. 여기에서 즐거움이란 음악활동에서 경험되는 심미적 즐거움뿐만 아니라 자신이 존중받고, 자신을 표현하고, 다른 사람과 교류하고, 새로운 것을 학습하면서 얻게 되는 즐거움까지를 포함한다. 이는 경제력을 제외한 일상에서의 필요가 음악치료 참여를 통해 어느 정도 충족될 수 있음을 의미한다. 따라서 음악치료현장에서 시행되는 모든 음악활동은 음악적 즐거움이 바탕이 되어야 하며, 신체적 · 심리적 · 사회적 · 영적 건강에 긍정적인 변화를 제공해야 한다. 다시 말해, 근력을 강화시키는 활동이라 하더라도 운동을 수행하는 것이 즐거워질 수 있는 음악을 사용해야 하고, 노래를 부를 때 가사 내용에 따라 의도치 않은 부정적인 감정이 일어나지 않도록 내용을 점검하고 수정하여 결과적으로 긍정적인 경험이 되도록 인도해야 한다.

표 4-1 노인의 필요를 고려한 선곡의 예

* 〈황성옛터〉(왕평 작사, 전수린 작곡, 이애리수 노래, 1932)와 〈타향살이〉(김능인 작사, 손목인 작곡, 고복수 노래, 1934)는 현재 노인에게 잘 알려진 선호 노래이며, 두 곡 모두 서글픔이 담긴 가사로 되어 있다. 클라이언트에게 각각 어떤 경험을 제공하게 될까?

치료적 경험에 영향을 미치는 노래의 중요한 요소 중 하나는 가사이다. 가능하면 긍정적 내용이 담긴 노래를 선곡하는 것이 바람직한데, 일제강점기에 만들어진 옛노래들은 시대적 상황으로 인해 자조적 탄식이 담긴 노래들이 많다. 그러나 슬픔이 담긴 모든 노래가 슬픈 정서로 연결되는 것은 아니다. 개인적 이슈인가 또는 대중적 이슈인가에 따라 달라지며, 치료사의 언어적 개입 방향에 따라 달라질 수 있다. 고향이나 어머니를 그리워하는 개인적 이슈의 가사는 이미지가 구체적으로 연상되어 서글프고 우울해지며, 실현될 수 없는 현실적 상황에 무력감을 경험할 수 있다. 다시 말해, 〈타향살이〉와 같이 개인적 아픔을 묘사한 노래는 잘 알려져 선호되는 노래라 하더라도 집단의 분위기를 가라앉히는 결과를 가져올 수 있으므로 특정 목적의 경우를 제외하고는 신중하게 사용해야 한다. 망국의 한을 그린 〈황성옛터〉는 당시 우리 민족의 대중적 이슈를 다룬 노래로서 내용은 서글프지만 그 정서가 그대로 전이되지 않을 수 있다. 고난을 극복하고 번영을 이룬 현실이 과거의 아픔을 상쇄시키고, 헌신과 공로에 대한 존경과 감사를 담은 치료사의 언어적 개입은 보상으로 작동되어 자긍심을 높이는 기회가 되기도 하며, 또한 잘 알고 있는 익숙함이 자신감을 제공하여 긍정적 경험으로 연결될 수 있다.

표 4-2 노인의 필요를 고려한 가사 수정의 예

* 〈기타부기〉(이재현 작사 · 작곡, 윤일로 노래, 1959)는 잘 알려진 경쾌한 노래이다.

1. 인생이란 무엇인지 청춘은 즐거워 / 피었다가 시들으면 다시 못 필 내 청춘
   마시고 또 마시어 취하고 또 취해서 / 이 밤이 새기 전에 춤을 춥시다
   부기부기 부기우기 부기부기 부기우기 기타부기
2. 인생이란 무엇인지 청춘은 즐거워 / 한 번 가면 다시 못 올 허무한 내 청춘
   마시고 또 마시어 취하고 또 취해서 / 이 밤이 새기 전에 춤을 춥시다
   부기부기 부기우기 부기부기 부기우기 기타부기

위 가사는 나이 들어감에 대해 다소 부정적인 시각과 대응이 담겨 있다. 가사의 메시지는 노래를 부르는 사람의 정신이 되고 삶이 된다. 노래활동이 긍정적 경험이 될 수 있도록 가사 일부를 수정하여 사용할 수 있다. 이는 현재 상황을 긍정적으로 수용하고 적응하며 통합하여 성숙한 삶을 만들어 가는 데 도움을 줄 수 있다.

1. 인생이란 무엇인지 청춘은 즐거워 / 내 나이가 어때서 멋지게 살면 늘 청춘
   즐겁게 활기차게 감사하며 사랑하며 / 오늘이 가기 전에 노랠 부릅시다
   부기부기 부기우기 부기부기 부기우기 기타부기
2. 인생이란 무엇인지 청춘은 즐거워 / 행복하기 딱! 좋은 소중한 내 청춘
   즐겁게 활기차게 감사하며 사랑하며 / 오늘이 가기 전에 노랠 부릅시다
   부기부기 부기우기 부기부기 부기우기 기타부기

(2) 임상 노인의 선호

선호는 참여행동과 만족감의 정도를 결정하는 중요한 요인이다. 노인은 의도적으로 만든 인지과제 없이 원곡 그대로 노래 부르는 활동에서 가장 편안함을 느낀다. 자신이 가능한 정도로 자유롭게 소리를 내고 즐긴다. 즉, 노인의 활동 선호는 노래 부르기이다. 감상활동, 연주활동, 신체활동을 고루 시행하면서도 선호도를 반영하여 노래 부르기 활동의 비중을 높이는 것이 좋다. 노인의 음악 선호는 친숙함이다. 사람의 시각은 새로운 장면에 쾌감을 느끼고, 청각은 친숙한 소리에 마음을 여는 것처럼 친숙한 음악일 때 자연스럽게 몸을 흔들며 따라 부르고 자신감을 보인다. 클라이언트의 시대적 사회역사환경과 개인적 교육문화환경을 이해하는 것은 적절한 음악을 선곡하도록 돕는다. 치료 효율성을 높일 수 있는 중요한 선곡 기준이 선호도라는 인식은 보편적이지만, 실제 현장에서의 선곡은 치료사가 좋아하는가와 할 수 있

는가가 기준이 되기도 한다. 클라이언트의 선호를 근거로 선곡하여야 하며 더불어 선곡한 음악을 충분히 내면화해야 한다.

이 세상에는 무수히 많은 음악이 존재한다. 그중 현재 노인의 선호를 만족시킬 수 있는 보편적 기준을 알아보자. 시대적 선호는 1920년대부터 1970년대에 유행했던 음악을, 1980년대 이후는 전국적으로 큰 인기를 누렸던 음악을 선호하는 것으로 보인다. 근래 들어 선호 노래의 연대가 높아진 경향을 볼 수 있다. 한 시대의 음악으로 편중되지 않도록 시대별로 고루 선곡하는 것이 바람직하다. 장르적 선호는 청년기에 접했던 유행가, 신민요, 재즈송을 포함하는 대중가요를 가장 선호하고, 동시대에 듣고 불렀던 동요, 가곡, 외국민요, 올드 팝송, 클래식 소품, 경음악 등도 선호하는 것으로 보인다. 중장년기 이후 인기가 높았던 스탠더드팝, 포크송, 록, 발라드, 트로트에는 관심을 보이지만, 민중가요와 1990년대 이후의 댄스음악이나 힙합음악에 대한 관심은 낮은 편이다. 내용적 선호는 밝고 경쾌하여 심신 에너지를 높이거나, 차분하고 감미롭게 공감과 위안을 주거나, 일상과 맥락을 같이하거나, 애국심을 유발하거나, 자연의 섭리나 삶의 지혜를 음미하는 것인 경우가 많다. 예외적으로 비애감이 짙은 일제강점기 시대의 노래들은 매우 친숙하며 의미를 두기 때문에 선호하는 것으로 판단된다. 가치적 선호는 도덕적 덕목이 강조되는 유교문화권의 영향으로 충효, 예절, 도리 등과 같은 대의적 명분과 정신적 가치를 중시하는 것으로 보인다.

표 4-3 노인의 선호를 고려한 선곡의 예

* 밝고 경쾌한 노래
  〈푸른 날개〉(박재란, 1960), 〈노란 샤쓰의 사나이〉(한명숙, 1961)
* 공감과 위안을 주는 노래
  〈인생은 미완성〉(이진관, 1984), 〈내 나이가 어때서〉(오승근, 2012)
* 일상과 맥락을 같이하는 노래
  - ㅁ 계절이나 날씨를 반영한 노래: 〈낙화유수〉(남인수, 1942), 〈남행열차〉(김수희, 1987)
  - ㅁ 국경일의 의미를 되새기는 노래: 〈삼일절 노래〉(1950), 〈광복절 노래〉(1950)
  - ㅁ 명절의 풍속과 즐거움을 표현한 노래: 〈설날〉(1924), 〈달타령〉(김부자, 1972)
* 애국심을 고취시키는 노래
  〈꽃 중의 꽃〉(박정심, 1961), 〈독도는 우리 땅〉(정광태, 1982)
* 자연의 섭리와 삶의 지혜를 음미하는 노래
  〈가는 세월〉(서유석, 1977), 〈오래 오래〉(송대관, 2008)

현재 노인 임상에서 자주 선곡되는 선호 노래의 시대적 흐름을 정리해 보고자 한다. 1920년대 이전에는 민요나 판소리가 대중의 음악이었고, 찬송가나 창가와 같은 외래음악이 유입되어 불려지기 시작하였다. 1920년대는 서양음악을 공부하고 신문물을 받아들인 젊은 고학력자에 의해 동요, 가곡, 가요가 미분화된 상태로 만들어지고 장르 구분 없이 향유되기 시작한 시기이다. 1930년대는 대중가요가 틀을 갖추게 된 시기로서 우리나라 민요풍인 신민요, 일본풍 가요인 유행가가 주류를 이루었고, 서양풍 가요인 재즈송, 해학을 담은 만요가 대중가요 양식으로 함께 존재했다. 1940년대는 일제강점 말기, 태평양전쟁, 광복, 좌우 이념 대립, 대한민국 정부수립 등 정치사회적으로 큰 변화를 겪은 시기였으나, 대중가요는 1930년대 양식이 거의 그대로 유지되었다. 1950년대에는 한국전쟁 그리고 분단과 관련된 노래가 유행하고, 서방국가를 비롯한 다른 나라에 관한 관심이 노래에 표현되었으며, 미국 대중음악의 영향이 높아진 시기이다. 1960년대는 미국풍 대중가요 양식인 스탠더드팝이 막강한 주류로 정착하면서 새로운 가요 흐름을 만들었다. 진지하게 세상을 노래했던 유행가는 비장미가 감소되고 다소 가벼워진 트로트로 재생산되어 대중들에게 확산되었다. 1970년대 이후에는 포크송, 록, 발라드, 스탠더드팝, 트로트 양식이 유행하였는데 이 중 전국적으로 대히트한 노래가 선호되는 것으로 보인다(〈부록 1〉 참조).

(3) 임상 노인의 기능

클라이언트의 기능에 적합한 난이도의 과제는 동기와 흥미를 유지시키고 자신감과 성취감을 제공한다. 기능에 적합한 음악환경을 마련하기 위해서는 노화로 인해 발생하는 신체적 · 심리적 · 사회적 특성과 노인질환에 대하여 이해해야 하며 영적 측면도 함께 고려해야 한다. 이는 무엇을 할 수 있고, 무엇을 해야 하며, 어디까지 해야 하는가를 판단하게 한다.

현재 음악치료사는 요양원과 노인병원, 실버타운, 노인복지관, 경로당, 보건소 등에서 노인대상자를 만나고 있다. 실버타운이나 노인복지관, 경로당의 노인은 대체적으로 독립생활이 가능하고, 보건소의 재가 노인의 경우 약간의 도움이 필요해 보이며, 요양원이나 노인병원의 노인은 생활의존도가 높아 보인다. 다음에 제시되는 노인의 기능은 음악치료 임상현장에서 관찰되는 내용으로 제한하고자 한다.

첫째, 신체적 특성으로서 신체의 구조와 기능은 전반적으로 변화되고 저하된다.

먼저, 피부와 시력, 청력 등 감각기관의 기능이 저하되는데, 피하지방과 진피층이 감소하여 피부가 얇아지고 건조해지며, 모세혈관의 약화로 피하출혈이 발생하여 붉은 반점이 나타난다. 시력은 가깝고 작은 것이 흐릿해 보이는 노안이 오고, 백내장으로 사물이 뿌옇게 보인다. 청력은 노인성 난청이 진행되어 작은 소리에 민감성을 잃게 되고, 고음이 저음보다 알아듣기 어려우며, 자음의 구분과 소리의 방향 감지에 다소 어려움을 갖는다. 대부분 노인은 의치의 도움을 받고 있어 조음에 불편감이 있고 발음의 명확성이 다소 낮아지기도 한다. 이러한 기능 저하를 고려해 볼 때 박수나 무릎장단, 마사지 등의 수행에서 의욕적으로 너무 세게 하여 멍이 들거나 피부손상이 발생하지 않도록 적당한 강도를 안내하는 것이 중요하다. 가사 자료나 과제수행 신호 그리고 신체적 모델링은 크고 선명하며 단순한 형태로 명확하게 제시한다. 언어적 지침의 경우, 간결하게 정리된 내용을 또렷한 발음으로 너무 높지 않은 음높이와 날카롭지 않은 음색, 약간 큰 강도로 천천히 제시한다. 소음 속에서는 어음 명료도가 더 낮으므로 조용한 분위기를 조성한 후 제시한다. 보청기를 착용한 경우 제품에 따라 차이는 있으나 큰 소리에 불편감을 느낄 수 있다는 점도 고려한다. 침이 분비되지 않아 입이 바짝 마르고, 침을 삼키지 못해 입술 밖으로 흘러내리지만 닦지 못하는 경우도 있으므로 개별적인 상태를 세심하게 살펴야 한다.

근골격계 기능도 저하되는데, 골다공화와 관절의 마모 및 변형, 근감소증 등으로 낙상과 골절의 발생률이 높고, 관절염과 통증이 수반되며, 의자에 앉고 서거나 걷는 등의 움직임 속도가 느려지고, 유연성과 지구력이 감소된다. 성대의 탄력성이 감소하면서 음색이 변하고 음역이 낮아지며 음량도 감소한다. 이러한 기능 저하를 고려해 볼 때 편안한 음량으로 노래를 부르지만 만족감을 느낄 수 있도록 치료사의 음량을 높이고, 정확한 음정이나 박자보다는 그 음악을 즐기고 음미함으로써 심미적 즐거움으로 연결되도록 인도한다. 음역이 낮아지므로 적절한 음역으로 반주를 제공하고, 음원도 프로그램을 사용하여 조옮김을 하거나 그럴 수 없는 경우 높은음은 한 옥타브 아래로 불러도 무관하다. 근골격운동으로 상체의 스트레칭이나 근력운동, 관절운동은 무리하지 않을 정도로 천천히 수행한다. 하체운동의 경우 앉은 상태에서 진행하는 것이 안전하다. 서고 앉는, 또는 서서 하는 활동은 주의하여 시행해야 한다. 클라이언트에게 치료적 만족감보다 더 중요한 것은 안전이다. 근육량이 감소하고 운동량마저 감소한 고령의 노인에게 아주 적은 양의 움직임도 신체뿐만 아니라 심리 · 생리적으로도 긍정적인 도움을 줄 수 있음을 기억하고 지나치지 않도록 한다. 단, 치료사는 시행하는 특정 운동이 어떠한 원리에 의해 무슨 효과를 가져오는지, 안전을 위해 삼가야 할 동작은 무엇인지, 어느 정도를 수행하는 것이 효과적인지 등의 운동에 대한 전문적 근거를 바탕으로 시행해야 한다.

신경계의 기능도 저하된다. 뇌신경세포의 사멸로 뇌용량이 감소하고 위축되며, 노화색소인 지방갈색소가 침착된다. 이로 인해 뇌 조직이 손상되고 시냅스와 같은 뇌세포 간 연결망이 축소되며 신경전달기능이 감퇴된다. 따라서 정보처리속도가 둔화되어 사고과정이 느려지고 단기 · 최근 기억력과 집중력 등의 인지기능이 저하되며, 균형감각이나 순발력, 민첩성, 협응력 등의 운동기능도 저하된다. 이러한 기능 저하를 고려해 볼 때 언어적 인도의 경우, 복잡하지 않게 단순하고 간결한 내용을 추상적이지 않게 사실적이며 구체적인 표현으로 너무 빠르지 않게 천천히 제시한다. 질문의 경우 개방형 질문보다 선택 조건이 있는 폐쇄형 질문에 더 적극적으로 반응하고, 기억관련 과제에 답을 연상할 수 있는 사소한 힌트 제공은 참여의 즐거움을 높인다. 반응을 시작하는 잠복시간 동안 서두르지 않는 여유 있는 태도로 클라이언트를 지지한다. 두 가지 이상의 복합과제보다 단일과제에 집중도가 더 높은데 성취도에 따라 조금씩 복합성과 난도를 높여 가는 것은 흥미와 성취감을 제공할 수 있다. 새로운 노래의 경우 내용과 의미를 파악하게 되면 참여행동뿐만 아니라 수행정확도도 높아지므로 먼저 가사를 읽고 감상한 후 노래 부르는 방법도 좋다. 음악적 즐거움이 집중시간 증가에 도움을 주지만 기능이 낮은 대상자는 30~40분이 적절하고 기능이 높은 대상자라 하더라도 50~60분 정도의 시간이 적절하다. 그 이상은 신체생리적 이유로 집중이 분산될 수 있다. 반면, 경험을 통해 축적된 삶의 지혜나 통찰력, 신중성, 인내심 등은 그대로 발휘된다. 새로운 것에 대한 학습, 자아실현, 사회참여에 대한 동기는 프로그램 참석을 꾸준히 지속시킨다. 염두에 두어야 할 점은 인지 · 운동기능이 저하되었다 하더라도 성인에게 적합한 언어와 태도 그리고 음악과 악기, 활동내용을 제공해야 한다는 것이다.

이 외에도 호흡기 섬모수 감소로 미세물질 여과기능이 감소하며, 호흡기계의 감염으로 감기에 노출되기 쉽고 증상이 오래가며 폐렴과 같은 합병증으로 진행될 가능성이 크다. 고혈압과 당뇨병을 관리하기 위해 약물을 복용하고, 면역력의 약화로 대상포진을 앓는 경우도 드물지 않다. 신장기능이나 방광용적이 감소하여 배뇨시간 간격이 짧아지고 요실금 발생도 증가한다. 이러한 기능 저하를 고려해 볼 때 노인집단은 에너지를 높이는 것이 필요하지만 몰아치듯 쉼 없이 에너지를 올리지 않고 천천히 높이며 또 한숨 돌리고 다시 높여 가는 정도로 너무 소진되지 않도록 기력상태를 점검하며 시행한다. 고개를 갑자기 돌리거나, 오랜 시간 앉아 있다가 갑자기 일어나지 않도록 해야 한다. 일시적인 현기증이나 빈혈 증상이 발생할 수 있다. 충격적이고 슬픈 소식을 있는 그대로 전달하는 것은 신중해야 한다. 심박수와 혈압을 상승시키거나 불안감과 우울감을 일으킬 수 있다. 활동 도중 클라이언트에게 위중한 일이 발생했을 때 치료사가 처치하려 하지 말고 먼저 사회복지사나 의료진에게 즉시 알려야 한다. 음식물이나 약물은 임의로 제공하지 않는다. 캐러멜이나 인절미와 같이 점성이 높은 간식은 치아를 손상시키거나 기도를 막을 수 있다. 클라이언트가 소화제나 두통약 등의 상비약을 요구하더라도 의료진에게 일임한다.

둘째, 자아에 대한 인식이나 성격, 적응행동에 관한 심리적 특성이다. 노인은 신체생리적 노화와 시대적 환경에 의해 형성된 공통된 특성과 함께 개인의 교육문화적 경험에서 비롯된 다양한 심리적 특성을 동시에 보인다. 먼저, 내향성의 경향을 보인다. 내면세계를 중시하며 주관적인 내적 잣대로 대상이나 상황, 관계를 판단한다. 원치 않는 상황을 받아들이는 태도도 의도가 무엇이냐에 따라 달라진다. 따라서 설명을 통해 이해를 구하려는 노력이 필요하다. 의미를 중시하는 것도 같은 맥락이다.

다음으로 경직성의 경향을 보인다. 자신에게 익숙한 습관적인 생활방식과 태도를 고수하여 자칫 융통성이 없는 모습으로 보이기도 한다. 다소 불편함이 있어도 변화보다는 기존의 환경을 그대로 유지하고자 한다. 음악치료실에서 자신이 늘 앉았던 자리만을 고수하는데 이로 인해 클라이언트 간 갈등이 발생하기도 한다. 치료사는 직접 개입하지 않는 것이 좋고 활동을 계속 진행하여 시선을 전환하도록 인도한다. 그리고 활동장소나 시간 등은 가능한 한 변경하지 않는 것이 좋다. 프로그램 설계 시 전체 구조는 그대로 유지하면서 사용 음악과 악기, 리듬, 주제 등에 변화를 줌으로써 안정감과 흥미를 지속시킨다.

수동성 및 의존성의 경향을 보인다. 노화로 인한 기능 저하는 자신감과 독립성에도 부정적 영향을 미친다. 새로운 일을 기획하고 추진하기보다는 주어진 환경 안에서 자신에게 가능한 일에 관심을 둔다. 자신의 의견을 내기보다는 치료사의 지침에 의존하고 이를 오히려 편안하게 받아들인다. 난이도가 적절하면 적극성을 보이고, 활동 안에서 개별적인 역할부여는 능동성을 이끈다. 의도적으로 선곡 기회를 주어 이를 즉각 수용함으로써 자율과 통제의 성공적 경험을 제공한다. 노인케어에 있어 노년기의 의존성을 영유아기의 의존성과 같이 인생주기의 당연한 과정으로 받아들이기를 제안한다.

조심성이 증가하는 경향도 보인다. 이는 연륜에서 오는 지혜로서 일상의 안녕을 지키기 위한 적응행동으로 해석된다. 낙상으로 골절을 겪게 되면 독립생활은 어려워지고 삶의 질마저 저하되기 때문이다. 자신의 의중을 즉시 있는 그대로 밝히지 않고 추이를 지켜보는 태도도 연륜에서 터득된 신중성의 모습이다. 따라서 클라이언트의 반응을 보이고 들리는 대로 판단하지 않고 그 이면을 이해하려는 노력이 필요하다. 노인의 '괜찮다'가 진짜 괜찮은 것이 아닐 수도 있음을 이해한다.

우울감이 증가하는 경향을 보인다. 개인마다 차이는 있으나 상실의 경험이 우울감을 높이는 것은 당연하다. 시설에 입소한 지 얼마 되지 않은 경우, 노화나 질병, 특히 낙상 등의 사고로 인해 신체기능이 현저히 저하된 경우, 배우자와 자녀에게 어려운 일이 생긴 경우 등에 특히 우울감이 높아진다. 사람의 힘으로 바꿀 수 없는 유형의 상실은 어쩔 수 없이 겪을 수밖에 없다. 시간이 필요하며, 상실을 수용하고 적응할 수 있도록 정서 · 심리적 지원을 해야 한다. 긍정적 경험을 증가시키는 중재가 부정적 정서를 감소시키려는 것보다 바람직하다. 음악치료에 즐겁게 참여함으로써 자연스럽게 우울감이 감소되고 활력과 의욕을 되찾은 클라이언트를 드물지 않게 볼 수 있다. 기능이 낮을수록 우울감을 가져오는 문제를 직접 다루지 않고 음악적 즐거움을 통해 부정적 정서를 감소시키는 것은 바람직하다.

생에 대한 회상이 증가하는 경향을 보인다. 노인은 회상할 수 있는 과거의 경험이 많고 이 경험에 비추어 앞으로의 상황을 예측하고 문제를 해결한다. 특정 음악과 관련된 기억을 복사한 듯 똑같이 반복하여 말하기도 하는데 치료사가 소중한 추억으로 공감할 때 존중적 만족감을 경험하게 된다. 현재 노인세대가 살아온 일제강점기, 한국전쟁과 분단, 정치적 혼란, 경제적 빈곤 등 불행했던 시절에 대한 회상은 의미를 제공할 수 있도록 신중하게 언급해야 한다. 고난을 극복하고 자유롭고 풍요로운 나라를 만들어 준 헌신과 업적에 대해 존경과 감사를 전함으로써 보람과 자긍심을 제공할 수 있다.

이 외에도 친숙한 사물이나 노래에 애착심을 갖는 경향을 보인다. 삶의 과정이 녹아 있어 존재감과 위로를 얻는 듯하다. 사람에 대해서도 마찬가지이다. 치료사에 대한 신뢰감은 함께한 시간이 오래될수록 더욱 두텁고 친밀해진다. 앞으로 남은 시간을 계산하는 방식으로 시간을 전망하는 경향을 보인다. 말로는 표현하지 않으나 이별의 시간을 항상 염두에 두고 있는 것처럼 보인다.

셋째, 사회적 특성으로서 개인의 지위와 역할, 생활환경과 생활양식이 변화된다. 퇴직으로 인해 대부분 경제활동이 중단되고 사회적 지위와 역할이 상실되며 생활환경이 사회에서 가정으로 옮겨지고 여가시간이 증가한다. 배우자나 친구 등 친밀한 인적 자원을 상실하게 되는데 이로 인해 격의 없는 의사소통과 교류의 기회가 축소된다. 자녀의 독립은 부부 중심 혹은 독신 생활을 가져오고, 신체・정신기능의 약화는 타인의 도움에 의존하게 되어 입원이나 시설입소와 같은 생활환경의 변화를 가져온다. 시설입소는 식사나 목욕, 운동, 여가 등 개인의 사적 공간이 일부 보호되지 않음을 의미한다.

프로그램 안에서 클라이언트는 퇴직 이전의 사회적 지위나 역할과는 상관없이 동등한 구성원으로 참여하게 된다. 물론 퇴직 이전의 지위에 대한 언급은 있으나 상징성에 지나지 않는다. 집단 음악치료 환경은 새로운 관계를 형성하고 교류를 유지하는 장이 되고 집단 내에서 특정 역할을 부여받음으로써 상실된 사회적 관계와 역할을 새롭게 획득하게 한다. 경제력은 더 좋은 시설을 선택할 수 있게 하지만, 같은 요양원이나 병원의 클라이언트에게는 큰 의미가 없어 보인다. 현금 소지가 제한되기도 하고, 시설 내에서 소비활동의 기회가 많지 않기 때문이다. 프로그램 참여자 중 약 70~80%가 여성으로, 집단의 활동방향에 더 주도적 역할을 한다. 비록 소수이지만 남성적 특성이 담긴 음악 선곡도 고려해야 한다. 남성의 참여비율은 기능이 낮아질수록 높아지는 경향을 보인다. 기능이 높은 노인집단에서는 성별을 구분하여 착석하고, 기능이 낮은 집단에서는 성별 관계없이 배치된다. 간병인이나 봉사자에 의존하여 이동되는 이유도 있으나 성별에 대한 민감성이 다소 약화되는 듯 보인다. 신체・정신기능이 낮아질수록 사회적 지위, 경제력, 외모나 학벌, 성별 등 외부적 가치가 감소하고, 건강의 정도, 정신력, 자녀의 관심 등이 가치 있게 작용한다.

3) 노인을 위한 음악치료 실행방향

[그림 4-1]은 노인 음악치료의 전체적 도식이다. 한 회기의 음악치료활동은 활동설계와 활동실행 그리고 반응평가를 포함한다. 활동설계부터 활동을 실행하고 반응을 평가하여 재설계에 반영하는 모든 과정에서 치료사의 역량은 발휘된다. 치료사는 가장 먼저 대전제인 대상노인의 필요와 선호 그리고 기능을 파악하여 활동을 설계한다. 매 순간 노인 음악치료의 최종 목적을 지향하며 설계된 음악활동을 실행한다. 활동실행은 음악의 심미적 즐거움으로 몰입을 이끌고 여기서 비롯되는 주관적 만족감이 의미로 남을 수 있도록 음악을 사용하고 클라이언트를 인도해야 한다. 실행방향의 과정이 충분히 이루어질 때 노인 음악치료의 최종 목적이 성취되고 클라이언트와 치료사는 조금 더 성장하게 된다.

클라이언트의 음악치료 경험은 즐거움으로 시작된다. 바로 음악에서 비롯되는 건강해지는 즐거움이다. 게임이나 유머와 같은 오락적 즐거움은 긴장을 풀거나 환기를 위해 가벼운 정도로 사용할 수는 있다. 그러나 음악을 감상하고 노래를 부르고 악기를 연주하며 경험하는 즐거움은 음악 자체에서 오는 심미적 즐거움이어야 한다. 심

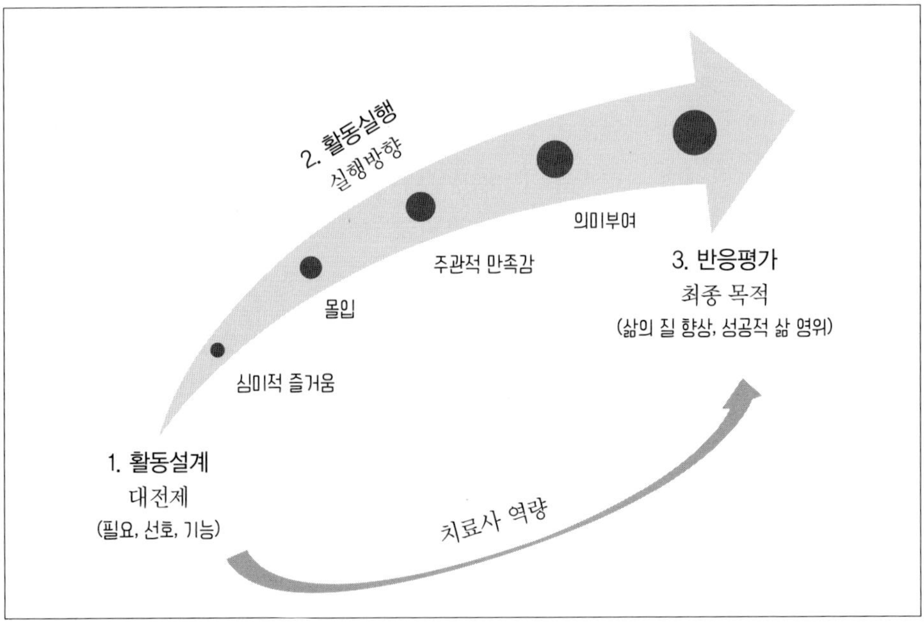

[그림 4-1] 노인 음악치료의 전체적 도식

미적 즐거움이란 음악의 아름다움을 지각하고 즐기는 즐거움을 말한다. 심미적 즐거움을 경험하기 위해서는 그 음악에 내재되어 있는 아름다움을 볼 수 있어야 한다. 어떤 음악이든지 미적 측면을 찾을 수 있다. 멜로디가 감미롭거나, 경쾌한 리듬이 몸을 흔들거나, 가사가 위로와 용기를 주거나, 연주자의 모습이 시선을 빼앗거나, 능숙하지는 않더라도 동료들과 함께 연주를 끝까지 수행했거나 등 공감할 수 있는 아름다움을 찾을 수 있다. 치료사는 음악마다 특징적으로 지닌 미적 측면을 찾아내고 안내하여 클라이언트가 음악적 즐거움을 충분히 경험할 수 있도록 인도해야 한다.

심미적 즐거움은 어떤 목적에 도달하기 위한 수단이 아니라 그 자체에 대한 만족이며, 의지적으로 집중하는 것이 아니라 자동적으로 사로잡혀 지금이 최고의 순간이 되는 몰입상태에 이르게 한다. 몰입은 조금도 딴생각이 없는, 몸과 마음 모두가 오로지 그곳에 있는 전심의 상태이다. 몰입의 순간은 부정적인 생각과 감정에서 벗어나고, 타인의 시선이나 평가로부터 자유로워져서 자의식이 충만되고 행복해진다. 경험의 깊이는 사람마다 다를 수 있으나 인간의 깊은 내면까지 도달한다. 그곳에서부터 치유가 시작되는 것이다. 음악을 즐기는 치료사의 풍부한 표정과 제스처는 몰입을 더욱 강화할 수 있다. 몰입이 가져오는 주관적 만족감은 환경과는 상관없이 개인에게 현재의 삶을 만족스럽게 인식하게 한다. 이 시간이 의미 있는 시간이 되고, 다음 시간을 기대하게 하며, 일상의 중요한 일정으로 자리 잡게 한다.

다시 말해, 각 음악활동의 고유한 심미적 즐거움을 충분히 즐길 수 있도록 인도하여 몰입과 주관적 만족감을 경험하고, 자신과 자신의 삶에 의미를 부여함으로써 삶의 질을 향상시키고 성공적인 삶을 영위하도록 돕는 활동실행의 방향성을 가져야 한다. 이때 치료사는 우러나온 진정성과 꾸미지 않은 자연스러움으로 클라이언트의 여행을 안내해야 한다.

2. 노인을 위한 음악치료 프로그램의 실제

1) 노인 집단 음악치료의 구조 및 내용

한 회기의 음악치료활동은 반기는 노래로 시작하여 도입 활동, 본 활동, 마치는 노래의 구조를 갖는다. 특정 목적을 위해 단기 기획된 경우를 제외한 노인 집단 음악치료 프로그램은 대부분 기한 없이 일정한 주기를 가지고 연속적으로 운영된다. 따라서 일상생활에서 필요한 목적들이 즐거운 음악경험을 통해 고루 성취될 수 있어야 한다. 예를 들면, 한 회기 안에 구성된 여러 활동을 기억력 강화라는 하나의 목적만을 위해 설계하지 않고 신체생리 영역, 인지 영역, 정서 영역, 사회 영역, 영적 영역 등 건강의 전체적 측면의 목적들이 한 회기의 활동에서 골고루 다뤄지도록 구성하는 것이 바람직하다는 것이다. 반면, 특정 목적을 위한 집단의 경우는 한 가지 목적 영역에 초점을 두고 집중적으로 설계할 수 있다. 또 활동방법의 측면에서는 높은 선호를 보이는 노래 부르기 활동의 비중은 높이면서 감상활동, 연주활동, 신체활동도 고루 수행할 수 있도록 구성하는 것이 좋다. 노인 집단 음악치료의 구조 및 내용은 다음과 같다.

(1) 반기는 노래

반기는 노래는 클라이언트를 환영하고 참여에 대한 안정감과 기대감을 제공하기 위해 활동을 시작하며 부르는 노래이다. 주로 치료사가 집단의 특성과 기능을 고려하여 만드는데 작곡을 새롭게 하기도 하지만 친숙한 노래의 선율을 사용하는 것도 좋다. 가사에는 계절, 날씨 등 지금-여기에 대한 환기, 참석에 대한 강화, 개별적인 인사, 활동에 대한 기대감과 동기유발 등이 담겨야 한다.

표 4-4 기능을 고려한 '반기는 노래'의 예

* 인지적 어려움이 없는 집단

이렇게 화사하고 따뜻한 봄날 이렇게 멋진 곳에서
음악과 함께하는 이 시간이 우리는 정말 기다려져요
이렇게 감사하고 소중한 날 이렇게 멋진 곳에서
아버님 어머님과 함께하는 이 시간이 우리는 정말 행복해요
○○○ 어머님 안녕하세요 ○○○ 아버님 안녕하세요
○○○ 선생님 안녕하세요 라랄라 정말 반갑습니다
노래도 부르고 악기도 연주하며 즐거운 시간 힘 나는 시간 가져봐요~ 예!

해당 계절과 날씨의 긍정적 측면을 즐기도록 하며 덧붙여 현실인식 기회를 제공한다. 살고 있는 시설에 대한 만족감과 오늘도 감사하고 소중한 날임을 강조한다. 음악과 함께하고 우리가 함께하는 이 시간이 기다려지는 행복한 시간임을 노래함으로써 프로그램에 대한 긍정적 인식을 높이고 참석을 격려한다. 개별적인 인사가 더 의미 있지만 스무 명이 넘는 대집단일 경우 시간이 많이 소요되므로 '사랑하는 어머님 안녕하세요, 사랑하는 아버님 안녕하세요' 식으로 대표성을 가지고 인사할 수 있다. 어떤 활동을 할 것인지 어떤 경험을 하게 될 것인지에 대한 제시는 기대감과 참여동기를 높인다.

* 인지적 어려움이 있는 집단

안녕하세요 멋진 가을날 오후 2시입니다
안녕하세요 기쁨 가득한 음악시간입니다
○○○ 아버님 안녕하세요 정말 반갑습니다
○○○ 어머님 안녕하세요 정말 잘 오셨어요
옆의 분 앞의 분과도 마음을 나누세요
"반갑습니다! 건강하세요! 감사합니다! 사랑합니다!"
(왼쪽 오른쪽 앞쪽 뒤쪽, 서로 눈을 마주 보며 소리 내어 인사하도록 격려한다.)
지금 이 시간 노래도 부르고 악기도 연주해요
함께 해 봐요! 모두 즐겨요! 우리 행복해져요!

계절, 날씨, 시간 제시는 현실인식을 돕고, 프로그램에 대한 긍정적 언급은 안정감과 만족감을 제공한다. 치료사가 먼저 클라이언트 개개인에게 환영 인사를 한 후 구성원 간 서로 인사를 나누도록 하는데 이는 주변에 대한 관심과 교류를 이끌기 위함이다. 인원이 많을 경우는 대표성을 가지고 간단하게 인사한다. 활동에 대한 소개는 편안함과 기대감을 제공하고, 함께 해 보자, 즐겨 보자, 행복해질 것이라는 힘찬 구호는 능동적이며 적극적인 참여행동을 촉진한다.

(2) 도입 활동

도입 활동이 반드시 필요한가에 대한 논란이 있을 수 있다. 노인은 대체적으로 반응의 잠복시간이 길어지고 행동 속도도 느려지며 자신감도 저하되는 경향을 보인다. 에너지 수준과 난이도가 높은 활동보다 구성원 모두에게 쉬운 정도의 안전한 활동으로 서서히 시작하는 것이 참여행동을 오히려 강화한다. 도입 단계에서 본 활동의 주제와 관련하여 가볍게 다룸으로써 주제를 자연스럽게 연결하며 확장할 수 있다. 노인은 의미를 중시한다는 측면에서도 음악활동이 맥락을 가지고 자연스럽게 전개될 때 더욱 만족해한다.

활동 목적이나 주제와 관련된 가볍고 친숙한 노래를 치료사의 반주에 맞춰 부르거나 감상한다. 특정 주제가 없는 경우 계절이나 날씨, 일상적 흐름에 어울리는 노래를 선곡하는데, 현재 노인들이 성장기에 불렀던 동요나 신민요, 외국민요 등이 적절하다.

표 4-5 도입 활동에서 선곡의 예

* 주제가 있는 경우
  - ㅁ'꽃'을 주제로 하는 활동: 〈에델바이스〉, 〈과수원길〉 ……
  - ㅁ'사랑'을 주제로 하는 활동: 〈연가〉, 〈등대지기〉 ……
  - ㅁ'애국심'을 주제로 하는 활동: 〈우리나라 꽃〉, 〈우리의 소원〉 ……
* 주제가 없는 경우
  - ㅁ계절 〈고향의 봄〉(봄), 〈산바람 강바람〉(여름), 〈오빠생각〉(가을), 〈고드름〉(겨울)
  - ㅁ날씨 〈눈꽃송이〉, 〈무지개〉 ……
  - ㅁ일상적 흐름 〈설날〉, 〈달〉, 〈징글벨〉, 〈석별의 정〉 ……
  - ㅁ언제든지 〈반달〉, 〈아리랑〉 ……

(3) 본 활동

본 활동은 삶의 질과 성공적 삶이라는 최종 목적을 염두에 두고, 음악의 심미적 즐거움이 바탕이 된 음악활동을 통하여, 일상에서 필요한 다양한 건강증진 목적들을 성취해 가는 과정이다. 음악활동은 감상활동, 노래 부르기 활동, 연주활동, 신체활동을 고르게 시행하는데 이 중 노래 부르기 활동은 클라이언트에게 가장 선호되므로 비중을 높이는 것이 좋다. 한 곡의 음악으로 네다섯 가지 이상의 활동을 제공하는 것보다 활동에 따라 다른 음악이나 노래를 각각 사용하는 것이 좋다. 각 활동 목적에 적합한 음악을 사용하는 것이 효과적이고, 다양한 음악은 지루할 틈 없이 흥미를 지속시키기 때문이다. 노인이 친숙한 것을 선호하지만 지나친 반복에 싫증을 내기도 한다. 따라서 특정 목적 이외에는 같은 음악의 사용은 두세 번 정도만 반복하는 것이 좋다. 덧붙여 음악활동은 반드시 긍정적 경험으로 종결되도록 인도한다.

① 감상활동

감상활동은 치료사 또는 초빙된 연주자의 라이브음악을 감상하거나, 녹음음악 또는 동영상을 감상하는 활동이다. 감상활동은 심미적 경험 자체가 목적이 될 수 있고, 진동의 효과를 목적으로 할 수 있다. 기분을 밝게 전환하고 신체에너지를 높이고 기억을 회상하고 상상의 시간을 갖고 새로운 음악을 학습하고 정서를 순화하고 내면의 이야기를 듣고 내적 힘을 기르는 목적을 가질 수 있다.

음의 진동이 직접 전달되는 라이브음악은 집중도와 만족감이 높지만 미숙한 수준일 경우 집중이 쉽게 분산되므로 전문적 기술을 갖춘 연주를 제공해야 한다. 집단의 동료가 연주하는 경우는 수준과는 상관없이 관심을 보이고 집단 내에 긍정적인 에너지를 만든다. 연주 당사자는 목표가 있는 연습을 통해 활력 넘치는 시간을 보내고 성취감을 경험하며, 집단 동료들은 자신이 직접 연주하는 듯한 긴장감을 가지고 감상에 집중하며 동료를 격려하고 동기를 갖기도 한다. 하지만 소수의 특정인에게만 기회를 반복하여 제공하지 않도록 주의해야 한다. 전문가의 녹음음악이나 동영상을 감상하는 것은 생생한 현장감은 없으나 수준 높은 음악을 다양하게 즐길 수 있다는 장점이 있다. 동영상 감상은 청각적 즐거움에 악기모양이나 연주자의 표정, 연주모습 등 시각적 즐거움이 더해질 수 있다. 반면, 음악 자체만의 즐거움을 우선시하는 경우 녹음음악을 사용하는데 이때 시각을 차단하면 소리에 더 집중할 수 있으므로 눈을 감도록 하는 것도 좋다.

감상음악은 기본적으로 고르고 안정된 진동을 가진 음악, 작곡자가 정신 · 정서적으로 건강한 상태에서 작곡한 음악, 클라이언트의 필요 · 기능 · 선호가 고려된 음악, 내용이 긍정적인 음악, 클라이언트가 원하는 음악 등을 기준으로 선곡한다. 주로 클래식 소품, 가곡, 올드팝, 경음악, 대중가요 등이 자주 선곡되고 있으나 음악경험의 확장을 위해 다양한 장르의 클래식, 국악, 재즈, 명상음악, 자연음악, 영화음악 등을 시도해 보는 것도 좋다. 음악은 3~4분 정도의 길이가 적절하다. 그 이상일 경우 감상 전에 안내하여 클라이언트의 집중이 분산되지 않도록 한다.

감상 전 치료사의 목적성취를 향한 언어적 안내, 감상 동안 음악을 표현하는 치료사의 자연스러운 표정과 동작, 감상 후 치료사의 목적성취를 완결하는 언어적 마무리는 클라이언트에게 의미 있는 감상경험이 되도록 돕는다.

표 4-6 **감상활동 인도의 예**

* 감상음악 〈목련화〉(조영식 작사, 김동진 작곡, 1974)
  - **감상 전 안내:** "목련꽃이 우아하게 피어 우리를 설레게 하는 봄입니다. 오늘 감상하실 음악은 조영식 작사, 김동진 작곡의 〈목련화〉입니다. 추운 겨울을 헤치고 꽃을 피워 낸, 순결하고 강인한 목련화처럼 아름답고 값 있게 살아가자고 노래하고 있습니다. 테너 ○○○의 연주로 〈목련화〉를 감상하시겠습니다." 클라이언트는 치료사가 언급한 메시지의 방향으로 자연스럽게 내적 대화를 하게 된다.
  - **감상 동안 표정과 동작:** 양팔을 위로 올려 부드럽게 리듬을 타며 좌우로 흔들다가 '그대처럼' 부분에서 클라이언트를 향해 양손을 뻗어 가리키는 동작을 하고, '순결하게'에서 두 손을 모으고, '강인하게'에서 두 주먹을 불끈 쥐는 동작을 하는 등 가사 내용에 어울리는 동작을 하며 음악에 몰입하는 모습을 보인다. 클라이언트는 치료사의 표정이나 동작을 그대로 모방하기 때문에 클라이언트가 모방하기를 바라는 적절한 표정과 동작을 의식적으로 할 필요가 있고 이는 클라이언트의 몰입을 돕는다.
  - **감상 후 마무리:** "음악을 들으며 마음속에서 불끈 힘이 솟는 걸 느꼈습니다. 목련화처럼 그리고 아버님 어머님께서 그렇게 살아오신 것처럼 순결하고 강인하게, 값 있게 살도록 노력하겠습니다." 클라이언트에게 의도한 목적을 치료사의 소감으로 마무리하는데, '아버님 어머님처럼 강인하게~'를 통해 자긍심도 제공할 수 있다. 음악감상을 한 뒤 무슨 말이라도 해야 할 것 같아 불쑥 하게 되는 감상소감에 대한 질문, "어떠셨어요?"는 음악이 가져다준 내적 대화의 만족감을 감소시킬 수 있다.

② 노래 부르기 활동

노래 부르기 활동은 본 활동에서 비중이 가장 높은 활동이다. 클라이언트가 부담감 없이 자발적으로 가장 편안하게 참여하면서도 공감, 자기표현, 발산, 자기수정 등을 통해 높은 치료적 만족감을 경험하기 때문이다.

노래 부르기 활동은 기존의 노래를 그대로 부르거나 치료사가 새로운 곡을 만들어 부르거나 기존 곡의 가사를 클라이언트의 의견을 바탕으로 수정하거나 치료사가 일부 혹은 전체를 수정하여 부르는 방법이 사용되는데, 이 중 원곡을 그대로 부르는 방법이 가장 선호된다. 원곡은 익숙하여 부르기 쉽고, 추억과 의미가 담겨 있어 더욱 그렇다. 원곡 가사 중에 부정적인 경험이 될 수 있는 부분은 긍정적으로 수정하여 사용하거나, 긍정적인 의미로 재해석하여 인도하는 것이 좋다. 하지만 매우 익숙한 옛노래는 가사의 내용보다는 친숙함이 즐거움을 제공하는 것처럼 보인다.

노래는 활동시간 40~60분을 기준으로 최소 4곡에서 최대 8곡 정도를 준비한다. 계절, 날씨, 사랑, 나눔, 열정, 기쁨, 감사, 수용, 적응, 통합, 사회적 이슈 또는 일상에서 찾을 수 있는 즐거움, 주변 사람을 위해 할 수 있는 일, 내가 행복해지기, 기분 좋은 말 등 주제를 설정하고 치료목적을 효율적으로 성취할 수 있는 노래를 선곡한다. 이때 노래들은 주제가 점점 심화되어 가도록 자연스럽게 연결하여 배치한다. 매 회기의 활동이 반드시 주제가 있어야 하는 것은 아니므로 형식에 너무 매이지 않는 것이 좋다.

노래는 치료사의 반주에 맞춰 부르기도 하고, 원곡 가수의 녹음음악에 맞춰 부르기도 한다. 개인 또는 기능이 매우 낮은 클라이언트와 노래를 부를 때는 치료사의 반주가 더 적절하다. 치료사의 반주는 클라이언트에게 편안한 음역이나 속도를 지원할 수 있고, 지연이나 건너뛰기 등에도 어려움 없이 맞출 수 있으며, 노래의 특정 부분을 강조하거나 반복하는 등 표현을 자유롭게 조절할 수 있다는 장점이 있다. 녹음음악은 가수의 목소리와 반주가 클라이언트에게 익숙하며, 그 노래의 특징이 가장 잘 연주되어 있고, 클라이언트의 제한된 음량이나 표현에도 완성도 높은 연주로 경험하게 한다. 치료사의 손과 이동이 자유로워 접근과 접촉을 통해 클라이언트와 개별적으로 소통하고 참여를 강화하며, 치료사가 표정과 제스처를 풍부하고 자유롭게 할 수 있어 심미적 경험을 강화하는 장점이 있다. 만약 혼용한다면 반주를 먼저 하고 녹음음악을 나중에 사용하는 것이 분위기 고조에 도움이 된다.

노래 부르기가 단순히 즐거운 활동으로만 보일 수 있으나 노래를 부르는 과정은 대단히 치료적이다. 노래를 부르기 위해 가사를 보고, 읽고, 듣고, 내용을 이해하는 과정을 통해 전반적인 두뇌 활성화를 가져오며, 가사의 메시지를 음미하는 과정을 통해 내적 활동과 재조직을 가져오고, 들숨과 날숨의 의식적인 조절을 통해 긴장을 이완시키며, 발성이 일으키는 신체진동을 통해 장기와 기관의 운동효과를 가져오고 체온과 신체에너지 수준을 높이며, 발산을 통해 정화적 경험을 하고, 조음 및 발성을 통해 언어기능을 향상시키며, 함께 노래 부르며 동료애가 형성되는 등의 치료적 효과를 경험하게 된다. 새로운 노래를 부르는 활동도 인지자극과 학습에 대한 욕구를 충족시킬 수 있다. 노래 인도과정에서 치료사가 노래를 충분히 내면화했는가, 감정과 분위기를 잘 살려 표현하는가, 메시지를 잘 전달하고 있는가에 따라 클라이언트 경험의 정도는 달라진다.

③ 연주활동

연주활동은 노래나 음악에 맞춰 자유롭게 리듬을 연주하거나 제시된 구조에 따라 리듬 또는 화음을 연주하거나 배경음악 없이 즉흥연주를 하는 활동들로 이루어진다. 악기는 집단활동의 특성상 소고, 북탬버린, 리듬스틱, 마라카스, 에그쉐이커, 우드블럭, 패들드럼 등의 리듬악기를 주로 사용하고, 멜로디 악기로는 콰이어차임, 벨, 실로폰, 낱건반 등을 사용한다. 악기가 구비되지 않은 경우는 손뼉치기나 플라스틱 컵, 탁자 등을 이용한 리듬활동도 가능하다. 기능이 낮은 클라이언트의 경우 악기를 입으로 가져가거나 동료를 때리는 일도 발생하므로 특히 안전을 살펴야 한다.

연주활동은 시각, 청각, 촉각의 감각신경과 운동신경의 자극을 통해 뇌를 활성화시키고, 집중력과 협응력을 향상시키며, 성취감을 제공한다. 새로운 악기의 경우 호기심과 흥미를 유발하고 새로운 경험에 대한 만족감을 제공한다. 움직임이 많지 않은 클라이언트에게 악기연주를 통한 신체 움직임은 의미 있는 일이다. 구성원이 열 명 내외인 소집단은 오션드럼, 윈드차임, 레인스틱 같은 대중에게 일반적이지 않은 악기도 만지고 다뤄 보는 기회를 제공하는 것도 좋다. 자존감이 낮은 클라이언트에게 리더의 경험을 제공하기 위해 음악의 특정 부분에서 심벌즈 연주의 기회를 제공하기도 한다.

악기연주는 각 음악의 구조적 특징에 맞춰 단순하게 구조화했을 때 일체감과 역동을 경험하기 쉽다. 예를 들어, 당김음이 반복적으로 나올 때 당김음 부분을 리듬악기로 연주하거나, 노래의 두 마디마다 이분쉼표가 반복적으로 나올 때 쉼표 부분을 특정 리듬으로 연주한다. 신호는 색깔, 숫자, 특정 기호, 악기사진 등을 사용할 수 있고, 크고 단순하며 명확하고 선명하게 제시해야 한다. 이때 치료사의 간결한 언어와 동작 신호를 함께 제공하는 것도 좋다. 그러나 멜로디나 화음연주의 경우에는 언어가 음악의 흐름을 방해할 수 있으므로 연습 후에는 언어 없이 악기소리만으로 만들어지는 음악에 집중하도록 한다.

④ 신체활동

신체활동은 노인의 건강에 실제로 도움이 되는 운동을 음악과 함께 수행하는 활동이다. 노화는 근력을 약화시키고 지구력, 유연성을 감소시킨다. 이로 인해 신체 움직임이 더욱 감소하고 근 위축과 경화를 촉진하는 악순환이 거듭된다. 따라서 무리하지 않는 범위 내에서 조금이라도 움직이는 것은 도움이 된다. 호흡운동, 스트레칭, 근력운동, 관절운동, 뇌자극운동 등 신체의 전반적인 부분을 운동한다.

신체활동은 두피, 얼굴, 목, 어깨, 몸통, 팔, 손목, 손, 손가락 등의 상체운동과 발가락, 발, 발목, 다리 등의 하체운동을 수행할 수 있는데, 특히 80대 이상의 클라이언트는 앉은 자세로 개인의 신체상태에서 가능한 정도만 안전하게 수행하도록 인도한다. 움직임이 적은 클라이언트에게는 앉은 상태에서 다리를 앞으로 쭉 펴고 발가락을 앞으로 당기는 것만으로도 하지 근력운동이 되고, 아령 등의 도구를 사용하지 않아도 주먹을 꽉 쥐었다 펴는 것만으로도 상지 근력운동이 될 수 있다. 앞에서도 언급했듯이 치료사는 특정 운동이 어떤 원리에 의해 무슨 효과를 가져오는지 그리고 안전을 위해 삼가야 할 동작은 아닌지, 어느 정도의 수행이 적절한지 등 운동치료적인 근거를 바탕으로 운동효과에 대한 확신을 가지고 시행해야 한다. 노인은 건강에 대한 욕구가 높아 제시된 운동이 어디에 어떻게 좋은가에 대한 설명을 듣게 되면 운동수행 욕구가 눈에 띄게 높아지고 집중하는 모습을 보인다. 치료사는 클라이언트와 반대방향으로 크고 정확한 동작을 시범 보이면서 간단한 언어지침을 병행할 때 보다 정확한 수행을 이끌게 된다. 이때 음악의 강도는 치료사의 언어적 지침이 전달될 수 있는 정도로 조절해야 한다. 치료사는 동작을 만들어 보이는 것이 아니라 실제로 운동을 해야 하며 조금 과장되게 해도 좋다.

음악은 운동에 대한 기대감을 높이고 즐겁게 수행하도록 도움으로써 강도와 지속시간을 증가시킨다. 음악의 박자, 속도, 형식과 구조, 주요 리듬, 멜로디 진행, 강약, 반복과 변화 등에 대한 특징을 세밀하게 분석하는 과정은 음악이 운동의 시작과 유지와 멈춤, 움직임의 속도, 범위, 형태, 강약, 반복 등을 가리키는 신호 역할을 충분히 하도록 준비하게 한다. 운동이 목적일 경우 기악음악이 효과적이다. 노인은 두 가지 이상 활동을 동시에 수행하는 것에 어려움을 보이기 때문인데 노래를 부르며 운동을 하면 둘 중 한 가지 활동에만 집중하는 모습을 볼 수 있다. 노래의 즐거움이 우선일 경우에는 노래를 지원하는 부차적 역할로 동작을 인도할 수 있고, 노래와 운동을 동시에 수행하고자 할 경우는 가사와 일치되는 동작으로 수행하면 도움이 된다. 반면, 노래가 매우 친숙한 경우는 대체적으로 두 가지 활동을 동시에 수행할 수 있다. 그리고 치료사가 목표한 만큼의 충실한 수행이 되지 못하고 부분적인 수행이라 하더라도 최소한의 움직임도 클라이언트에게는 도움이 된다는 점을 받아들인다.

(4) 마치는 노래

마치는 노래는 활동참여에 대한 만족감과 의미를 확인하고 다음 시간을 기약하며 마무리하는 노래이다. 치료사가 작곡을 새롭게 하거나 친숙한 노래의 선율을 사용하는데, 집단의 특성과 기능을 고려하여 만든다. 가사에는 즐겁고 의미 있는 시간이었음을 확인하고, 개별적인 인사, 즐거움과 건강이 생활 속에서 지속되기를 바라는 마음, 다음 시간에 대한 기대감 등을 담는다.

표 4-7 '마치는 노래'의 예

노래하고 연주하며 흥겹게 덩실덩실
음악으로 우리는 즐겁고 행복합니다
아버님 안녕히 가세요, 어머님 안녕히 가세요
건강하고 활기찬 모습으로 다음 주에 다시 만나요

프로그램이 종료되었음을 알리고, 음악적 즐거움이 넘치는 의미 있는 시간이었음을 확인한다. 개별적으로 인사하거나 인원이 많은 경우 대표성을 가지고 인사한다. 이때 클라이언트와 함께 참석한 간병인, 가족에게도 인사하여 모두가 하나의 공동체로서 유대감을 강화한다. 다음 시간 다시 만날 기대감과 함께 그동안 활기차고 건강하게 지내기를 응원한다.

현재 건강한 노인 대상 음악치료와 질환이 있는 노인 대상 음악치료는 모두 목적과 구조, 접근방법에 있어 동일한 체계로 실행되고 있다고 말할 수 있다. 다른 점이라면 기능에 따라 사용음악의 난이도와 과제의 복잡성에 차이를 두고 실행한다는 점이다. 그리고 실제로 음악치료에 참석하고 있는 노인집단은 건강집단과 질환집단이 뚜렷하게 구분되기 어렵다. 건강한 노인의 거주지인 실버타운이라 하더라도 입주한 후 시간이 경과되면 질환이 있는 상태가 되고, 질환이 있는 노인이 거주하는 요양원에도 경미하여 독립생활이 가능한 노인도 있기 때문이다. 또 건강한 노인이라 하더라도 대부분 한두 가지 이상의 약물을 복용하며 건강을 관리하고 있다. 따라서 현재 음악치료사가 만나고 있는 임상의 클라이언트는 치매치료와 같이 동일 목적을 가진 집단을 제외하고는 건강한 노인과 약간의 보호가 필요한 노인, 전적으로 보호가 필요한 노인으로 다양하게 구성되어 있다.

이러한 점을 고려하여 제4장 '노인을 위한 음악치료'에서는 모든 노인 대상 음악치료에서 공통적으로 이해해야 할 기본적인 개요과 실제를 다루었다. 다음 장부터는 치매, 뇌졸중, 파킨슨병, 호스피스 완화의료, 세대통합 음악치료의 세분화된 노인 음악치료가 집중적으로 다루어질 것이다.

2) 노인 집단 음악치료 프로그램의 실제

표 4-8 건강한 노인 집단 음악치료 프로그램의 예 1

<table>
<tr><td colspan="2">대상</td><td colspan="2">대집단</td></tr>
<tr><td colspan="2">제목</td><td colspan="2">내 나이가 어때서</td></tr>
<tr><td colspan="2">목적</td><td colspan="2">전반적 건강 증진</td></tr>
<tr><td rowspan="4">절차 및 내용</td><td>절차</td><td>활동내용</td><td>활동방법
[활동별 목적]</td></tr>
<tr><td>헬로송</td><td>Hello song을 부르며 클라이언트를 반긴다.</td><td>지남력, 교류,
동기유발</td></tr>
<tr><td>도입 활동</td><td>1. 동요 〈반달〉을 기타 반주에 맞추어 부른다.
2. 〈윌리엄 텔 서곡〉(로시니) 감상에 대해 안내한다. 스위스의 영웅 윌리엄 텔의 일화를 간략히 소개하고, 음악이 가진 긍정적 에너지가 그대로 전해지기를 바라는 마음을 전달한다. “음악을 들으시면서 지휘자의 섬세하고 박진감 넘치는 손끝의 움직임, 연주자 한 명 한 명의 열정 넘치는 모습을 눈여겨보시고, 음악이 주는 활기찬 에너지도 전해 받으시면 좋겠습니다.”
3. 정명훈이 지휘하는 서울시립교향악단의 〈윌리엄 텔 서곡〉(로시니)을 감상한다.</td><td>감상활동
[심미적 즐거움 경험]
[활력 증진]</td></tr>
<tr><td>본 활동</td><td>4. ‘이팔청춘’이라는 단어를 언급하며 일반적으로 ‘청춘’이라고 불리는 나이에 관해 이야기하고 17세, 18세, 19세의 모습을 노래한 곡들을 떠올려 보도록 유도한다. “많이 불러 보신 노래 중에 17, 열일곱 살을 노래한 곡은 어떤 곡이 있을까요? (반응을 기다린다) 맞습니다. 〈나는 열일곱 살이에요〉라는 노래가 있지요.” 앞과 같은 질문으로 각 나이에 맞는 곡의 제목을 떠올려 말하도록 인도하며 〈나는 열일곱 살이에요〉(박단마), 〈낭랑 18세〉(백난아), 〈열아홉 순정〉(이미자)을 대표곡으로 언급한다.
5. 각 곡의 제목을 시각적으로 제시하여 기억하도록 돕고 하나씩 따라 말하도록 하여 기억을 강화한다.</td><td>노래 부르기
[장기기억 회상]
[단기기억 강화]</td></tr>
</table>

절차 및 내용	본 활동	6. 17세 노래 〈나는 열일곱 살이에요〉(박단마)를 함께 부른다. "가장 먼저, 17세 노래 〈나는 열일곱 살이에요〉를 불러 보시겠습니다."	
		7. 두 명씩 짝을 지어 손가락을 펼쳐 17을 만들도록 한다. '열일곱 살이에요'의 노랫말에 맞게 한 명이 숫자 10을 먼저 만들고 이어서 다른 한 명은 숫자 7을 만든다. 8. '열일곱'에서 17을 만들고 '살이에요'에서 좌우로 흔들도록 한다. 2절에서는 역할을 서로 바꾼다. 9. 음원에 맞추어 동작과 함께 노래 부른다.	신체활동 [소근육운동] [교류 증진] [즐거움 경험]
		10. 17세의 곡목을 다시 한번 확인하고 다음에 이어질 18세, 19세의 노래들을 기억하여 말하도록 한다. 11. 18세 노래 〈낭랑 18세〉(백난아)를 부른다.	노래 부르기 [기억력 강화] [조음과 발성]
		12. 노래를 부른 후 각 소절에 따라 치료사가 설정한 네 가지 동작에 번호를 붙여 설명하고 연습한다. ① 주먹 쥐고 펴기, ② 왼쪽에서 오른쪽, 오른쪽에서 왼쪽 물결치기, ③ 왼쪽, 오른쪽 반복하여 훌라춤 추기, ④ 무릎 두 번, 손뼉 두 번 박자 맞추기. 13. 〈낭랑 18세〉(백난아)에 맞추어 가사보에 제시된 번호의 동작을 수행한다. 치료사가 무작위로 번호를 제시하거나 동작전환의 범위를 넓히거나 좁히는 방법 등으로 다양하게 난이도를 조절한다.	신체활동 [상지근육운동] [주의집중력 강화] [단기기억 강화]
		14. 10번과 같은 방법으로 반복하여 기억을 강화한다. 15. 19세 노래 〈열아홉 순정〉(이미자)을 소개하고 노래 부른다. 특정 가사의 분위기를 목소리와 제스처로 충분히 표현하도록 치료사의 모델링을 통해 유도한다.	노래 부르기 [동기유발] [표현력 증진]
		16. 〈내 나이가 어때서〉(오승근)를 부른다. "지금이 사랑하고 행복하기 딱 좋은 때라고 생각하시죠? 〈내 나이가 어때서〉 부르시겠습니다." 치료사와의 언어적 소통이 원활한 집단의 경우 '사랑'의 대상(신, 자연, 이웃 등)에 대해 의견을 나누고, 또 '무엇'하기(운동, 봉사, 행복 등) 딱 좋은 때인가에 관하여 의견을 나눈다.	노래 부르기 [긍정적 정서 형성] [자기표현]
		17. 소고를 이용하여 치료사가 제시한 리듬으로 구조적 악기연주를 수행한다.	연주활동 [성취감 경험] [만족감 경험]

<table>
<tr><td rowspan="2">절차 및 내용</td><td>본 활동</td><td>18. 〈아모르 파티〉(김연자)를 소개한다. "종종 저희 어머님께서 '숫자로 세는 나이보다 더 중요한 것은 마음의 나이야, 마음이 청춘이어야지'라고 말씀하십니다. '나이는 숫자! 마음이 진짜!'라고 외치는 노래가 있죠? 바로 〈아모르 파티〉입니다. 독일의 철학자 니체도 말했습니다. '아모르 파티! 너 자신의 운명을 사랑하라, 너 자신을 사랑하라'고요. 노래 부르시겠습니다."
19. 노래 중 '아모르 파티' 가사와 간주 부분에서 표현할 동작을 제시하고 동료와 함께 교류하며 수행하도록 한다.
20. 〈아모르 파티〉(김연자)에서 '나이는 숫자, 마음이 진짜' '사랑은 필수, 행복도 필수' 부분을 강조하며 부른다.</td><td>노래 부르기
[교류 증진]
[자존감 향상]
[자아통합]</td></tr>
<tr><td>굿바이송</td><td>Good-bye song을 부르며 세션을 마무리한다.</td><td>즐거움의 일반화</td></tr>
<tr><td colspan="2">소요시간</td><td colspan="2">50~60분</td></tr>
<tr><td colspan="2">준비물</td><td colspan="2">음원 및 영상, 가사보, 소고, 기타</td></tr>
<tr><td colspan="2">치료적 의미</td><td colspan="2">1. 친숙한 선율과 빠르고 힘차게 반복되는 분할리듬을 표현하는 지휘자의 손동작은 시선을 집중시켜 심미적 즐거움을 경험하게 하고, 신체 · 심리적 에너지 수준을 높인다.
2. 친숙한 옛노래는 음악과 가사에 대한 학습이 선행되어 병행과제에 대한 부담감을 낮추고, 적절한 수준의 과제는 성취욕구를 자극하여 집중력과 기억력을 강화한다.
3. 가사에 있는 특정 감탄 모음과 의태어를 목소리와 신체로 표현하는 활동은 자유롭게 자신을 표현하고 표출하는 기회를 제공한다.
4. 지금 이 순간이 가장 소중한 시간이고 자신을 사랑하며 활기차게 살아가자는 메시지가 담긴 노래 부르기는 내적 성찰의 기회를 제공하여 적극적이며 긍정적인 삶의 태도 형성에 도움을 준다.
5. 노래 속 특정 리듬에 맞춘 단순한 소고 리듬연주는 강력한 일체감으로 성취감과 만족감을 경험하게 한다.</td></tr>
</table>

표 4-9 건강한 노인 집단 음악치료 프로그램의 예 2

대상		대집단	
제목		사랑	
목적		전반적 건강 증진	
절차 및 내용	절차	활동내용	활동방법 [활동별 목적]
	헬로송	Hello song을 부르며 클라이언트를 반긴다.	지남력, 교류, 동기유발
	도입 활동	1. 〈사랑의 인사〉(엘가)를 감상한다. "오늘 감상하실 음악은 작곡가 엘가의 〈사랑의 인사〉입니다. 엘가는 결혼을 앞둔 약혼녀에게 사랑과 고마움을 부드럽고 우아한 음악에 담아 헌정하였습니다. 음악을 들으시며 아버님과 어머님 그리고 저, 음악 안에서 사랑의 마음을 서로 나누시면 좋겠습니다."	감상활동 [심미적 즐거움] [긍정적 교류]
	본 활동	2. 〈사랑하는 마음〉(김세환)을 부른다. "엘가의 사랑의 마음이 느껴지는 감미롭고 아름다운 음악이었습니다. 제 마음도 받으셨지요? …… 오늘은 '사랑'과 관련된 노래를 불러 보려고 합니다. 혼자선 알 수 없으나 함께 나누면 행복해지는 사랑, 천만 번 더 들어도 기분이 좋아진다는 사랑한다는 말 …… 가수 김세환님은 사랑하는 마음보다 더 좋은 것은 없다고 노래 부릅니다. 〈사랑하는 마음〉 함께 부르시겠습니다."	노래 부르기 [주제에 대한 환기]
		3. 〈사랑하는 마음〉(김세환)에 맞춰 상체운동을 한다. "손은 툭 튀어나온 제2의 뇌라고 합니다. 손을 많이 사용할수록 뇌가 활성화되고 기능이 좋아지게 됩니다. 마찬가지로 근육도 쓸수록 근력이 강해지지요. 무리하지 않는 범위 내에서 최대한 많이 움직이시기 바랍니다."	신체활동 [뇌기능 활성화] [근력운동]
		4. 〈사랑하고 싶어요〉(현숙과 추가열)를 부른다. "'사랑'에 관해 생각하고 느껴 볼 수 있는 감사하고 소중한 시간입니다. 제 마음은 어머님, 아버님께서 주신 사랑으로 가득 차서 눈부신 햇살처럼 반짝이는 별빛처럼 기쁨되어 넘쳐흐릅니다. 적극적으로 말씀드려도 될까요? 아버님, 어머님~ 사랑하고 싶어요!!! …… 함께 불러 보시겠습니다."	노래 부르기 [동기유발]

절차 및 내용	본 활동	5. 〈사랑의 송가〉(한명숙)를 부른다. "아름다운 사랑의 모습도 인생 시기에 따라 달라지는 것 같습니다. 고민하는 모습도 마냥 예뻐 보이는 사랑, 소녀의 사랑처럼 풋풋한 사랑이 있습니다. 스치는 눈길에도 가슴이 뛰고 한마디 말도 백 번은 더 곱씹어 생각했던, 온 세상을 얻고 잃은 것 같은 순수한 사랑 …… 어머님, 아버님께서도 해 보셨지요? …… 순수한 사랑의 노래 〈사랑의 송가〉 불러 보시겠습니다."	노래 부르기 [회고]
		6. 〈나 하나의 사랑〉(송민도)을 부른다. "이번에는 좀 더 깊은 사랑 노래입니다. 사랑하게 되면 더 알고 싶고, 더 함께 있고 싶고, 영원히 변함없길 바랍니다. 인간이기에 쉽게 흔들릴 수 있지만, 마음을 지키도록 한 번 더 생각하게 해 주는 것 같습니다. 남녀 간의 사랑뿐만 아니라 가족, 친구, 이웃과의 사랑에서도 마찬가지라고 생각합니다. '그대'라는 가사가 나올 때 옆에 계시는 분과 서로 마음을 나누시면 좋겠습니다."	노래 부르기 [긍정적 정서] [긍정적 교류]
		7. 〈사랑이란 두 글자〉(패티김)를 부른다. "사랑해서 행복하다고 하고 사랑해서 슬프다고도 합니다. 이렇듯 사랑이 우리에게 항상 기쁨만 주는 것은 아닌 것 같습니다. 동전의 양면처럼 외롭고 흐뭇하고, 씁쓸하고 달콤하고 …… 사랑해서 행복하지만 사랑하기에 슬프기도 하다는 것 …… 세상사가 다 그렇듯 무엇을 얻기 위해서는 그 대가와 수고를 치러야 한다는 뜻이 아닐까요? 신의와 인내가 필요하다는 말로도 들렸습니다. 사랑의 서로 다른 감정을 생각해 보시며 〈사랑이란 두 글자〉 불러 보시겠습니다."	노래 부르기 [사고력 강화]
		8. 사랑이 주는 양면적 감정 중 빈칸으로 가려져 있는 반의적 단어를 기억하며 〈사랑이란 두 글자〉(패티김)를 다시 한번 부른다.	빈칸 채워 노래 부르기 [기억력 자극]
		9. 〈사랑〉(정두영)을 부른다. "기쁨도 슬픔도 주는 사랑, '사랑'이란 어떤 것인지 어떻게 하는 것인지 근본적으로 담고 있는 의미를 알아보고 싶습니다. 사랑에 대하여 여러 가지 생각을 하게 해 주는 노래 〈사랑〉을 불러 보시겠습니다."	노래 부르기 [내적 성찰]

<table>
<tr><td rowspan="4">절차 및 내용</td><td rowspan="3">본 활동</td><td>10. 〈사랑〉(정두영)을 부르며 콰이어차임으로 화음을 연주한다. "사랑은 모든 걸 감싸 주고, 내가 원하는 것을 주는 것이 아니라 상대에게 유익한 것을 주는 것임을 다시 한번 더 생각하게 되는 노래였습니다. 조금 숙연한 마음이 드는데요, 맑고 영롱한 소리가 나는 콰이어챠임으로 이 노래를 더 아름답게 완성하면 좋겠습니다."</td><td>연주활동
[집중력 강화]
[협응력 증진]
[심미적 즐거움]</td></tr>
<tr><td>11. 〈오래 오래〉(송대관)를 부른다. "아버님, 어머님 덕분에 오늘 저는 '사랑'에 관하여 조금 더 깊이 생각할 수 있는 시간을 가졌습니다. 감사드립니다. 어머님, 아버님~ 오래오래 사랑 드리고 싶습니다. 그리고 오래오래 사랑받고 싶습니다. 〈오래 오래〉 힘차게 불러 보시겠습니다."</td><td>노래 부르기
[삶의 의미 성찰]
[만족감 증진]</td></tr>
<tr><td>12. 〈오래 오래〉(송대관)에 맞춰 소고연주를 한다. A–B–A의 구조로서 A는 제시된 리듬을 쉼표 구간에서 연주하고, B에서는 자유롭게 연주하도록 한다. "이번에는 소고연주를 해 보시겠습니다. 노래 가사에 ♥로 표시된 부분에서 제시된 리듬을 연주해 주시고, 파랑색으로 써진 가사에서는 자유롭게 연주해 주십시오."</td><td>연주활동
[즉흥적 자기표현]
[성취감 경험]</td></tr>
<tr><td>굿바이송</td><td>Good-bye song을 부르며 세션을 마무리한다.</td><td>즐거움의 일반화</td></tr>
<tr><td colspan="2">소요시간</td><td colspan="2">50~60분</td></tr>
<tr><td colspan="2">준비물</td><td colspan="2">음원 및 영상, 가사보, 소고, 콰이어차임, 기타</td></tr>
<tr><td colspan="2">치료적 의미</td><td colspan="2">1. 감미로운 선율의 친숙한 음악은 마음으로 노래를 부를 수 있어 자연스럽게 음악에 집중하게 하며 심미적 즐거움을 경험하게 한다.
2. 밝고 경쾌한 음악에 담은 긍정적인 가사 메시지는 부담 없이 가벼운 마음으로 주제를 받아들이고 다루도록 돕는다.
3. 자극적 리듬패턴이 일정하게 반복되는 음악은 손가락, 손, 상지 등 신체의 움직임을 강화하여 뇌 자극운동과 근력운동을 더욱 촉진시킨다.
4. 사랑과 감사가 담긴 가사와 서정적인 음악은 풍부한 정서적 작용을 이끌어 주제에 대한 집중된 관심과 동기를 유발한다.
5. 노래 속의 가사는 자신의 감정을 자연스럽게 표현하도록 도와 동료와의 긍정적 상호작용을 증진시킨다.
6. 노래 속의 가사는 자신의 내면의 소리와 만나 공명을 일으켜 성찰과 통합을 이루도록 이끈다.
7. 규칙적이며 반복적인 구조를 가진 악기연주는 성공적인 과제수행을 도와 일체감과 완성도를 높이고 성취감과 만족감을 경험하게 한다. 어떠한 표현도 수용되는 자유로운 즉흥연주는 내면의 욕구를 마음껏 표현하고 표출하도록 도와 환경을 통제하는 자율적 즐거움과 정화를 경험하게 한다.</td></tr>
</table>

3. 노인을 위한 음악치료 사례

사례 노인의 자아통합을 위한 노래 중심 음악치료

프로그램명: 노인의 자아통합을 위한 노래 중심 음악치료

글: 음악치료사 문서란

기간: 2009년 3월 27일~5월 22일(주 1회, 총 10회)

치료사 소개

음악치료사 문서란은 숙명여자대학교 음악치료대학원에서 석 · 박사학위를 받고 모교에서 초빙교수로 재직하고 있으며, 노인전문시설인 삼성노블카운티와 효자병원에서 20여 년 동안 노인전문 음악치료사로 일하고 있다.

참여자 소개

참여자 M(84)은 둘째 아들이 복중에 있을 때 한국전쟁에 참전한 남편의 비보를 들었고, 이후 교사생활을 하며 두 아들을 키웠다. 대학 MT에 갔던 장성한 큰아들의 비보를 또 전해 들었을 때 남편을 잃었던 고통까지 더해져 극도의 아픔을 겪었다. 둘째 아들은 M이 교장으로 정년퇴임을 하고 시설생활을 시작한 이후에도 어머니로서 책임감과 의지를 갖게 해 주는 삶의 등대였다. 예전과 다르게 방문이 뜸한 아들에 대해 며느리를 추궁한 끝에 지난 가을 암으로 사망했다는 고백을 들었다. 신체적인 불편함에도 매사 씩씩하고 유쾌했던 M은 그날 이후 외출을 하지 않았고, 식사도 제대로 하지 않아 체중이 급격히 감소했으며, 모든 대화와 교류를 피하는 모습을 보여 사회복지사로부터 음악치료에 의뢰되었다.

주요 내용

M이 상실에 대면하는 가장 적절한 방법은 노래였다. 한 곡의 노래를 수없이 반복하여 부르는 길 위에는 떠난 아들에 대한 그리움이 있었고, 사랑이 있었고, 안타까움이 있었고, 절망이 질리지도 않고 여전히 계속해서 있었다. 그 끝에서 M은 또 다른 한 곡의 노래를 만났고 수없이 반복하여 부르며 휘파람을 불었다. 그 길 위에서

M은 아들을 보냈다. 휘파람에는 꿈이 서려 있어요, 사랑이 담겨 있어요, 아들이 그리울 땐 휘파람을 불어 보내자, 휘이휘이~

진행과정

M과의 음악치료는 M의 요구와 선택에 초점을 맞춰 세션 내용을 결정하는 클라이언트 중심의 인본적 접근을 하였다. M은 4~5년 전 집단활동에서 연구자와 불렀던 노래를 부르고 싶다고 밝혔다. 기력이 쇠하여 대부분 누워서 생활하고 있고, 빛과 어둠 그리고 사물의 형체 정도만 구분되는 시력 저하가 있는 반면에, 가사의 내용을 자신의 상황과 관련지어 느끼고 성찰하며 최종적으로 의미 있는 판단과 결론을 유추해 내는 정신력을 가지고 있다는 점을 고려하여 M이 원하는 노래를 원하는 만큼 감상하고 부르는 노래 중심 활동을 진행하였다.

자료수집은 매 세션을 녹음하여 축어록으로 작성하였고, 녹음내용과 축어록을 반복하여 읽고 청취하는 과정을 통해 세션에서 일어난 일들을 정밀하게 분석하고 더 이해하며 다음의 만남을 준비하였다. 사례의 이해를 돕기 위해 M과 연구자의 대화는 글꼴을 구분하여 기록하였다.

사례

지난 가을이 쿵! 하고 오기 전까지

M은 시설에 입주한 후 취미생활도 하고 몇몇 특정 시설입주자와 교류도 하면서 일상을 자유롭고 만족스럽게 보냈다. 그러나 4년 후 지병인 당뇨병으로 인한 녹내장으로 시력이 급격히 악화되었고 이로 인해 그림 그리기, 사교활동 등 주도적인 개인생활을 중단해야 했다. 게다가 시력 저하로 낙상하여 고관절 수술을 받게 되었고 휠체어를 타게 됨으로써 독립생활 주거공간에서 24시간 간병인이 상주하는 보호공간으로 옮기게 되었다.

M은 주 2회 시행되는 집단 음악치료에 4년 정도 꾸준히 참석하던 중 보호공간으로 옮기게 되어 참석이 중단되었다. M의 참석 중단 전 음악치료 참여 모습은 원하는 음악을 직접 제안하고 적절하면서도 유쾌한 피드백을 표현하여 분위기를 고조시키는 등 적극적이며 호의적인 태도를 일관되게 보였다. 시력이 점차 나빠져 30폰트의 글씨를 읽는 것도 어려워져 M의 자료만 더 크고 진하게 제공해야 했고 시각적 신호가 있는 활동은 보조치료사의 도움을 받아야 했으나, M은

불편을 호소하거나 실망하거나 위축되지 않았으며 보조치료사에게 고맙다는 말도 빼놓지 않았다. 4년 동안 외부진료로 인해 십여 번의 결강을 제외하고는 거의 모든 세션에 성실히 참여하였다. 가장 적극적인 참여를 보인 활동은 노래활동과 드럼활동이었는데, 노래는 가사의 의미를 실생활 속의 가치관과 연결하여 자신의 생각을 표현하였고, 드럼연주에서는 다양한 드럼 중 항상 가장 큰 북을 선택하여 강박과 여린박을 안정적으로 연주하였으며 연주가 끝나면 웃음과 탄성으로 만족감을 표현하였다.

M의 세션 참여 후반부 신체상태는 휠체어와 청력에 의존하였으나 규칙적인 식사, 수면, 배변 등 다른 신체적인 어려움은 보이지 않았고 정신적으로는 다른 사람들이 존경심을 가질 만큼 귀감이 되는 모습을 보였다. 시설에서 시행하는 연주회에 자주 참석하였고 당시 사회적 이슈에 관해 토론을 이끌었으며, 하루 내내 음악이나 라디오를 들으며 시각적 불편함 대신 청각에 의존하여 삶을 주도적으로 만들어 가는 모습을 보였다.

내 인생은 죽탕이 되었어(세션 1~2)

초기 세션은 진단평가와 치료목적 설정을 위해 진행되었다. M이 충격으로 인해 삶의 의욕을 상실하여 생활태도에 급격한 변화를 보였고 이로 인해 치매증상이 급진행되어 현실인식이나 교류에 문제가 있을 수 있다는 정보를 제공받았다. 먼저, 심리적 문제를 다루기에 적절한가를 평가하고자 현실인식과 관계형성, 자기표현 그리고 자기성찰의 기능을 중점적으로 관찰하였다.

연구자가 방문했을 때 M은 침대에 누워 있는 상태였고, 간병인의 도움으로 휠체어에 옮겨 앉아 연구자와 대화를 시작하였다. M은 거의 눈을 감고 있었는데, 눈꺼풀이 밑으로 심하게 처져 있어 눈동자를 거의 다 덮을 정도로 피부노화가 진행되어 있었다. 때마침 첫 면담일이 M의 생일이어서 자연스럽게 방문과 대화를 시도할 수 있었다.

"어머님, 생신 축하드려요, 퇴근하는 길에 오늘이 어머님 생신이라고 해서 축하드리려고 잠깐 들렀어요."

"문서란이나 오면 좋겠다, 라고 생각했는데 진-짜 왔네!"

축하노래를 부르고 나자, 몇 년 전 연구자와 함께 불렀던 노래의 일부분을 흥얼거려 〈찔레꽃〉, 〈진주조개잡이〉, 〈울고 넘는 박달재〉를 함께 불렀다. **"나는 이 노래도 좋더라, 영자 씨, 당신이 원한다면 무엇인들 못하리까……"**라며 자신의 선호를 표현하고, 과거의 경험을 기억하는 모습을 보였다. 면담을 통한 M의 언어는 현실에 대한 인식이 정상적으로 기능하고 있고, 대화의 내용이나 맥락도 적절해 보였다.

과거 음악치료의 경험에 대한 긍정적인 회상, 어린 시절 이야기, 아버지가 지어 주신 이름의 의미, 아버지, 손녀에 대해 말하다가 결국 **"우리 아들이 죽고 나서 내 인생을 죽탕으로 만들어 버렸어."**라는 결정적인 이슈를 드러내고 말았다. M이 치료과정 초반에 자신의 이슈를 직접적으로 표현했다는 점은 놀라운데, 이는 연구자와 오랜 시간 쌓아 온 신뢰관계가 어느 정도 작용하였다고 분석되었다. 사회복지사는 M이 지난 4년 동안의 음악치료 경험에 대하여 자주 언급했었다고 했는데 이는 작업을 함께 해 갈 수 있는 신뢰관계도 형성된 것으로 받아들일 수 있다. M의 이슈의 표현은 충격적 현실, 깊은 상실감, 원망, 절망의 상태를 나타내는 듯 보였고, 표출되고 해결되어야 할 많은 감정과 생각들이 감지되었으며, 표출할 수 있는 시간과 공간의 확보를 원하는 듯 보였다.

앞으로 주 1회, 1시간씩 음악활동을 해도 좋겠냐는 제의에 반색하며 **"그러나 너무 부담은 갖지 마세요, 혹 못 오게 되면 전화만 주면 돼요."**라는 상실에 대한 보호본능이 내포된 배려의 말을 하였다. 이 부분에서 연구자는 도덕적 책임감에 대해 심사숙고하지 않을 수 없었다. 연구 종료 후 M이 또 상실을 경험할 수도 있겠다는 생각에 치료 개시를 주저하게 했다…… 연구가 끝난 후에도 세션은 계속될 것이다……

현재 M은 눕고 앉기, 식사, 화장실 사용, TV나 오디오 조작 등 모든 일상생활은 간병인에게 의존하는 비독립적 상황이었다. 하지만 일상적 소재뿐만 아니라 내면을 적절한 언어로 표현하는 인지기능, 몸에 밴 상대방에 대한 예의나 배려, 자신을 통제하는 의지, 음악활동에 대한 호의적 태도, 자신을 표현하고 표출할 수 있는 통로의 필요 등은 일반적인 수준보다 높게 평가됨으로써 M과의 음악을 통한 심리적 만남은 적절하며 필요하다고 판단되었다. 따라서 치료목적은 M이 이슈에 대한 현실을 수용하고, 삶의 의미를 '지금 여기'에 두도록 함으로써 삶의 의욕을 고취시키는 데 초점을 두고자 하였다.

낙엽 따라 가 버린 아들과의 만남(세션 3~6)

"내가 제일 부르고 싶은 노래는 '낙엽 따라……', 그거 배우고 싶어요." M이 선곡한 〈낙엽 따라 가 버린 사랑〉을 심미적 즐거움을 위해 색소폰 연주음악과 엘비스 프레슬리의 원곡을 감상한 후 노래 부르기를 시작하였다. 한 줄씩 연구자가 가사를 불러 주면 M은 꾹꾹 누르듯 힘을 주어 부른다. 고개를 푹 숙이기도 하고 가로로 젓기도 하면서 마지막 노래라도 되는 듯 정성을 다해 노래를 부른다. 특히 마지막 구절인 '낙엽 따라 가 버렸으니'가 끝날 때마다 다시 한번 반복하여 **"낙엽 따라 가 버렸으니, 가 버렸으니……"**라고 한다. 왜 이 곡이 부르고 싶었는지에 대하여 연구자도, M도 말하지 않는다. 노래는 개인의 내면을 표현해 주는 좋은 창구이다. 그리고 그 누구의 공감보다도 온전한 위로의 힘을 가지고 있다. 특히 기쁨을 느낄 수 없는 절박한 상황에서도 음악적 즐거움을 느끼며 자신의 삶에서 잃어버린 것과 소망하는 것을 구체적으로 탐색하고 확인할 수 있도록 안내한다.

찬 바람이 싸늘하게 얼굴을 스치면
따스하던 너의 두 빰이 몹시도 그리웁구나
푸르던 잎 단풍으로 곱게 곱게 물들어
그 잎새에 사랑의 꿈 고이 간직하렸더니
아아아아 그 옛날이 너무도 그리워라
낙엽이 지면 꿈도 따라 가는 줄 왜 몰랐던가
사랑하는 이 마음을 어찌하오 어찌하오
너와 나의 사랑의 꿈 낙엽 따라 가 버렸으니

M은 계속되는 4회의 세션 동안 〈낙엽 따라 가 버린 사랑〉 한 곡만을 반복하여 부르기를 단호하게 원했다. 연구자는 노래 한 구절 한 구절을 반복하며 가사 의미에 심취해 가는 M이 일정 시간의 준비과정 없이 이슈에 본격적으로 직면하는 듯하여 너무 이르다는 판단이 들었다. 사실, 연구자에게는 시간이 조금 더 필요했고 이슈를 처리할 상황이 부담스러웠다. M이 '낙엽 따라 가 버린'에 담긴 함의를 더욱 되새기고 동일시하며 빠져드는 것을 조금 늦추기 위해 방어적인 태도를 취했다. 아직은 객관적인 타인의 노래로 즐겼으면 했고 아들의 죽음과 연결시키며 고통받지 않았으면 했다. 그래서 상실은 반드시 상실만은 아니라며 자연의 순환질서에 빗댄 억지스런 말을 하게 되었고, 곧바로 이는 핵심에서 벗어난 중재였고 불필요한 중재였음을 당혹감과 함께 깨달았다.

"낙엽이 지면 꿈도 따라가나요? 아닌데…… 낙엽이 져도 내년이 되면 다시 새잎으로 피어 나잖아요."

"…… 낙엽이 지면 낙엽 속으로…… 가 버려."

"가을에 낙엽이 져도 겨울이 지나고 나면 봄이 돼서 신록으로 올 것 같은데요."

"다시 올까?"

"예, 다시 오죠."

"한 번 간 그 사람은 영원히 오지 않아. 얄밉게도 가 버린 사람, 원망한들 무엇하리…… 하하하하…… 내 목소리 한 번만 들어 주오, 그대 없이 나 혼자 이 노래를 부르면 내 가슴이 터질라 그래요. 아하하하하하하"

M은 자신의 말로 노래를 부르며 생각과 감정을 표현하고 있었다. 즉흥적 노래로 솔직한 내면을 순간적으로 드러내고 진리와 타협하며 슬픔과 소망을 외치고 공감받고 위로받고 있었다. 자연이 순환된다 하더라도 한 번 간 아들은 다시 살아 돌아올 수 없으며 그렇게 가 버린 내 아들이 너무나 야속하다. 그러나 이를 부정하고 거부한들 다시 되돌릴 수 없다. 그래서 허망하게 웃을 수밖에 없는 것을…… 아하하하하하하…… 가슴이 터질 것 같은 비통함, 그리움, 한 번만이라도 서로를 만지고 서로의 목소리를 들을 수 있다면 얼마나 좋을까? 다시 올 수 없음을 알기에 혼자 부르는 이 노래가 더욱 가슴이 미어지는 것을…… 노래의 곳곳에 깊숙이 스며 있는 M의 애절함이 너무나 생생하게 전달되어 연구자 역시 M과 연합되어 동일한 감정을 경험하였다.

세션 의뢰 당시 제공받았던 삶의 의욕 상실이라는 M의 초기 정보에 관해 새로운 관점에서 재검토가 필요하였다. 의욕 저하는 사고와 감정 그리고 행동의 전반적인 부분이 눈에 띄게 미약해지게 한다. 그러나 M은 삶의 과정에서 발생한 상실의 애통함을 온몸으로 노래하고 있지 않은가? 자신의 삶 안에서 견뎌 내야 할 고통으로 받아들이고 있는 것이다. M의 깊은 상실감과 애통함을 담고 있는 즉흥적 노래는 지금 이 상황을 언어화하고 객관화할 수 있는 직전의 상태라는 점을 말해 주고 있으며, 상실을 견뎌 내기에 충분한 M의 내적 힘을 말해 주고 있다. 결과적으로 M의 삶의 의욕은 위기상황이라는 한 측면에 집중하여 기능하고 있고, 자력으로는 되돌릴 수 없는 순리 앞에서 사력을 다해 수용하고 있는 것이다. 즉, 그 힘듦 자체가 M을 무너뜨리는 것이 아니라는 것, 그것을 이겨 낼 힘은 있으나 아들에 대해 함께 나눌 공감적 사람과 시간이 필요하다는 것을 알 수 있었다. M은 사랑하는 아들과의 추억을 좀 더 충분히 음미하고, 자신이 얼마나 그를 사랑했고 지금도 사랑하는지를 더 많이 느끼고 전달하며, 자신의 마음과 충분히 대면하는 것이 필요하다고 판단되었다. 따라서 연구자는 인지적이며 의도적인 개입이 아닌 공감적 동반자로서 M이 원하는 대로 원하는 만큼 충분히 느끼고 머물며 스스로 찾아갈 수 있도록 앞으로의 방향을 재조정하였다.

아들과의 작별여행(세션 7~9)

세션을 위해 입실했을 때 컴컴한 방 침대에 누워 있는 M의 모습은 가라앉아 보였다. 분위기를 환기하기 위해 집단 음악치료에서 M이 특별하게 선호를 보였던 〈아름다운 것들〉을 노래 부르기 시작했다.

"아니, 〈낙엽 따라 가 버린 사랑〉"

M은 힘주어 글씨를 쓰듯 꾹꾹 눌러 불렀는데 음량이 지난 시간보다 더 커졌고 가사를 모두 외운 상태였다. M은 노래를 마치자 '가 버렸으니' 부분을 지난 시간처럼 다시 한번 구어로 반복

한 후 아들에게 만들어 먹였던 가지요리에 대해 말하였다. M은 조리과를 졸업하고 교사로 재임할 때 전국음식대회 심사위원이나 출제위원도 했었다며 아이들에게는 엄마가 만들어 주는 음식이 특별한 추억을 남겨 주기도 하지만 맛있게 먹으며 좋아했던 그 모습은 엄마한테도 소중한 추억이 된다는 말을 덧붙였다. 가지요리의 방법을 묻는 연구자에게 자세한 방법을 일러 주면서 M은 늘 감겨 있던 눈을 반쯤 뜬 상태로 얘기를 계속하였다.

세션 시작 전 M이 이젠 그만 듣고 싶다는 말을 했다고 간병인이 전했다. 너무 들어서 이젠 지겹다고. 연구자는 M에게 다른 노래를 부르고 싶냐고 물었을 때, **"한 번만 더"**라고 응답하여 다시 부르게 되었다. M은 전주를 연주할 때 **"아아아아아~"** 하며 큰 소리로 목소리를 가다듬었고 자꾸 나오는 기침 때문에 노래가 연결되지는 않았으나 기침이 멈춰진 사이사이 노래를 따라 불렀다. 연구자의 '낙엽이 지면 꿈도 따라 가는 줄 왜 몰랐던가'의 부분이 끝나자마자 기침 섞인 목소리로 **"왜 몰랐으까"**라고 반문했다. 계속되는 기침으로 표현하기 어려운 상황이었으나 기침을 눌러 가며 마침표를 찍듯 말했다.

"낙엽이 지면 꿈도 따라 가는 줄 왜 몰랐으까"

M의 의외의 표현은 매우 중요한 터닝포인트였다. 마무리를 짓는 듯한…… 충분히 그 안에 머물렀고, 구석구석 그 의미를 탐색했으며, 노래 안에서 할 수 있는 사색적 · 감정적 여행은 충분했다는 듯한 …… 이는 다른 노래로의 이동을 자연스럽게 인정하는, M 자신 일부분의 정리를 뜻하는 듯했다. 그러나 세션과정에서 연구자는 M이 표현한 중요한 순간을 그냥 지나침으로써 더욱 의미 있게 전개시키지 못하고 말았다. 분석과정 중 깨닫게 된 안타까움이었다. 지겹도록 그 안에 머문 후 일어났던 내적 변화의 흐름을 더 발전시키지 못하고 중단시킨 것이었다. 그래도 M은 변화의 모습을 보여 주었다.

"마마맘 마마마마맘 마마맘…… 바바밥바, 바바밥바, 바바밥바…… 우리 둘은 변하지 않아~"

"아, 어머니 〈사랑을 위하여〉 부르고 싶으세요?"

M은 정말 오랜만에 다른 노래를 생각해 냈고 허락했다. '세상이 우리를 힘들게 하여도 우리 둘은 변하지 않아'에서 팔을 올려 박자를 맞춰 흔들며 끝까지 아주 정확한 박자로 노래를 불렀다. 2절에서 연구자가 일부러 음량을 크게 높였는데도 연구자의 목소리와 거의 비슷할 정도의 음량으로 노래를 부르더니 노래가 끝나자마자 고개를 침대로 툭 떨어뜨린다.

"아쿠, 우리 어머니 그렇게 힘 있게 부르시더니…… 하하하하."

"나도 어디서 힘이 나는지 몰라. 보통 때는 축 처져 가지고…… 노래만 부르면……"

M은 곧이어 '내가 살아가는 동안에'를 큰 소리로 시작하며 손뼉으로 박자를 맞추고, 두 팔을 들어 올려 박자에 맞춰 지휘하듯이 흔들고, 가사 중간중간에 힘을 주어 소리 내고, 발은 지속적으로 까닥거렸다. '아아 영원히 변치 않을 우리들의 사랑으로 어두운 곳에 손을 내밀어 밝혀 주리라' 부분에서는 실제로 2cm 정도 상체를 침대에서 들어 올리며 두 팔을 들어 손을 내미는 동작을 하였고 끝부분 '밝혀 주리라'의 '라'를 약 5~6초 정도 길게 힘주어 소리 내고 마지막 마칠 때 모음을 강조하여 끝내는 모습을 보였다. 노래를 끝낸 후 시원스럽게 연구자와 함께 웃었다.

"무슨 인연이야?"
"네?"
"무슨 인연이야?"
"아, 어머님하고 저하고?"
"찰떡인연, 붐빠빠, 붐빠바…… 고마워요."

노래의 위대한 힘을 느낄 수 있는 시간이었다. M은 분명 노래 안에서 아들과 만나고 있음에도 밝은 에너지를 전해 받고 있었다. 찬 바람, 그리움, 낙엽, 가 버림, 어찌할 수 없음 등에서 미소, 변하지 않음, 진실, 사랑, 햇살 등의 긍정적인 메시지로 이동하고 있음을 선택한 노래에서 확인할 수 있었다. 변하지 않는 사랑으로 남아 준다면 우리 가슴에는 햇살이 다시 떠오른다. 그리고 사랑의 손을 내밀어 어두운 곳을 밝히리라!!!

연구자는 밝음을 향하고 있는 M의 내면의 얼굴이 평안하게 지속되기 위해서는 아직 미처 쏟아 내지 못한 감정을 더 많이 만나고 표출하며 스스로 격려받을 수 있는 시간이 필요함을 인식했다.

휘이휘이~ 휘파람에 담은 작별인사(세션 10)

세션을 위해 현관문이 활짝 열린 M의 방에 들어섰을 때 〈낙엽 따라 가 버린 사랑〉이 흐르고 있었고, M은 침대가 아닌 식당에서 저녁식사를 하는 중이었다. M이 문을 열어 놓고 음악을 틀어 놓은 것은 '내가 기다리고 있었고 얼른 밥 먹고 올 테니 가지 말라'는 메시지임을 짐작할 수 있었다.

M이 입실할 때 '낙엽 따라 가 버렸으니~' 노래가 끝나고 있었다. M은 **"가 버 렸~으~니~"**라며 강조하였다. 그런 후 소리가 잘 나지는 않지만 입술을 오므려 휘파람을 불었다. 연구자는 〈휘파람을 부세요〉를 부르기 시작했고 M도 가사를 다 기억하지는 못했지만 끝까지 함께 불렀다.

"저와 예전에 부르신 적이 있죠?"
"엉"

"5년 전에 혹시 제가 보고 싶으실 땐 나지막히 소리 내어 휘파람을 부시라고 제가 그랬지요."

"내가 그러고 있어요."

제가 보고 싶을 땐 두 눈을 꼭 감고 나즈막히 소리 내어 휘파람을 부세요
외롭다고 느끼실 땐 두 눈을 꼭 감고 나즈막히 소리 내어 휘파람을 부세요
휘파람 소리에 꿈이 서려 있어요 휘파람 소리에 사랑이 담겨 있어요
누군가가 그리울 땐 두 눈을 꼭 감고 나즈막히 소리 내어 휘파람을 부세요

연구자의 노래를 들을 때 M은 두 눈을 꼭 감고 가사에 따라 얼굴표정도 미묘하게 변화시킨다. 두 손을 깍지 끼고 엄지와 엄지를 서로 교차하며 박자를 맞추고 강박에서는 깍지 낀 손을 절도 있게 움직여 박자를 맞춘다. 노래가 끝나자마자 매우 낮은 소리이지만 마음이 담겨 질기게 느껴지는 '휘파람 소리에 꿈이 서려 있어요…… 사랑이 담겨 있어요…… 휘파람을 부세요…….' 라고 계속해서 자신의 노래를 부른다. M은 4~5회 더 반복해 부르는 동안 노래 중간에 휘파람을 불었고 '휘파람을 부세요'라는 구절이 끝나면 휘파람처럼 바람을 불어 냈다.

"휘파람 잘 나오면 참 좋을 거야…… 두 눈을 꼭 감고 휘파람을 부세요…… 부세요, 꿈이 서려 있어요, 휘파람 소리에 사랑이 담겨 있어요, 나지막히 소리 내어 두 눈을 꼭 감고 나지막히 소리 내어 휘파람을 부세요, 휘파람 소리에 꿈이 서려 있어요, 휘파람 소리에 사랑이 담겨 있어요……."

"휘파람을 부세요, 휘우~ 한없이 그리울 때면 두 눈을 꼭 감고 나지막히 소리 내어 휘파람을 부~ 세~ 요~ 휘우 휘우 휘우~ 휘파람 좀 배워 놓을 걸……."

"허허허, 내 휘파람 소리를 몰라 주면은……."

"어머님, 휘파람 연습 많이 하시겠네요?"

"아냐, 괴로울 때는 휘파람 분 적도 있었어."

"괴로울 때는?"

"응. 소리 내는 것보다도……."

"이 노래를 만든 사람도 휘파람에 많은 의미를 담고 있는 것 같아요. 여기에 마음을 표현하고 싶었던가 봐요."

"호소적인……."

"호소적인? 휘파람에 내가 원하는 것을 담고 있는 거네요?"

"맞어. 두 눈을 꼭 감고 나지막히 소리 내어 휘 파 람을 부 세 요~."

"지금 어머니, 휘파람을 많이 불고 싶으세요?"

"으음. 두 눈을 꼭 감고 휘파람을 부세요, 꿈이 서려 있어요, 두 눈을 꼭 감고 나지막히 소리 내어 휘파람을 부세요, 휘이 휘이 휘이~ 휘파람 속에는 꿈이 서려 있어요, 휘파람 속에는 사랑이 담겨 있어요.."

M은 휘파람에 자신의 그 무언가를 실어 보내는 듯 끊임없이 휘파람을 불었다. 보고플 때, 그리울 때 휘파람을 부는 것보다 휘파람 소리에 꿈과 사랑이 담겨 있다는 메시지에 더 의미를 두고 있는 것 같았다.

다음에서 연구자는 M에 대해 안도감을 느꼈다. 자신이 괴롭지 않다고 말하면서도, 사실 무척 외롭다는 말에서 한쪽만을 애써 일방적으로 보지 않고 양쪽의 모습을 함께 그대로 바라보고 조절과 극복, 체념의 연륜으로 받아들이며 통합해 가는 모습을 볼 수 있었기 때문이다. 이렇게 스스로 선택한 행복과 평안은 쉽게 흔들리지 않을 힘이 있지 않은가.

"이리 살아도 괴롭지가 않다구, 난 내 생활이 괴롭다 그런 건 안 느껴. 괴로움이 없어, 사실은. 집 걱정도 안 하고 돈 걱정, 수중에 돈 한 푼 없고 그래도 그 걱정을 안 하고. 끼니 걱정을 하나, 걱정이 없잖어. 사는 게 참 이렇게 편하게 내가, 편하게 살 수가 없어. 이 정도 편하면 나는 행복해야 해 진짜진짜 행복한 거야…….

나 사실 무~척 외로워. 며느리가 있어 찾아오기를 하나, 손주가 있어 찾아오기를 하나, 조절하니까 살지, 이렇게 혼자 사는 사람이 조절 안 하면 미친다는 것이 어떤 것인지는 모르지만 미치기 직전이지만. 몹시 그립고 3시간이 지나도록 들여다보는 사람 하나 없어도 무척 고통스러운 거야. 다 그런 거야. 그걸 극복하며 사는 거지. 인생을 고해라고 생각하면 고해지만 그냥 체념하는 거지 내 힘으론 못 바꾸니까……. 행복이란 그런 거잖어. 남편이 있어 즐거울 일이 있나, 자식 다 가 버렸고 이젠 모든 체념에서 오는 평안이 있어, 평안이. 인생은 즐거운 거지 고해는 아니야. 스스로가 만드는 거야."

연구자가 퇴실하기 위해 인사를 하니 시간이 너무 많이 지나서 미안하다면서 "우리~, 만남은 우연이 아니야 그것은 우리의 바램이었어. I will wait Friday. 내가 살아가는 동안에~ 나는 행복합니다~."

연구자는 다음 시간에 〈나는 행복합니다〉를 준비해 갈 예정이다.

임상에서 고려할 점

클라이언트의 심리적 이슈를 다루는 과정에서 우리는 감당하지 못할 것 같은 부담감으로 클라이언트의 이슈 앞에 방어적인 태도를 보일 수 있다. 또 클라이언트의 반응에 대한 민감한 통찰력이 부족하여 클라이언트의 중요한 의미를 담은 순간을 놓칠 수도 있으며, 클라이언트와 음악을 전적으로 믿지 않고 무엇인가 해야 한다는 압박감으로 적절하지 못한 개입을 함으로써 클라이언트가 음악과 충분히 만나 스스로 답을 찾아가는 것을 방해할 수도 있음을 기억하여 살피는 것이 필요하다.

5장

치매 노인을 위한 음악치료

1. 치매 노인을 위한 음악치료 개요

치매는 정상적으로 활동하던 사람이 80여 가지의 원인질환에 의해 뇌의 인지기능이 저하되어 일상생활을 할 수 없게 되는 증후군으로서(대한신경과학회, 2015) 진행성이며 비가역적인 퇴행성 질환이다. 전국 치매역학조사 결과, 65세 이상 노인의 치매 유병률은 10%를 넘었고, 65세 이상 노인의 경도인지장애 유병률은 20%를 넘는 것으로 추정되며, 85세 이상 3명 중 1명의 노인이 치매인 것으로 조사되었다(중앙치매센터, 2018). 치매로 인해 기억장애, 언어장애, 시공간 인지장애, 전두엽 집행기능장애 등의 인지장애증상과 망상, 환각, 의심, 편집증, 우울증, 무감동증, 불안, 착오 등의 심리증상, 그리고 공격성, 배회, 반복행동, 수면장애, 부적절한 식사행동, 부적절한 대소변 및 위생관리, 부적절한 성행동 등의 행동증상을 포함하는 행동심리증상이 나타나게 되어(대한치매학회, 2006) 개인의 정체성과 존엄성이 훼손되고 개인과 가족의 삶의 질이 심각하게 낮아지게 된다.

치매가 중요한 사회문제로 대두되어 지속적인 연구가 이루어지고 있지만 완전한 치료법은 아직 개발되지 않은 실정이다. 현재 치매치료는 일반적으로 의료적 접근, 심리사회재활 접근, 가족 접근의 측면에서 시행되고 있다(이준우, 손덕순, 2010). 이 중 심리사회재활 접근방법은 증상을 완화하고 기본적인 삶의 질을 향상시킬 수 있는 비약물치료방법으로서 음악치료, 작업치료, 원예치료, 미술치료, 행동치료, 애완동물치료 등을 포함한다(김영리, 2012; 안정희, 2015). 특히 음악치료는 생리, 운동, 인지, 언어, 사회, 정서, 통증 등 전반적인 영역을 다루고 있으며(김석훈, 윤혜영, 2013), 치매 노인의 인지 영역과 정서·사회 영역 그리고 행동 영역 등에 다양하게 적용되어 긍정적인 결과를 보고하고 있다(공은희, 박명화, 2015; 조연진, 고범석, 2017; Brotons, Koger, & Prickett-Cooper, 1997; Chang et al., 2015; Koger, Chapin, & Brotons, 1999; McDermott, Crellin, Ridder, & Orrell, 2013; Pricket & Moore, 1991; Vasionyte & Madison, 2013). 궁극적으로 음악치료는 치매 노인의 주요 문제인 인지기능을 유지·향상시키고 행동심리증상을 완화시키며 삶의 질을 높이는 안전하고 효과적인 중재방법이며, 치매 노인을 가장 늦게까지 자신이 되어 살아 있게 하고 인간적 품위를 지켜 주는 치료환경이라고 할 수 있다.

2. 치매 노인을 위한 음악치료 목적

치매 노인 관련 음악치료 연구는 근래 들어 점차 증가하고 있다. 연구목적은 인지 영역이 가장 많이 연구되었고(김혜경, 최재성, 2017; 우지원, 2010), 인지 영역, 정서·사회 영역, 행동 영역 순으로 많이 연구되었으며(왕유진, 2017), 치료효과는 정서·사회 영역, 인지 영역, 행동 영역 순으로 높은 효과를 보였다(조아람, 2015). 치매 노인을 포함한 노인연구 전체를 볼 때 정서·사회 영역의 비중이 가장 높았고 다음으로 인지 영역이 많이 연구되었으며(권정인, 2010), 국외 노인 음악치료의 경우도 역시 정서·사회 영역이 가장 많이 연구되었다(현재연, 2006). 임상현장에서 가장 많이 적용되고 있는 효과적인 치료목적은 정서 영역, 그리고 인지 영역의 순으로 밝혀졌다(권수지, 2017). 이는 치매 노인의 주요 증상인 인지기능 저하에 대한 높은 관심과 인간의 존엄성과 삶의 질을 위한 정서·사회적 지원의 중요성, 음악치료의 정서·사회 영역에서의 높은 치료 효율성을 보여 주는 것으로 판단된다.

치매증상은 세 가지 측면, 즉 일상생활능력과 인지장애증상 그리고 행동심리증상으로 구분하여 평가하고 있다(최낙원, 2018). 앞에서 언급했듯이 대한치매학회(2006)는 행동심리증상을 심리증상과 행동증상으로 명확히 구분하였으나, 대한치매학회(2011)는 행동증상과 심리증상을 통합하여 우울증상, 무감동, 정신증적 증상, 공격행동, 과다행동, 기타 증상들의 여섯 개 행동심리증상으로 집단화하여 분류하였다. 이를 반영하여 음악치료에서는 일상생활능력과 인지장애증상을 위한 인지 영역, 행동심리증상을 위한 정서 · 사회 · 행동 영역, 그리고 생리 · 신체 · 운동 영역에 대한 긍정적인 변화를 위해 중재를 시행할 수 있다.

1) 인지 영역

치매 노인의 인지장애증상은 일반적으로, ① 기억장애(언어적 기억능력과 시각적 기억능력), ② 언어장애(스스로 말하기, 알아듣기, 따라 말하기, 이름대기, 쓰기, 읽기, 행위, 계산, 좌우 지남력 등), ③ 시공간능력 저하, ④ 주의집중력 저하, ⑤ 전두엽 집행기능 장애 등으로 구분된다. 이러한 인지기능 저하로 인해 세면, 식사, 화장실 사용, 목욕하기, 옷 입기, 보행 및 이동 등의 신체일상생활능력(Physical Activities of Daily Living: PADL)과 전화 사용, 물건 사기, 음식 장만, 돈 관리, 집안일 하기, 교통수단 이용 및 길 찾기, 취미생활, 읽기 등 복잡한 일상생활기능인 도구일상생활능력(Instrumental Activities of Daily Living: IADL)이 저하되어 독립적인 일상생활에 지장을 초래한다(대한치매학회, 2011). 전체 치매의 70% 이상을 차지하는 퇴행성 뇌질환인 알츠하이머병은 임상에서 주로 만나게 되는 유형으로서 초기부터 나타나는 주된 증상이 인지기능장애이다. 대한치매학회(2006)에 의하면 인지장애증상은 측두엽 내측에 있는 해마가 손상되면서 최근 기억을 저장하는 기능이 저하되고 더 진행되면 장기기억 저장관련 대뇌피질의 손상으로 장기기억도 잊어버리게 된다. 좌반구의 후측 전두엽과 상측 측두엽의 손상으로 말을 하거나 이해하는 언어기능에 어려움을 보이고, 우측 두정엽의 손상이 진행되면 공간감각이 저하되어 길을 잃고, 심하면 집안에서 화장실도 찾지 못한다. 가위로 종이를 자르는 것 같이 이전에 습득되었던 행동들을 잊어버리고, 전두엽 손상으로 전두엽 집행기능까지 장애를 보이게 된다.

다음은 음악치료 임상에서 관찰되는 중등도 이상 치매 노인의 인지장애증상의 실례이다. 단기 · 최근기억에 대한 장애를 가장 많이 보이는데, 음악치료 종료 후 프로그램실 이외의 장소에서 다시 만났을 때 함께 노래 불렀던 조금 전 사실을 기억하지 못하거나 심지어 누구인지 기억하지 못하는 모습을 보인다. 그러나 대상을 알아차리지는 못하지만 좋은 관계로 인식하는 듯 특별히 반기는 모습을 보인다. 매 회기 처음 참석했으며 처음 하는 활동이라고 말하고, 방금 불렀다는 사실을 기억하지 못하고 같은 노래를 부르자고 제안하는 모습도 보인다. 언어적 측면에서는 문장으로 먼저 말을 거는 모습은 관찰되지 않고, 치료사의 질문에 예/그래요 식의 짧은 답변을 하거나 상황에 적절하지 않은 짧은 문장의 혼잣말을 하는 모습이 관찰된다. 참석하고 있는 프로그램에 대한 인식이나 왜 이곳에 있는지에 대한 이해가 없는 경우도 있고, 오전, 오후 등 시간의 흐름이나 계절, 날씨와 관련된 질문에 어리둥절한 표정을 지으며 머뭇거리거나 엉뚱한 대답을 하는 모습을 보이기도 한다. 노랫말이 장기기억에 저장된 친숙한 노래의 경우 제공된 가사 화면에 시선을 두고 노래 부르는 모습을 보인다. 그러나 잘 모르는 노래의 경우 가사가 적힌 화면이 있음에도 불구하고 보고 읽는 모습은 보이지 않는다. 글자를 읽고 이해하는 문자인식체계의 손상으로 문자가 의미로 전환되지 않아 가사를 읽는 동기가 유발되지 않는 것으로 추측된다. 중증의 경우 치료사에게 집중하는 모습은 보이지 않고 고개를 숙이거나 초점 없이 다른 곳을 응시하거나 눈을 감고 있는 모습을 보인다. 그러나 치료사가 노래를 부르며 미소 지은 모습으로 다가가면 고개를 들고 감은 눈을 뜨기도 하고 고개를 끄덕이는 반응을 보이기도 한다. 치료사의 과제수행에 대한 언어적 설명을 이해하는 데 어려움을 보이나 모델링과 함께 간단한 언어지침을 동시에 제시하면 정확하지는 않으나 대체적으로 모방하는 모습을 보인다. 리듬연주는 대부분 고정박을 연주하는데 규칙성이나 반복이 두드러진 단순한 리듬구조의 경우 무의식적으로 모방하기도 한다. 질환이 더 진행되면 비리듬적으로 연주하는 모습을 보인다. 복장의 경우, 겉옷 위에 블라우스를 입고 있거나 단추를 어긋나게 채우기도 하고 바지가 흘러내려도 인식하지 못하는 경우도 보인다.

치매는 약물치료 이외에 다양한 비약물치료로도 인지기능을 향상시킬 수 있다(대한신경과학회, 2019). 이는 음악치료가 치매 노인의 인지기능에 치료적 역할을 할 수 있음을 의미한다. Rossato-Bennett(2014)에 의하면 뇌 조직을 가장 다양하게 활성화시키는 것이 음악이며, 이는 음악이 뇌에 들어올 때 뇌의 청각관련 조직뿐만 아니라 시각과 연결된 조직, 감정과 연결된 조직을 자극하고 소뇌의 기초 조직을 모두 활용하여 음악을 받아들이기 때문인데 그 결과 음악적 기억이 강력해진다고 한다. 더불어 뇌에서 음악을 기억하고 음악에 반응하는 부분이 각종 치매에 그다지 영향을 받지 않는다는 견해도 덧붙였다. 또한 Bright(1972)는 인간의 인지기능 중 음악적 영역이 가장 늦게 퇴행하기 때문에 인지기능이 낮은 사람도 음악 안에서 장기기억을 자극하고 현실인식을 촉진할 수 있다고 밝혔는데, 이로써 음악활동이 치매 노인의 인지기능에 긍정적으로 기여할 수 있음을 알 수 있다.

따라서 음악치료를 통해 단기 · 장기기억력 강화, 발성 · 발어 · 조음 훈련, 수용 · 표현언어기술 강화, 지남력 강화, 주의집중력 강화, 판단력 · 결정력 강화 등을 치료목적으로 다룰 수 있다. 치매 노인의 기억력 관련 연구(김미애, 2003; 이남원, 2014; 이영, 2007; Bright, 1972; Carruth, 1997; Cheung, 2012; Lord & Garner, 1993; Moussard, Bigand, Belleville, & Peretz, 2012; Prickett & Moore, 1991; Sambandham & Schim, 1995; Smith, 1986), 언어능력 관련 연구(박동화, 2018; Brotons & Koger, 2000), 지남력 관련 연구(Smith-Marchese, 1994), 주의집중력 관련 연구(김정아, 2003; Chrisitie, 1995), 일상생활능력 관련 연구(김현주, 2014), 전반적 인지기능 관련 연구(신보영, 황은영, 2015; 윤영지, 2007; 이정진, 2007; 조민해, 2019; 조상필, 2016; 홍영규, 강영실, 2009; 홍인실, 2008) 등의 결과는 국내외 치매 환자 인지재활 연구를 분석한 조연진과 고범석(2017)의 견해와 같이 음악치료가 기억력, 언어기능, 전반적 인지기능, 주의집중능력 등 치매 노인의 인지재활치료에 효과적인 중재방법이라는 기반을 마련하고 있다.

치매 노인의 인지기능 강화를 위한 기본적인 접근방법은 친숙한 음악을 사용하는 것이다. 다른 질환이 있는 노인이나 건강한 노인도 마찬가지이지만 치매 노인에게는 특히 필수적이다. 친숙하다는 것은 대상자의 인지용량을 초과하지 않는 수준으로서 안전하고 동기와 자신감을 부여하여 의미 있는 경험으로 연결한다. 정보 과부하는 오히려 관심과 흥미를 저하시켜 무반응을 가져올 수 있는데 잘 알지 못하는 노래일 때 시도조차 하지 않는 모습이 이를 뒷받침한다. 다시 말해, 옛노래와 같은 친숙한 음악으로 노래 부르기, 악기연주, 음악감상, 신체활동을 수행하는 것이 치매 노인을 자발적이며 적극적으로 편안하게 즐기도록 하는 효과적인 방법인 것이다. 특히 친숙한 옛노래를 부르는 활동은 부담을 최소화하면서 뇌 활성화는 최대화하는 최고의 인지강화 활동이다. 친숙함은 편도체에서 긍정적 감정의 활성화를 일으켜 주의집중하게 하고, 학습 및 기억과 관련된 해마의 기능과 연합됨으로써 기억하고자 하는 정보의 강화에 도움을 주게 된다(최병철, 2006). 익숙한 곡에서의 정서적 작용이 인지기능을 지원하고 보충하는 역할을 담당한다고 제안한 백승은(2011)과 친숙한 노래 부르기가 뇌의 주의집중도와 뇌 활성량을 높이는 결과를 보고한 문서란(2015)의 견해도 친숙함의 치료적 기능을 지원한다. 친숙한 노래를 감상한 후 그 노래를 다시 부르거나, 친숙한 노래를 부른 뒤 그 노래를 기악곡으로 감상해도 좋다. 친숙한 노래 부르기와 함께 다른 활동을 동시에 수행하는 병행활동은 뇌자극의 범위를 더 넓힐 수 있다. 노래를 먼저 부른 뒤 노래의 특징적 구조를 이용하여 악기 연주나 신체활동을 노래 부르기와 병행한다. 또는 친숙한 음악을 감상한 후 그 음악과 함께 다른 활동을 병행하여 확장한다. 그러나 두 가지 이상의 활동을 동시에 정확하게 수행하는 것은 쉽지 않기 때문에 두 활동을 병행하되 하나의 활동에 초점을 두고 인도하는 것이 좋다. 그렇다고 해서 활동시간 내내 반드시 친숙한 음악만을 사용해야 하는 것은 아니다. 기능의 정도에 따라 10% 정도 새로운 학습도 필요하다. 새로운 음악자극은 반복을 통해 음악적 경험을 확장하고 이는 가소성을 이루어 인지기능에 도움을 줄 수 있다.

클라이언트가 입실하고 프로그램 시작을 기다리는 동안 당일 계획된 노래나 음악을 배경음악으로 사용하면 음악치료 시간에 대한 인식을 강화하고 음악활동에 대한 기대감과 동기를 갖게 하며 반복에 의한 학습효과도 제공하게 된다. 반기는 노래와 마치는 노래를 진행할 때 대집단이 아닌 경우 개인의 이름을 넣어 개별적으로 접촉함으로써 참여행동을 강화하고 정체성 확인을 통해 자존감을 높일 수 있다. 시설에서의 생활은 대부분 실내에서 이루어지므로 추위와 더위, 아침저녁의 흐름, 날씨 등에 무뎌지게 된다. 반기는 노래에서 계절, 날씨, 날짜, 요일, 시간 등을 넣어 부르고, 도입 활동 단계에서도 지남력과 관련된 음악을 제공했을 때 인지자극에 도움이 될 수 있다. 음악에 얽힌 사연, 시대적 상황 등의 배경정보를 통해 장기기억을 자극할 수 있다. 언어는 구체성을 가진 간결한 내용을 큰 소리로 명확하게 천천히 제공한다. 언어적 안내를 시작하기 전 '어르신' '어머님, 아버님'과 같이 클라이언트를 불러 주의를 환기시키는 것은 클라이언트가 치료사와 활동에 다시 집중하도록 돕는다. 그리고 소음, 좌석배치, 외부인 출입 등이 집중을 방해하지 않도록 사전에 점검한다.

치료사의 소홀한 준비로 인한 미숙한 진행도 집중을 방해하는 요인이 될 수 있다.

초기 치매 환자를 위한 인지재활기법 중 오류배제학습, 시간차 회상훈련, 점진적 단서소실은 특히 기억기능에 도움이 되는 기법이다. 이석범과 김기웅(2009)에 의하면, 오류배제학습(errorless learning)은 정보를 최초로 학습하는 단계에서 발생할 수 있는 착오를 제거함으로써 기억효율을 증가시키는 기법이다. 치매 노인의 경우 최초 학습단계에서 발생한 착오가 그대로 고착되어 교정하는 데에 한계를 보이기 때문에 치료사의 실수나 부정확성으로 인해 착오가 발생하지 않도록 최초의 학습단계에서 정확한 정보를 제공해야 한다는 것이다. 시간차 회상훈련(spaced retrieval)은 제시된 정보의 회상 간격을 점차 늘려 가면서 반복적으로 회상시킴으로써 학습과 정보의 저장을 촉진하는 기법이다. 점진적 단서소실(vanishing cues)이란 특정 정보 습득에 있어서 초기에는 여러 개의 단서를 충분히 제공하고 학습경과에 따라 단서의 일부를 점차적으로 줄여 나가 최종적으로는 단서 없이 정보를 기억하도록 하는 방법이다. 이와 같은 인지재활기법은 지침을 따를 수 있는 치매 노인의 기억력과 집중력, 전반적 인지기능 향상에 효과적이라는 보고(공인주 외, 2014; 반선화, 전성숙, 2012)에 따라 경증 치매 노인을 대상으로 하는 음악치료 중재 시 적용해 볼 수 있다.

2) 정서·사회·행동 영역

대한치매학회(2011)는 치매 노인의 행동심리증상(Behavioral and Psychological Symptoms of Dementia: BPSD)을, ① 우울증상, ② 무감동 혹은 무동기증, ③ 정신증적 증상, ④ 공격행동, ⑤ 과다행동, ⑥ 기타 증상 등으로 구분하고 있다. 한 환자에게서 다양한 증상이 동시에 나타나기도 하는 행동심리증상은 증상의 심한 정도와 인지기능의 손상 정도가 항상 밀접한 관계를 보이지 않기 때문에 인지기능 저하와는 독립적으로 진행하는 질병과정으로 보며, 특정 뇌 영역의 변성과 관련이 있다고 보고하고 있다.

(1) 정서 영역

심리증상은 불안, 과도한 걱정, 두려움 등의 우울증상, 동기상실, 목표지향적 행동 감소 등의 무감동 혹은 무동기증, 그리고 망상, 망상적 착오, 환각 등의 정신증적 증상을 포함한다. 실제 치매 환자 중에는 인지적 변화가 분명히 드러나기 전 또는 인지적 변화가 관찰되는 것과 거의 동시에 다양한 정서적 변화를 나타내는 경우가 있으며(강연욱, 1999), 치매 환자는 치매증상이 없는 노인에 비해 우울한 기분, 불안, 무기력감, 절망감, 무가치감 등을 더욱 느낀다고 밝혔다(Lazarus, Newton, Cohler, Lesser, & Schweon, 1987).

우울증상은 알츠하이머병 환자의 약 40~50%에서 발생하고(Burns, Jacoby, & Levy, 1990), 불안이 흔히 동반된다(Ferretti, McCurry, Logsdon, Gibbons, & Teri, 2001). 흥미가 없고 일을 시작하거나 지속하는 능력이 감소하며 자신감이 없고 자존감이 낮은 특징을 보이며, 뇌간에서의 노르에피네프린과 세로토닌의 감소와 관련성이 높아 보인다(대한치매학회, 2011). 무감동 혹은 무동기증은 감정적 반응이 거의 없고 무관심하며 주변과의 접촉이 전혀 없는 모습으로 나타난다(Landes, Sperry, Strauss, & Geldmacher, 2001). 주의와 반응억제, 정서반응에 관여하는 전두엽 한가운데에 있는 뇌 구조인 전측 대상회(anterior cingulate)와 전두피질의 대사 및 혈류 감소 소견을 보인다(대한치매학회, 2011). 정신증적 증상 중 특히 망상은 시설에 입소하게 되는 중요 원인으로서 알츠하이머병 환자의 약 50%에서 발생하며(Mendez, Martin, Smyth, & Whitehouse, 1990), 중기에 발생률이 특히 높고, 말기에 이르면 점차 감소하게 된다(Cummings, Miller, Hill, & Neshkes, 1987). 전형적인 망상보다는 TV를 보고 실제 상황으로 오인하는 등의 망상적 착오가 흔하며, 피해망상, 도둑망상, 부정망상, 유기망상 등이 있다. 환각은 없는 자극을 있는 것처럼 경험하는 것을 말하는데 환청보다는 환시가 더 흔하다.

다음은 음악치료 임상에서 관찰되는 중등도 이상 치매 노인의 심리증상의 실례이다. 가장 두드러진 모습은 무표정하고 무기력하며 휠체어의 작은 공간 안에 푹 파묻혀 있는 듯 주변 환경에 무관심한 모습이다. 치료실에 입실한 후 음악치료가 시작되기 전까지 움직임 없이 앉아 있으며, 치료사의 적극적인 눈 마주침과 인사에도 고개만 끄덕이거나 표정 없이 바라보는 등 감정적 반응은 대체로 보이지 않는다. 침대에 누워 있거나 혹은 거실 TV 앞에 앉아 있다가 간병인에 의해 프로그램실로 이동되었을 때 휴식을 방해받은 데 대해 불편해하기도 한다. 이는 일어나 걷고 움직이는 것이 힘들고, 움직임 없는 안락한 상태를 그대로 유지하고자 하는 데서 비롯된다. 활동에 대한 기대감과 동기 역시 언어나 표정 등에서 잘 관찰되지 않는다. 활동 중의 모습은 전반적으로 고개를 수그리고 자는 것처럼 눈을 감고 있는 등 무반응의 모습을 보이고, 노랫소리의 음량이 작고 표정 변화가 없으며 제스처는 거의 사용하지 않는다. 그러나 치료사의 음량, 표정, 제스처의 정도에 따라 약간의 모방적 표현행동을 보이기도 한다. 역시 치료사의 개별적인 강화와 격려가 있을 때 참여행동이 조금 더 증가하는 모습을 보인다. 노래를 부를 때마다 눈물을 흘리기도 하고, 노래와 관련된 치료사의 설명이 현재 자신에게 닥친 일인 것처럼 말하기도 하며, 차 시간이 되었다거나 저녁 준비하러 가야 한다거나 아내가 걱정하니 빨리 가야 한다며 퇴실을 서둘러 청하는 모습도 보인다.

음악은 치매 노인의 정서안정에 효과적인 중재로서 불안을 감소시키고 마음을 안정시킬 수 있다(대한치매학회, 2019). 음악은 치매 환자의 정서적인 기능을 활성화시키고 즐거움을 제공하며(김미애, 2003), 치매 환자 스스로 자유롭게 표현하도록 이끌고 만족감과 행복감을 느끼게 해 주는 수단으로서(Shapiro, 1969) 치매의 행동심리증상에 대한 항정신성 약물의 최고 대안이라고 할 수 있다(Shiltz et al., 2018). 치매 노인의 반응을 가장 많이 유도하는 접근방법은 음악활동이며(Cevasco, 2003), 음악치료는 치매 노인에게 동기를 부여하고(Bright, 1981) 무기력, 무감각, 외로움, 우울증을 치료하는 데 도움을 줄 수 있다(Allen, 1977).

따라서 음악치료를 통해 즐거움 경험, 우울 감소, 동기유발, 감정표현 및 발산, 자신감 및 자긍심 증진, 만족감 및 삶의 질 향상, 긍정적 정서 형성, 환각이나 망상 등 정신증적 증상 감소 등을 치료목적으로 다룰 수 있다. 치매 노인의 우울과 불안 관련 연구(김부영, 1998; 이미정, 2008; 최수, 2019; 최애나, 류기광, 2007; Ashida, 2000; Li, Wang, Lu, Chen, Lin, & Lee, 2019; Shiltz et al., 2018; Unkefer, 1990), 감정표현 및 발산 관련 연구(김정아, 2005), 자신감과 자긍심 관련 연구(이경희, 2019), 만족감과 삶의 질 관련 연구(김현정, 정재원, 2013; 남무영, 2017; Cooper, 1991; Heeyoun, 2018; Lipe, 1991), 긍정적 정서 관련 연구(김정아, 2005; Sole, Brotons, Galati, & De Castro, 2014), 전반적 정신증상 관련 연구(이도희, 2015; 이일경, 2009; Baird & Thompson, 2018; Raglio et al., 2008) 등의 결과는 국내외 치매 노인 음악치료연구를 분석하여 음악치료가 치매 노인의 정서 영역에 효과적인 중재방법이라는 보고(조아람, 김영신, 2015; Ueda, Suzukamo, Sato, & Izumi, 2013; Van der Steen, van Soest-Poortvliet, van der Wouden, Bruinsma, Scholten, & Vink, 2017)를 지지하고 있다.

활동 시작 전 클라이언트가 선호하는 녹음음악을 배경음악으로 틀어 놓아 치료실 내의 분위기를 활기찬 기대감으로 조성한다. 활동 중에 치료사는 다정한 눈빛과 표정, 공경심이 담긴 존중적 언어와 태도, 그리고 생기 있고 자신감 있는 진행으로 클라이언트 개인과 집단의 에너지를 높이도록 한다. 고개를 숙이고 있거나 어떠한 참여행동도 보이지 않는 클라이언트에게 개별적으로 다가가서 관심과 지지를 보낸다. 세심하게 관찰하면 미세한 참여의 모습을 볼 수 있다. 입술이 살짝 떼어지기도 하고 고개는 숙이고 있지만 시선이 치료사를 향해 있으며 휠체어 발판에 놓인 발가락이 리듬을 타며 까닥거리는 등 클라이언트는 자신에게 가능한 정도 내에서 최선의 음악적 경험을 하고 있음을 볼 수 있다. 이는 매우 의미 있는 순간이므로 치료사는 자연스럽게 지지하여 클라이언트의 참여행동을 강화한다. 클라이언트의 두 손을 잡고 손뼉을 부딪치게 하거나 팔을 들어 올려 춤추게 하는 식으로 다른 사람에 의해 억지로 신체를 움직이는 일은 바람직하지 않다. 표현은 아주 작지만 스스로 참여하는 즐거움을 보호해야 한다. 앞에서 언급한 대로 친숙한 노래가 의미 있는 경험을 하게 한다. 새로운 노래나 정보량이 많은 노래는 가사 조음, 의미해석 등의 처리과정이 필요한데, 친숙한 노래의 경우 이러한 절차가 생략 또는 축소되어 그 노래가 담고 있는 심미성에 집중할 수 있다. 언어는 밝고 즐겁고 따뜻한 내용이 좋다. 슬픔이나 고통의 개인사적 경험을 해결하기 위한 분석적 활동은 의미 있는 경험으로 연결되지 않을 수 있다. 언어와 사고과정보다는 자발적으로 음악을 즐기는 지금 이 순간이 정신증적 증상에서 잠시나마 벗어나고 스스로 무엇인가를 하는 의미 있는 시간이 될 수 있다. 심벌 연주나 마이크 사용은 동료의 시선을 받는 기회가 되어 긍정적 긴장감과 동기를 유발할 수 있다. 성공적인 수행으로 수용되었을 때 자신감과 만족감을 경험하게 된다. 클라이언트가 자신의 말을 하지 못하고 판단하지 못한다는 전제로 당사자 옆에서 가족이나 의료진과 당사자의 부정적인 측면에 관해 말하는 것은 삼가야 한다. 정서적 지원의 첫 시작은 기능과는 관계없이 어른으로서 예우를 갖추는 것에서부터 출발한다.

(2) 사회 영역

치매 초기 단계에서 더 진행되면 행동심리증상이 발생하게 된다. 행동심리증상은 치매의 초기나 말기보다는 주로 중기에 발생하는 것으로 알려져 있고(Shinosaki,

Nishikawa, & Takeda, 2000), 치매 환자의 약 80%가 한 가지 이상의 행동심리증상을 보이는 것으로 알려져 있다(Finkel, 2000). 행동심리증상이 발생하면 환자뿐만 아니라 가족의 삶의 질이 떨어지고 환자의 상태는 더욱 악화될 수 있다. 이는 전문적인 치료 · 간병환경이 요구되고 환자가 시설에 입소하게 되는 결정적인 요인이 된다. 시설입소는 치매 노인에게 친숙한 삶의 공간으로부터 분리되어 낯선 환경과 새로운 관계에 적응해야 하는 과제에 직면하게 한다. 시설입소 후 안정된 시기로 접어드는 데는 평균 6개월 이상이 걸리는 것으로 알려져 있는데(Brooke, 1989; Rossen & Knafl, 2003), 외로움을 감소시키고 많은 여가시간을 의미 있게 보낼 수 있도록 친밀한 관계를 형성하고 복지 · 재활프로그램에 참여하도록 함으로써 시설의 적응 시기를 앞당길 수 있다. 치료를 잘 받고 퇴원하여 다시 집으로 돌아가겠다는 마음으로 입소를 하지만 대부분 삶을 마감하기 직전까지 입소시설에서 생활하게 된다. 다시 말해서, 적응기간뿐만 아니라 정해진 기한 없이 계속되는 일상생활에서 만족감을 얻고 삶의 질을 유지하기 위해서는 긍정적인 관계가 형성되고 교류가 유지되며, 프로그램 참석과 같은 사회참여가 지속되도록 돕는 것이 대단히 중요하다.

다음은 음악치료 임상에서 관찰되는 중등도 이상 치매 노인의 사회적 행동의 실례이다. 프로그램실에 입실하여 활동이 시작되기 전까지 대부분 간병인에 의해 배치된 자리에 움직임 없이 앉아 있는데, 자발적으로 옆 사람과 인사를 하거나 대화를 나누는 모습은 거의 관찰되지 않는다. 그러나 대상 지남력이 보존된 경우에는 프로그램실에 입실하면서부터 위치를 조절하는 모습을 보이는데, 좋아하는 사람 옆으로 혹은 싫어하는 사람과 떨어진 곳으로 위치하고자 하며 또는 늘 자신이 앉았던 곳을 요구하기도 한다. 자리가 정해진 이후에도 지속적으로 두리번거리며 좋아하는 대상을 찾고, 원치 않는 대상이 옆으로 오는 경우 얼굴을 찡그리거나 저쪽으로 가라는 식의 손사래를 치는 등 불쾌감을 직접적으로 표현하기도 한다. 이 외에는 대부분 누가 앉아도 상관하지 않고 동료와 관계 맺지 않는 모습을 볼 수 있다. 의사소통의 경우, 언어적으로 '응' '그래' '예' '아니' 등의 감탄사를 사용하고 문장을 사용하는 경우는 보기 어렵다. 비언어적으로는 눈 마주침을 하고 미소를 짓고 손을 잡고 입술이나 볼에 상대의 손을 가져가기도 하고 상대의 볼을 쓰다듬는 의미 있는 사회행동이 가끔 관찰되기도 하며, 옆 동료를 무표정하게 바라보거나 손이 닿는 공간 내에 있는 동료나 사물을 만지고 옷을 잡아당기는 비목적적 행동도 보인다. 활동 중에 치료사의 손을 계속 붙잡고 있기도 하고, 매 시간 집단과 떨어져 뒤쪽에 혼자 앉아 있으며, 집단에 들어오지 않고 집단 밖에서 서성이지만 리듬을 타며 노래를 부르는 모습도 볼 수 있다. 어떤 노래를 좋아하는지 또는 하고 싶은지에 대한 자기표현과 의사소통을 유도하는 언어적 질문에는 거의 반응을 보이지 않지만 친숙한 노래가 시작되면 즉각적으로 노래를 부르는 모습을 보인다.

외부와 관계를 전혀 맺지 못하는 치매 환자가 어떤 특정한 노래를 들을 때 이전까지 관찰하지 못했던 새로운 행동을 보이는 경우가 종종 관찰된다(최병철 외, 2015). 음악은 인간의 다양한 감정을 불러일으키고 표현하게 해 주는 매개체로서 언어적 소통에 어려움이 있는 대상자에게 자신을 표현하고 소통할 수 있는 대안적인 방법으로 사용될 수 있음을 의미한다. 음악치료는 사회의 축소된 현장으로서 치매 노인에게 안전한 사회적 환경을 제공할 수 있는데(McCloskey, 1985), 집단활동의 참여를 통해 소외에서 벗어나는 기회가 되고 더 많은 사회적 행동과 교류를 경험하게 한다(Brotons, Koger, & Pickett-Cooper, 1997). 특히 심각한 기능 저하 단계에도 수행이 가능한 악기연주는 자기표현과 상호작용을 가능하게 하여(Cevasco & Grant, 2006) 집단의 일원으로서 교류를 지속하고 사회적 통합을 경험하게 한다.

따라서 음악치료를 통해 자기표현 및 의사소통능력 강화, 관계형성 및 교류 증진, 긍정적 사회행동 및 상호작용 증진, 사회적 통합 등을 치료목적으로 다룰 수 있다. 치매 노인의 자기표현 관련 연구(김민성, 2016; 김정온, 2016; 안정희, 2015; 안지영, 2009; 이숙영, 2008), 의사소통능력 관련 연구(박종희, 2007; 안지영, 2009; Dassa & Amir, 2014), 관계형성 및 교류 증진 관련 연구(Cooper, 1991), 긍정적 사회행동 관련 연구(박종희, 2007; Brotons, Koger, & Pickett-Cooper, 1997; Pollack & Namazi, 1992; Ziv, Granot, Hai, Dassa, & Haimov, 2007), 상호작용 관련 연구(Belgrave, 2009; Cevasco & Grant, 2006; Lord & Garner, 1993; Whitcomb, 1989) 등의 결과는 음악치료가 치매 환자의 자기표현과 의사소통능력을 향상시키고, 상호작용 및 사회적 교류에 도움을 준다고 제안한 Bright(1981)와 Berlyne(1971)의 견해를 지지해 준다.

TV를 중심으로 아무런 대화 없이 모여 앉아 있는 공동공간의 풍경에서 생산적인 의미를 찾지 못할 수 있다. 상호교류가 어렵고 기력이 없는 치매 노인이 방에 혼자 누워만 있는 경우 고독 · 고립감이 더 심해질 수 있는데 비록 긍정적 교류가 일어나지 않아도 공동체의 일원으로서 함께 같은 장소에 머무는 것은 유익한 일이다. 옆 사람 또는 다른 누군가를 바라보거나 한 공간 안에서 생성되는 소리를 듣고, 무의미하지만 가끔씩 언어적 · 비언어적 표현과 교류가 이루어지고 또는 부정적인 상호작용이 발생하기도 하는데 이 역시 사회적 행동이 될 수 있다. 여기에서 한 걸음 더 나아가 치료목적을 가진 집단음악활동의 참여는 긍정적인 사회적 행동을 즐겁게 경험할 수 있는 현장이 된다. 치료사는 음악 안에서 동료와 함께할 수 있는 과제수행을 요청함으로써 주변에 관심을 가지는 기회를 제공할 수 있다. '사랑해 당신을'이라는 가사로 노래를 부르며 옆 동료를 손으로 가리키고 시선을 주도록 하는 지침을 예로 들 수 있다. 노랫말이 자연스럽게 표현과 교류를 이끌 수 있어야 하고 억지스럽지 않게 적절한 상황을 만들어야 한다. 치료사가 언어와 함께 모델링을 뚜렷하게 제시하면 가능한 정도 안에서 모방행동을 보인다. 교류적 행동에 익숙하지 않아서 스스로 차단하기도 하고 지침에 대한 이해가 되지 않아서 수행하지 못하는 경우가 있는데 이때 치료사가 어색함 없이 모델링을 하며 "이렇게 해 보세요."라고 한 번 더 격려하면 수행이 증가하는 모습을 볼 수 있다. 한두 번 더 권하는 것은 이해가 되지 않았거나 자신감이 없는 클라이언트의 수행을 강화하게 된다. 그러나 서너 번 이상을 권하는 것은 부담을 줄 수 있다는 점을 고려한다. 교류를 위해 신체적 접촉을 유도하는 것은 조금 신중하게 계획한다. 동료와 악기를 서로 맞대어 소리를 만드는 활동도 안전을 살펴야 한다. 서로 갈등이 유발되는 구성원은 입실하면서부터 거리를 두어 자리를 배치하도록 한다. 항상 똑같은 이야기를 반복하더라도 치료사는 경청하며 공감한다.

(3) 행동 영역

행동이상증상은 신체 및 언어 공격, 과민성, 억제되지 않는 행동 등의 공격행동, 배회, 반복행동, 상동행동, 강박행동 등의 공격성을 동반하지 않는 과다행동, 그리고 들뜬 기분, 식사습관장애, 수면장애 등의 기타 증상들을 포함한다. 지나치게 친한 척을 한다거나 부적절한 충고나 간섭, 폭력, 부적절한 성행동과 같은 억제되지 않는 행동을 보이는 환자는 전두엽 및 측두엽에서 혈류감소 혹은 대사감소의 뇌기능 영상소견을 보이고, 배회는 좌측 두정측두영역에서 혈류감소의 소견을 보인다(대한치매학회, 2011).

다음은 음악치료 임상에서 관찰되는 중등도 이상 치매 노인의 행동이상증상의 실례이다. 특정한 이유 없이 금세 감정이 격해지며 신체나 언어적으로 공격행동을 보인다. 갑자기 주먹을 휘두르거나 발길질을 하기도 하고 소고나 리듬스틱, 마라카스 등 제공된 악기로 옆 동료를 기습적으로 때리기도 하는데 때로 과거에 부정적으로 각인되었던 인물로 순간 착오를 일으켜 폭력을 행사하기도 한다. 누군가와 눈이 마주치면 시비를 건다고 생각하여 큰 소리로 욕설을 하고 화를 내며 감정을 억제하지 못하는데, 자신이 집단활동을 방해하고 있다는 인식은 하지 못하는 것처럼 보인다. 이때 잘잘못을 따지지 않고 친숙한 노래를 부르며 부드럽게 시선을 이끌면 차츰 감정이 진정되는 모습을 볼 수 있다. 공격성을 동반하지 않는 행동증상으로는 앉은 상태에서 상체를 앞뒤로 숙이고 세우는 반복행동을 멈추지 않고, 음악이 들리자마자 음악의 리듬과 일치하지 않는 비리듬적 손뼉치기를 계속하기도 하는데 이는 동료의 음악감상이나 악기연주에 방해가 되어 다툼의 원인이 되기도 한다. 제공한 악기를 입으로 가져가 깨물거나 먹으려는 모습을 보이고 자신의 것이라며 되돌려 주지 않거나 호주머니나 옷 속에 감추는 모습을 보인다. 또 노랫말이 적힌 인쇄물을 되돌려 주지 않고 방으로 가지고 가서 반듯하게 모아 놓기도 한다. 노래를 부를 때 고개를 숙이고 있는 옆 동료에게 가사 화면을 가리키며 보라고 재촉하거나 악기를 연주하도록 참견하는 모습도 보인다. 치료사를 손짓하여 부르는 행동을 반복하며, 화장실에 다녀온 직후 곧 뇨의를 호소하기도 하고, 실내 바닥에 주기적으로 침을 뱉는 모습도 볼 수 있다. 노래를 부르다가 벌떡 일어나 프로그램실을 나가거나 악기연주를 하다가 갑자기 멈추고 한참 후 다시 시작했다가 곧바로 다시 멈추는 모습도 보인다. 온종일 건물 내를 쉬지 않고 돌아다녀서 음악치료실에서 만날 때마다 체중이 감소되어 가는 모습도 관찰된다.

행동심리증상은 인지장애로 인하여 이차적으로 발생하는 것이 아니라 다른 발생기전을 가지고 독립적으로 진행하는 질병과정이라는 주장이 대두되고 있다(Rabins, 1994; Teng, Marshall, & Cummings, 2010). 인지장애증상은 지속적으로 퇴행을 보이는데 반해, 행동증상은 약물치료와 비약물치료의 적절한 개입을 통하여 증상을 완화시킬 수 있고 치료효과를 기대할 수 있다는 의미로 해석될 수 있다(한설희, 2004). 치매 노인을 위한 음악중재는 잠재적인 행동증상을 감소시킬 뿐만 아니라 약물의 감소와 함께 의미 있는 활동을 증가시킨다고 한다(Sherratt, Thornton, & Hatton, 2004). 치매 노인의 초조하고 동요된 행동이 감소되고 흥분과 방해행동이 감소되어 약과 같은 효과를 보여 준다고 하였으며 특히 선호하는 음악과 라이브음악의 사용에서 더 높은 효과를 보였다고 보고하고 있다(Brotons, Koger, & Prickett-Cooper, 1997). Svansdottir와 Snaedal(2006)도 음악치료는 특히 중등도와 중증 치매 노인의 초조와 배회 등의 행동증상을 개선시키는 안전하고 효과적인 방법으로서 공감적인 관계와 음악치료 참여가 행동심리증상 개선에 도움을 준다고 제안하였다.

따라서 음악치료를 통해 공격행동 감소, 과다행동 감소, 긍정적 참여행동 증진 등을 치료목적으로 다룰 수 있다. 치매 노인의 공격행동 관련 연구(Casby & Holm, 1994; Svansdottir & Snaedal, 2006), 과다행동 관련 연구(김부영, 1998; Brotons & Pickett-Cooper, 1996; Fitzgerald-Cloutier, 1993; Gerdner, 1997; Gerdner & Swanson, 1993; Goddaer & Abraham, 1994; Jennings & Vance, 2002; Olderog Millard & Smith, 1989; Sung & Chang, 2005; Wall & Duffy, 2010), 전반적 문제행동 관련 연구(홍영규, 강영실, 2009; Raglio et al., 2008), 긍정적 참여행동 관련 연구(김영애, 2002; Millard & Smith, 1989; Ziv, Granot, Hai, Dassa, & Haimov, 2007) 등의 결과는 체계적 문헌고찰과 메타분석을 통해 음악치료가 행동심리증상에 효과적이라고 보고한 Ueda 등(2013)의 결과와 일치하고, 특히 치매 환자의 초조행동에 효과적이었다고 보고한 공은희와 박명화(2015)의 견해도 지원한다. 또 메타분석을 통해 정서·사회 영역과 인지 영역보다는 다소 낮은 효과를 보였지만 행동 영역에서도 평균을 웃도는 효과를 나타냈다고 보고한 조아람(2015)의 견해와 행동 영역이 인지 영역에 이어 다음으로 높은 효과를 나타냈다고 보고한 Vasionyte와 Madison(2013)의 견해도 지지하고 있다. 그러나 음악치료가 치매 환자의 정서적 문제는 감소시켰으나 행동증상에는 긍정적인 변화를 가져오지 못했다고 보고한 Van der Steen 등(2017)과는 견해가 다르므로 재검증의 필요성도 제기된다. 덧붙여 행동 영역 연구에서 초조행동 감소와 같은 과다행동 관련 연구의 비율이 높게 나타났는데 이는 중등도 및 중증 치매 환자를 대상으로 비약물치료 프로그램의 효과에 대한 체계적 문헌고찰(Kverno, Black, Nolan, & Rabins, 2009)에서 밝힌 바와 같이 초조행동이 가장 많이 연구되고 있고 비약물중재가 초조행동에 효과가 있다는 보고를 반영하고 있다.

치매 환자의 행동증상은 내면적 인식수정이나 의지를 통해 변화될 수 있는 것이 아니므로 정서적인 즐거움과 만족감을 통해 편안해지도록 인도하는 것이 바람직하다. 입실하여 자리 배치하기 전 갈등을 자주 유발한 구성원은 특히 유의하여 배치함으로써 갈등을 미연에 방지한다. 치매 노인의 공격행동이 발생했을 때 긴장감을 부추기지 않도록 평상시의 편안한 표정으로 차분하게 대응한다. 음악활동 중이라면 시선을 다른 구성원에게 향하고 계속 진행하면서 대상자가 주목받지 않게 하는 동시에 프로그램실에 있는 사회복지사 또는 간병인에게 신호를 주어 해당 클라이언트의 주의를 다른 데로 돌리거나 자리를 이동하도록 하여 음악활동의 흐름이 끊기지 않도록 한다. 어느 정도 시간이 지난 후 치료사는 당사자에게 친숙한 노래를 부르며 자연스럽게 다가가 부드러운 표정으로 클라이언트의 활동수행을 강화한다. 도와줄 전문인이 없는 경우 노래는 그대로 부르면서 해당 클라이언트를 프로그램실 밖으로 이동시켜 사회복지사에게 인계하고 활동을 그대로 이어 간다. 치매 노인의 행동이상증상은 대화나 설득으로 중재하기 어려우므로 먼저 대상과 장소 등 상황에서 분리시켜 증상을 부추기는 요인을 제거하는 것이 좋다. 숙련되지 않은 치료사의 개입은 오히려 증상이 심해질 수 있고 당사자와 집단의 안전에 어려움이 있을 수 있으며 집단활동이 중단될 수 있으므로 사회복지사에게 일임하도록 한다. 악기를 입에 넣는 클라이언트에게는 에그쉐이커와 같은 작은 악기는 피하고, 악기에 날카로운 장식이나 쉽게 떼어질 수 있는 부분이 있는지 잘 확인한다. 공격행동을 보이는 클라이언트에게는 손에 드는 악기보다는 탁자 위에 놓을 수 있는 악기나 손뼉치기 등으로 참여를 유도하고 지속적인 관찰이 필요하다. 침을 뱉는 행동은 음악치료에 의한 변화가 크게 보이지 않는다. 프로그램 참석 시 앞의 공간을 확보하여 다른 사람에게 피해를 주지 않도록 한다. 배회가 심한 클라이언트와 개인치료를 하는 경우 문이 보이지 않는 위치로 세팅하는 것도 도움이 된다.

치매 노인에게 드러나는 행동증상은 개인차가 있어 보인다. 개인의 과거 성격심리적 특성이 반영되며 내·외부적 환경의 영향을 받는다. 따라서 행동증상이 나타날 때 주기성을 파악하는 것이 중요하다. 언제 행동증상이 나타나는지 특징적인 주기성을 파악하여 원인을 제거해 주면 증상을 감소시키는 데 도움이 될 수 있다. 예를 들면, 내부적으로 신체적인 면에서 배가 고프거나, 대소변이 마렵거나 혹은 했거나, 통증이 있거나, 가렵거나, 변비가 있거나, 즉 기본적인 욕구가 충족되지 않을 때 행동증상이 나타나기 쉽고, 심리적인 면에서는 두려움, 불안, 망상, 환각이 나타날 때 일어날 수 있다. 외부적으로 싫은 사람이 옆자리에 있거나 익숙하지 않은 너무 많은 자극이 있거나 혹은 그곳에 있고 싶지 않을 때 증상이 나타날 수 있다. 목욕을 하고 수면을 충분히 취했을 때, 즉 기분이 좋은 경우에 행동증상이 감소하고, 간병인에게 수용적이고 지원적인 보호를 받는 경우 행동증상이 점점 감소하는 점에서 알 수 있듯이 부드럽게 인정해 주는 방식으로 대응하여 편안해지도록 해야 한다.

3) 생리 · 신체 · 운동 영역

음악치료는 감각계, 신경계, 근골격계, 순환계, 호흡계 등의 전반적인 생리 · 신체 · 운동 건강을 위해 중재를 시행한다. 치매 환자 역시 노화로 인해 피부감각, 시력, 청력이 저하되고 신경이 둔화되며 근골격과 혈액순환 그리고 호흡기능이 대체적으로 약화된다. 이와 함께 치매로 인해 운동장애가 발생하기도 하는데, 퇴행성 치매인 알츠하이머병과 전두측두엽치매 그리고 파킨슨병치매의 운동장애 발생시기는 각각 다르게 나타난다. 알츠하이머병은 인지장애가 가장 먼저 오고 걸음걸이 이상 등 운동장애는 가장 나중에 나타나는 반면, 파킨슨병치매는 운동장애가 가장 먼저 나타난다. 전두측두엽치매는 행동장애가 먼저 오고 심해지면 운동장애가 나타나며 조금 더 경과되면 기억장애가 나타난다. 혈관치매의 경우는 뇌의 손상된 위치와 범위에 따라 운동장애와 인지장애가 결정된다(김근홍, 윤종철, 2017).

다음은 음악치료 임상에서 관찰되는 중등도 이상 치매 노인의 생리 · 신체 · 운동 기능이다. 대부분 휠체어를 타고 간병인의 도움으로 프로그램실에 입실하고, 지팡이 또는 보행보조기를 사용하여 간병인의 부축을 받으며 보행으로 입실한다. 드물지만 침상에 누워 집단활동에 참석하는 경우도 있다. 앉아 있는 모습은 고개를 수그리고 있거나 등과 어깨가 굽어 반듯한 자세를 유지하는 것이 어려워 보이고, 상체가 앞이나 옆으로 치우치는 쏠림증상으로 꼬꾸라짐 방지를 위해 랩보드나 벨트와 같은 휠체어 보장구로 신체를 고정하고 있는 모습을 볼 수 있다. 심장박동기를 부착하고 있거나 대소변용기를 착용하고 있기도 하고, 기저귀를 착용하고 있는 경우도 많다. 치료사나 화면을 바라볼 때 고개를 들지 못해 비스듬한 채로 시선만 위로 향하는 경우도 볼 수 있다. 손은 악기를 들거나 잡고서 연주하는 데 충분히 자유롭지 못한 모습이다. 악기의 타점을 맞추는 데 어려움을 보이고 약간의 경련도 있으며 악기를 잘 떨어뜨린다. 침이나 눈물이 흘러도 스스로 처리하는 데 어려움을 보인다. 손뼉을 칠 때 양 손바닥이 정확히 맞부딪히지 않고 손끝만 맞닿거나 손 일부만 닿는 모습을 볼 수 있다. 상지 움직임의 범위는 가용범위의 절반 이하의 모습을 보인다. 그러나 참여도는 낮아 보이지만 주의를 기울여 세심하게 관찰했을 때 자신의 가능한 한도 내에서 집중하고 있음을 볼 수 있다. 입술이 미세하게 움직이고 손가락이나 발가락 끝을 까닥거리며 고개와 어깨가 조금씩 흔들리고 치료사의 동선에 따라 움직이는 시선 등에서 이를 확인할 수 있다.

장시간 누워만 있거나 한 가지 자세를 계속 유지할 때 근육이 더 빠지고 욕창이 생기기 쉬우며 소화불량이나 역류성 식도염, 변비 등 기능적인 퇴행이 더 심해질 수 있으므로 의도적으로 일어나 앉고 걷도록 해야 한다. 프로그램에 참여하기 위해 휠체어에 앉고, 짧은 거리지만 프로그램실까지 걷고 움직이는 것은 생리 · 신체 · 운동 영역에 도움이 된다. 클라이언트가 원하지 않는 것은 강요하지 않는다는 원칙과 클라이언트의 유익을 위해 반드시 하도록 해야 하는 수준을 긍정적으로 해결할 수 있는 것이 음악치료 참여이다. 손뼉을 치고 상체를 흔들며 노래를 부르거나 악기를 쥐고 연주하는 음악활동 수행은 치매 환자에게 대소근육의 운동효과와 신체에너지를 높이는 결과를 가져다준다. 시각, 청각, 촉각의 감각기능을 자극하여 뇌기능을 활성화시키고, 세포 및 장기를 흔들어 주고, 혈액순환을 도우며, 호흡훈련의 시간이 될 수 있다.

따라서 음악치료를 통해 근육 및 관절운동, 스트레칭, 신체에너지 증가, 호흡운동, 지구력, 유연성, 협응력 등을 치료목적으로 다룰 수 있다. 현재 치매 노인의 생리 · 신체 · 운동영역 관련 연구는 생리 관련 연구(Takahashi & Matsushita, 2006)와 신체 · 운동 관련 연구(주민애, 박혜영, 2017; 하정아, 이순화, 2007)가 소수 발표되었는데 다른 목적 영역과 비교해 볼 때 낮은 연구율을 보인다. 치매의 주요 증상 치료에 더 높은 관심을 두기 때문이라고 짐작된다.

치매 노인의 생리 · 신체 · 운동영역 음악치료는 기능이 조금이라도 더 유지되도록 운동자극을 제공한다. 대부분 음악치료집단의 구성원은 다양한 신체기능을 가지고 있다. 운동의 범위나 강도 등에 있어 평균적인 수준의 과제를 제시하지만 참여율과 정확도는 전체를 포함하기 어렵다. 따라서 하나의 수행과제를 난이도에 따라 단순한 구조부터 복잡한 구조로 준비하여 조금씩 난도를 높여 가며 수행하도록 하는 것이 좋다. 치료사는 크고 정확한 동작을 다음 동작을 미리 알리는 간단한 언어와 함께 반대방향으로 모델링한다. 이때 운동에 대한 동기를 유지하면서도 치료사의 언어지침이 잘 전달될 수 있도록 배경음악의 음량 조절은 중요하다. 신체동작은 네 개 정도가 적절하며 너무 빠르지 않고 쉬는 구간을 두면서 무리하지 않게 한다. 동작의 부분만을 모방하거나 다른 동작을 수행하더라도 조금이나마 움직인 것은 건강에 도움이 되었다는 점을 강화한다. 평상시 하지 않는 손가락동작과 손동작을 수행하는 것은 뇌기능 활성화에 도움이 되고, 노래를 부르기 전 깊게 숨을 들이마시고 길게 모음 발성하는 것은 발성과 조음을 준비시켜 노래 부르기와 호흡운동에 도움이 된다. 허리를 펴고 큰 소리로 노래를 부르며 손뼉을 치고 어깨춤도 추며 상체를 움직이는 과정은 엄밀히 살펴보면 뇌기능 활성화, 근육 및 관절운동, 스트레칭, 신체에너지 증가, 호흡운동이 동시에 이루어지는 과정이라고 볼 수 있다. 치료사의 확신은 클라이언트의 치료효과를 증가시킨다. 간혹 동작을 수행하지 않거나 부정확한 경우 과제에 대한 이해가 되지 않았기 때문일 수 있는데 다시 한번 반복하여 모델링하거나 보조치료사의 개별적 도움을 제공함으로써 참여행동을 격려한다.

퇴행성이란 점점 나빠진다는 뜻으로서 치료의 목적은 완치나 향상이 아니라 진행을 지연시키고 증상을 완화하는 데 둔다. 전반적으로 퇴행해 가는 치매 노인의 기능을 조금이나마 지연시키는 것은 매우 중요한 목적이지만 실제로는 쉽지 않은 작업이다. 따라서 치료사는 더 좋아지지 않는 대상자의 치료적 결과에 대하여 삶의 과정으로 받아들임과 동시에 '조금이나마'의 치료적 의미와 가치에 대한 확신을 가지고 클라이언트를 만나야 한다.

3. 치매 노인을 위한 음악치료 프로그램의 실제

표 5-1 치매 노인 집단 음악치료 프로그램의 예 1

대상		소집단(경증 치매 노인)	
제목		리듬합주	
목적		주의집중력 강화	
절차 및 내용	절차	활동내용	활동방법
	헬로송	Hello song을 부르며 클라이언트를 반긴다.	노래 부르기

절차 및 내용	도입 활동	1. 〈라데츠키 행진곡〉(요한 스트라우스 1세) 음악영상(빈 필하모닉 오케스트라, 2009)을 소개하고 감상한다. "요한 스트라우스 1세의 유명한 작품 중 한 곡인 〈라데츠키 행진곡〉은 전쟁에서 승리한 라데츠키 장군의 이름을 붙인 곡입니다. 매우 경쾌하고 활기차서 저절로 손뼉을 치게 되는데요, 관객의 박수를 유도하는 지휘자의 신호에 따라 어머님, 아버님께서도 함께 손뼉을 쳐주시기 바랍니다. 우리의 몸과 마음을 활기차게 만들어 줄 〈라데츠키 행진곡〉을 감상하시겠습니다." 2. 지휘자의 신호를 잘 보며 음악의 특정 부분에서 손뼉을 치도록 치료사는 모델링하며 인도한다.	감상활동
	본 활동	3. 감상한 〈라데츠키 행진곡〉에 맞춰 리듬합주단으로서 연주하게 될 것을 언급한 후 악기를 선택하도록 하고 각 악기의 연주법을 시범 보인다. 4. 각 악기와 연결된 기호를 제시하고 기억하도록 한다. [사용한 기호의 예시] ○: 소고 Δ: 마라카스 ×: 심벌 □: 윈드차임 ⧋: 소고와 마라카스 5. 세 파트(A–B–C)로 나누어 부분 연습한다. 6. 전체 음악에 맞춰 리듬합주한다. 치료사는 기호를 가리키는 손 신호의 시점보다 조금 앞서 해당 악기를 불러 주어 자신감을 가지고 집중하도록 돕는다. 수행정도에 따라 언어힌트, 손 신호를 차례로 생략한다. 7. 〈라데츠키 행진곡〉에 맞춘 리듬합주를 녹음하고 들어 본다. 8. 함께 만든 음악적 즐거움에 대해 강화한다. "빈 필하모닉 오케스트라의 힘찬 음악에 우리의 리듬합주를 더하니 더욱 멋진 음악으로 재탄생되었습니다. 오늘 우리 모두 오케스트라단원이 되었습니다. 멋지십니다!"	연주활동

절차 및 내용	본 활동	9. 〈아빠의 청춘〉(오기택)을 노래 부른다. "집중하여 연주하셨으니 이번에는 조금 편안하게 잘 알고 계시는 노래 불러 보고자 합니다." 10. 〈라데츠키 행진곡〉과 같은 방법으로 〈아빠의 청춘〉(오기택)도 리듬합주할 것을 제안한다. "조금 전에 연주하셨던 방법과 똑같이 〈아빠의 청춘〉도 연주하고자 합니다. 악기와 기호 모두 똑같이 하시면 됩니다. 오~기대되는데요…… 그럼 악보 잘 보시면서 연주해 보시겠습니다." 11. 악기기호가 그려진 가사보를 보면서 노래하며 연주한다. 노래와 연주의 병행과제에 어려움을 보이면 두 그룹으로 나누어 한 활동씩만 집중하도록 하고, 수행정도에 따라 손 신호와 언어힌트 제공을 결정한다. 12. 활동수행에 대하여 강화하고 즐겁고 의미 있는 시간이었음에 감사를 전한다.	노래 부르기 연주활동
	굿바이송	Good-bye song을 부르며 세션을 마무리한다.	노래 부르기
소요시간		40~50분	
준비물		음원 및 영상, 기호악보, 가사보, 소고, 심벌, 마라카스, 윈드차임, 기타(키보드)	
치료적 의미		1. 동영상을 활용한 음악감상은 시청각 정보로서 집중을 방해하는 다른 시각적 자극을 차단시켜 집중에 도움을 주며, 감상곡에 대한 이해와 심미감을 높인다. 2. 연주과제 음악을 미리 감상하는 것은 정보 최적화에 도움을 주어 과제수행에 집중하도록 한다. 3. 배경음악으로 사용하는 전문연주단의 음악은 클라이언트 연주의 완성도를 보완하여 심미적 만족감을 경험하게 한다. 4. 노래 부르기와 연주의 병행활동에서 친숙한 노래 사용은 노래 수행에 대한 부담을 감소시켜 연주에 집중하도록 돕는다. 5. 각각 다른 과제가 주어진 모둠별 활동은 모둠 구성원에게 소속감과 응집력, 일체감을 일으켜 과제수행에 더욱 집중하도록 돕는다. 6. 손 신호보다 조금 앞서 안내되는 언어힌트는 과제에 대한 자신감을 제공하여 더욱 집중하도록 돕는다. 7. 기능에 적합한 리듬악기와 고정박 리듬패턴 연주는 인지적인 주의를 기울이지 않아도 되어 방해받지 않고 과제수행에 집중하도록 돕는다.	

표 5-2 치매 노인 집단 음악치료 프로그램의 예 2

대상		대집단(경증 치매 노인)	
제목		너영나영	
목적		긍정적 교류 증진	
절차 및 내용	절차	활동내용	활동방법
	헬로송	Hello song을 부르며 클라이언트를 반긴다.	노래 부르기
	도입 활동	1. 〈너영나영〉(제주민요)을 부른다. 이때 '너영나영'이라는 단어를 설명하며 세션 목적을 간접적으로 제시한다. "제주도 방언 중에 '너영나영'이라는 말이 있습니다. 너랑 나랑, 너하고 나하고 '함께 어울린다'는 의미를 지닌 아름다운 우리말이죠. 오늘 저와 우리 어머님, 아버님께서 너영나영, 음악과 함께 즐거운 시간 보내시면 좋겠습니다."	노래 부르기
		2. 〈오! 샹젤리제〉(샹송)를 소개하고, 노랫말을 소리 내어 읽은 후 후렴구만 노래 부른다. "멋진 일이 생길 것 같은 화사하고 맑은 날입니다. 오늘 감상하실 곡은 조 다생이 부른 〈오! 샹젤리제〉인데요, 먼저 노랫말을 크게 읽어 보시겠습니다. (가사 소리 내어 읽기) 들어 본 기억이 있으시죠? 후렴구를 저와 같이 두세 번 반복하여 불러 보시겠습니다. '언제나 무언가 멋진 일이 우리를 기다려 오! 음악시간~'" 3. 오케스트라와 합창단이 연주한 〈오! 샹젤리제〉를 감상한다. 이 시간을 통해 서로 따뜻한 마음을 주고받아 행복해지는 멋진 일이 일어나기를 바라는 마음을 전달한다. "〈오! 샹젤리제〉는 아름다운 샹젤리제 거리에서 사람들과 함께하는 기분 좋은 순간을 노래하고 있습니다. 우리 만나 노래하는 기다려지는 이 시간, 서로 반기시고 손도 잡으시며 마음을 나누는 멋지고 행복한 시간 만들어 주셔서 감사드립니다. 〈오! 샹젤리제〉 감상하시겠습니다."	감상활동
	본 활동	4. 〈짝사랑〉(바블껌)을 노래 부른다. "저는 늘 아버님, 어머님과 함께 부를 노래들을 준비하면서 기대감으로 설렙니다. 어머님, 아버님께서도 같은 마음이시죠? 이 노래가 우리의 마음과 닮아 있는 것 같습니다. 노래를 부르시면서 서로의 마음을 느껴 보시면 좋겠습니다." 5. 〈짝사랑〉(바블껌)을 부르며 특정 가사에서 손동작을 표현하며 마음을 주고받는다. "우리는 사랑하는 마음을 손과 팔로 이렇게 만들어 전합니다. 손가락 하트, 손 하트, 팔 하트⋯⋯ 한번 만들어 보세요. 그리고 옆의 분께도 보여 드리세요. 〈짝사랑〉을 부르시면서 빨강색 하트가 그려져 있는 가사에서 하트 동작을 만들어 옆의 분께 전하시면 좋겠습니다. 제게도 보여 주시구요."	노래 부르기 신체활동

절차 및 내용	본 활동	6. 〈누이〉(설운도)의 내용을 소개하고 노래 부른다. "이번에는 설운도 님의 〈누이〉를 불러 보실 건데요, 설운도 님은 힘들고 외로울 때 위로하며 감싸 준 누이에게 사랑과 감사의 마음을 전하고 있습니다. 평상시에는 표현하지 못했지만, 오늘은 늘 곁에서 내 맘을 알아주고 보살펴 주고 힘을 주는 고마운 분들께 사랑과 감사의 마음을 전하고 싶습니다. 어머님, 아버님, 그리고 선생님~ 사랑합니다! 감사합니다! 〈누이〉, 부르시겠습니다." 7. 〈누이〉(설운도)를 부르며 특정 가사(예쁜 미소, 예쁜 마음, 예쁜 눈빛)의 동작을 프로그램실 내의 모든 참여자(클라이언트와 간병인, 사회복지사, 보호자)가 서로 교류하도록 시범을 보이며 인도한다.	노래 부르기 신체활동
		8. 〈그대 없이는 못 살아〉(패티김)를 부르며 리듬스틱을 연주한다. "이렇게 사랑과 감사의 마음을 몸으로 표현하고 나니 좋아한다고, 사랑한다고 큰 소리로 외치고 싶습니다. 가사에 표시된 부분에서 그 숫자만큼 리듬스틱을 연주해 주세요. 기호가 한 개일 때 한 번 짝, 기호가 두 개일 때 두 번 짝짝, 기호가 세 개일 때 세 번 짝짝짝…… 이렇게 연주하시면 됩니다. 〈그대 없이는 못 살아〉 부르시겠습니다."	노래 부르기 연주활동
		9. 〈유정천리〉(박재홍)를 노래 부르며 소고연주를 한다. "이번에는 박재홍 님의 〈유정천리〉를 부르고자 합니다. 제가 아주 좋아하는 곡인데요, 짧은 구절 안에 삶의 진리가 담겨 있어 저에게 큰 가르침을 주는 노래입니다. 살면서 문제 하나를 해결하고 나면 또다시 새로운 문제가…… 이렇게 인생길은 가도 가도 끝이 없습니다. 이 길에서 정을 나누면 꽃이 피는 봄처럼 따뜻하고 정 없이 사는 길은 눈 내리는 추운 겨울과 같다는 명쾌한 진리가 담긴 이 노래는 우리를 사로잡습니다. 나눠 드린 소고를 마음껏 두드려 보시기 바랍니다. 자, 이렇게 연주해 보실까요?…… 리듬 따라 치기…… 제가 소고를 앞에 들면 이 리듬을 한 번만, 이렇게 위로 들면 두 번을 연주해 주십니다. 그럼 소고를 치시면서 〈유정천리〉 불러 보시겠습니다." 10. "와~ 마음도 후끈 몸도 후끈해졌습니다. 오늘 음악도 들으시고 노래도 부르시며 사랑과 감사의 마음을 나누시는 모습에 정말 기쁘고 행복했습니다. 아버님, 어머님께서도 그러시죠? 이 행복한 기분 그대로 가지고 가셔서 한 주일 동안 기쁜 시간 보내시길 바랍니다. 감사합니다."	노래 부르기 연주활동
	굿바이 송	Good-bye song을 부르며 세션을 마무리한다.	노래 부르기
소요시간		40~50분	

준비물	동영상, 음원, 가사악보(PPT), 스피커, 기타, 키보드, 소고, 리듬스틱 등
치료적 의미	1. 친숙한 노래는 가사와 음악에 대한 인지적 작업이 생략되어 긴장감 없이 노래에 집중하게 한다. 이러한 집중상태는 노래에 담긴 감정을 솔직하고 자유롭게 표현하도록 돕는다. 2. 밝고 친숙한 음악과 타인과의 긍정적 교류를 지지하는 가사는 동기를 일으켜 교류적 과제에 적극적으로 참여하도록 이끈다. 3. 노랫말과 관련된 동작과제는 표현을 자연스럽게 유도하여 교류를 촉진시킨다. 4. 관계에 대한 성찰이 담긴 가사는 내적 동기를 불러일으켜 일상의 일반화에 도움을 준다. 5. 집단 악기연주는 하나가 되는 즐거움을 경험하게 하고 공동체의 구성원으로서 소속감과 일체감을 경험하게 한다.

4. 치매 노인을 위한 음악치료 사례

사례 1 치매 노인의 긍정적 자기인식 및 자신감 향상을 위한 음악치료

프로그램명: 치매 노인의 긍정적 자기인식 및 자신감 향상을 위한 음악치료

글: 음악치료사 이승윤

기간: 2017년 9월 13일~2018년 2월 2일(총 35회기)

치료사 소개

음악치료사 이승윤은 삼성 노블카운티 인턴 수련과정을 수료한 후 숙명여자대학교에서 음악치료 석사학위를 취득하였으며 현재 보바스 기념 병원, 더 시그넘 하우스 및 다수의 치매안심센터에서 일반 노인 및 치매, 노인성 질환 환자를 대상으로 음악치료를 진행하고 있다.

참여자 소개

알츠하이머병 진단을 받은 87세 남성으로 양호한 수준의 ADL(일상생활능력)을 갖추었으나 지남력 및 언어능력(언어 유추 및 즉각적 산출)이 저하되어 있었다. 이에 따른 심리적 위축으로 인해 본인의 능력에 대하여 부정적으로 인식하고 매사에 자신감이 결여되어 수동적인 태도를 보이는 상태로 음악치료에 의뢰되었다.

주요 내용

참여자 연령과 선호를 고려한 친숙한 노래 부르기 및 구조적 악기연주, 선호 음악 감상을 활용하여 긍정적 자기인식 및 자신감 향상을 목적으로 치료를 진행하였다.

진행과정

세션 초기 참여자의 선호와 심리상태를 고려하여 음악감상, 치료사가 소개한 노래 듣고 부르기 등 주로 수용적 기법을 사용한 세션을 진행하였으며 차츰 간단한 노래 만들기(song writing)와 악기연주를 활용하여 참여자의 능동적 참여기회를 확장해 나갔다. 참여자의 연령을 고려하여 1940~1960년대 노래를 활용한 노래 토의(song discussion), 노래 회상(song reminiscence)을 통해 자신의 감정, 상황을 돌이켜 보고 표현할 수 있도록 유도하였으며 적절한 수준의 과제를 단계적으로 제시하고 해결해 감으로써 적극적 참여를 이끌고 만족감과 자신감을 회복할 수 있도록 지원하였다. 세션은 주 2회, 30분, 총 35회가 진행되었다.

사례

첫 만남, 난 이런 거 못 하는데……

햇빛이 잘 드는 방 한편에서 멀리 창밖을 바라보고 있는 P와 처음 만났다. 낯선 이의 갑작스런 방문 때문인지 당황하는 기색이 역력하였다. 음악치료에 대하여 설명하며 앞으로 음악으로 즐거운 시간을 함께하자는 치료사의 말에 "어떻게 하는 거지? 난 잘 몰라서 못 하는데."라고 대답하였다. 첫 세션을 시작하며 동요 〈반달〉을 소개하고 가사를 제시했을 때 P는 "이거 모르는 노래인데."라고 말하며 어색해하였다. 그러나 치료사가 먼저 선창하여 곡의 절반 정도를 부를 즈음 조그맣게 소리를 내어 따라 불렀다. 계속해서 잘 알려진 노래들을 치료사가 이어 부를 때마다 "모르는 것 같은데."라는 반응과 작게 입술을 움직이며 따라 부르는 모습이 반복되었으며 노래가 끝나고 나면 한두 곡 정도에 대해서는 "들어 본 것 같네요."라고 말하였다.

4회기의 진단평가 기간 동안 P가 선호하고 비교적 친숙하게 여기는 노래를 활용하여 세션에 대한 심적 부담을 감소시키는 데 초점을 두며 진행하였다. P는 30분의 세션에 배회나 집중력 저하 없이 지속적이며 안정적으로 참여할 수 있었으며 상지 가동범위 및 악력, 발화, 청각, 시각 등의 신체적 기능이 음악치료를 진행하는 데 큰 어려움이 없는 수준으로 관찰되었다. 그러나 치료사를 정확히 인지하지 못하고 매 시간 세션에 대한 설명 및 참여권유의 과정이 필요하였으며 치료사와의 간단한 대화는 가능하나 먼저 대화를 시도하기보다는 치료사의 질문에 단답형으로 대답하는 데 그쳤다. 음악에 흥미를 보임에도 불구하고 치료사가 제시하는 노래, 악기연주, 과제 등에 대하여 "난 할 줄 모르는데." "선생님이 해 보세요." 등 자신 없고 수동적인 모습을 보였으며 본인의 느낌에 대하여 "들어 봤죠." "글쎄요." 등과 같이 한두 단어 정도로만 표현하였다. 이와 같은 관찰을 근거로 하여 이후에 개입되는 중재는 P의 긍정적 자기인식 및 자신감 향상에 목적을 두고 세션을 진행하고자 하였다.

음악감상과 노래, 마음을 여는 도구

진단평가 이후 P는 서서히 음악치료와 치료사에 대하여 부분적으로 인지하기 시작하였다. 주어진 과제에 대하여 여전히 자신 없음을 표현하고 있으나 치료사의 인도에 대체로 순응하여 참여하는 모습을 보였으며 세션이 거듭될수록 미세하게나마 긍정적 반응들이 관찰되기 시작하였다. 친숙하게 느끼는 노래를 부를 때에는 얼굴에 살짝 미소를 짓는가 하면 손가락을 조금씩 움직이며 박자를 맞추기도 하고 소리를 내어 노래를 따라 부르기도 하였다. 이와 다르게 터치벨과 같은 악기연주에서는 제시된 악보대로 그리고 정해진 박자대로 연주하는 데 어려움을 보였고, 연주 후 악기에서 손을 바로 떼면서 "어렵네."라고 말하였다. 그러나 언어적 측면에서 볼 때 "소리가 이쁘네." 혹은 "좋네요. 재밌네." 등 P의 생각과 느낌에 대한 자발적 표현은 조금씩 증가하였다.

세션 8회기, P는 루치아노 파바로티, 플라시도 도밍고, 호세 카레라스가 함께 부르는 〈O Sole Mio〉를 감상한 후 처음으로 "하하하" 소리를 내어 웃으며 "예전에 많이 들었어. 좋은 곡이야."라고 말하였다. 다른 활동에서는 보이지 않았던 적극적인 반응을 강화하기 위해 한 곡 더 감상할 것을 권유하며 〈My Way〉를 감상하였다. P는 "좋은 노래지. 많이 불렀어, 옛날에."라며 눈시울을 적셨다. 이후 음악감상 시 표정의 변화와 만족감에 대한 표현이 눈에 띄게 다양해졌으며 P는 한 세션에서 여러 곡을 감상하거나 한 곡을 여러 번 반복하여 감상하자며 원하는 바를 치료사에게 제안하는 모습을 보였다.

세션 10회기가 지나면서 P는 노래에 대한 감정이나 가사 내용에 대한 생각을 치료사와 점차 활발하게 소통해 가는 양상을 보였다. 가사를 읽으면서 잠시 생각에 잠기거나 가사에 대한 생각을 간단히 이야기할 때도 있었다. 〈갈대의 순정〉을 부른 뒤 P는 "남자들도 마음이 약해질 때가 있지. 나도 그렇지."라며 어색한 듯 미소를 보였고, 〈빨간 구두 아가씨〉 노래 후에는 "아가씨가 어디 혼자 가나?" 하고 치료사에게 질문하기도 하였다. "빨간 구두 신어 볼 기회가 생기면 신어 보시겠어요?" 하고 질문하였을 때 P는 "빨간 구두 좋지. 검정색은 너무 평범하잖아. 빨간색은 개성이 있잖아."라고 대답하였다.

세션 13회기, 가을과 추석에 대하여 사진과 노래를 통해 탐색하고, 민요 〈쾌지나 칭칭 나네〉를 활용하여 간단한 노래 만들기를 시도하였다. 단어를 기억하고 산출하는 데 어려움이 있었지만 충분한 시간을 할애한 후 가을에 대한 가사로 채워 넣기에 성공하였다. 완성된 노래를 함께 부른 후 P는 "노래 만들었네!"라면서 환한 웃음을 보였으며 치료실을 나서면서도 노래 만들기에 사용했던 단어들을 천천히 회상하고 말하는 모습을 보였다. 치료사가 소개하는 노래를 함께 불러 보기만 했던 초기의 수동적인 모습에서 "잘 모르지만 해 볼까?"라는 의욕과 P의 생각과 선택이 담긴 세션으로 점차 변화하고 있었다.

악기연주, 자발적 참여로의 변화

중재 후기(24회기~35회기)로 넘어가면서 P의 자발적이고 적극적인 시도가 눈에 띄게 증가하였다. 감상과 노래 부르기 위주로 진행되었던 중기 세션과 달리 후기에는 악기연주에 대한 선호가 높아졌으며 보다 나은 연주를 위해 노력하는 P의 모습을 볼 수 있었다.

세션 24회기, 23회기에서 수행했던 〈라데츠키 행진곡〉 재창조 연주를 복습하였다. P는 지난 시간에 했던 활동을 기억하지는 못했지만 전 시간보다 더 안정적으로 연주하였으므로 기호 악보를 보며 북과 심벌즈를 연주하도록 음악적 확장을 시도하였다. P는 약간의 리듬 변화에 혼란스러워하며 집중력이 다소 떨어졌으나 연습 후 비교적 높은 수행 정확도를 보였으며 환하게 웃으며 "재밌다. 한 번 더 해 볼까?"라고 말하며 흥미를 보였다. 연주를 녹음하여 함께 들어 본 후 P는 뭔가 잘 맞지 않는 것 같다며 불만족감을 표현하였다. 다시 한번 녹음하여 듣고서 P는 본인의 연주를 80점으로 평가하고 "아까보다는 그래도 잘 맞은 것 같아."라고 말하였다.

세션 28회기, 〈Auld Lang Syne〉에 맞춘 공명실로폰 연주에서 P는 치료사의 간단한 설명 후 스스로 연주방법을 고민하고 연습하는 모습을 보였다. 또 치료사에게 본인이 제대로 하고 있는지 계속 질문하고 확인하였다. 30분의 세션 시간이 지나감을 아쉬워하고 더 연습하고 싶다고 이야기하였다. 제시된 과제를 수행하자마자 바로 악기에서 손을 떼고 멈추었던 초반과는 확연하게 달라진 모습을 관찰할 수 있었다.

세션 32회기, 치료사가 제시한 서로 다른 네 가지 리듬을 〈첨밀밀〉에 맞추어 순서대로 연주하는 활동이었다. 초반에는 리듬 순서, 즉각적인 리듬 변화 등을 인지하는 데 어려움을 보였으나 모방을 통한 반복 학습과 반복 수정의 과정을 거쳐 처음부터 끝까지 실수 없이 연주가 가능해졌다. P는 "이렇게 자주 공부하면 정말 좋겠네."라고 말했다. 치료사가 "할 만하셨어요?"라고 질문하자 P는 "쉬웠어요."라고 대답하였다. 치료사의 개입 없이 악보를 보며 연습하고 자신의 연주를 평가하고 보다 완성도를 높이고자 하는 P의 자발적 노력이 점차 빛을 발하고 있었다.

마무리, 어려워도 재밌어……

세션 35회기, 〈고향의 봄〉의 1절 가사 중 일부를 빈칸으로 제시하고 가사 채워 넣기를 해 보았다. 보기가 주어지지 않은 상태에서 단어를 유추하는 데 약간의 시간 지연을 보였지만 세 번의 반복 후 정확한 박자로 완벽하게 1절을 노래할 수 있었다. "어렵긴 하지만 이거 재밌네." P는 〈서울 야곡〉에 나오는 서울의 지명과 우리나라 여러 지역에 관해 이야기하면서 자신이 과거 군인이었고 "그때 참 재밌었지. 사람들이 나한테 참 잘해 줬어."라면서 거수경례 시범도 보여 주었다. P와의 마지막 세션은 군인 재직 당시의 이야기와 가족 이야기를 자발적으로 풀어내었고 치료사의 공감과 경의에 만족하는 듯 밝게 웃으며 마무리되었다.

P는 세션 회기가 거듭되고 치료사와의 라포형성이 안정적으로 이루어지면서 부정적이고 낮은 자신감의 경향을 보였던 언어표현이 긍정적이며 자신감 있는 표현으로 풍부하게 변화하였으며 스스로 다음 활동을 제시하거나 부족한 부분을 연습하여 발전해 가려는 노력을 보였다. 세션 외의 시간에도 P는 치료사와의 시간을 기억하고 만남을 위하여 치료실을 방문하는 등 음악치료에 참석하기 전보다 능동적인 태도와 밝은 표정을 보였고, 음악치료 이외의 다른 프로그램에도 적극적으로 참여하는 모습을 보였다.

임상에서 고려할 점

기억장애라는 치매의 주요 증상으로 인하여 치매 노인은 일반적으로 치료사와 음악치료 세션을 기억하지 못할 수 있으며 이전 시간의 활동에 대하여 인지하지 못하는 경우가 많다. 치료사가 무심코 이전의 만남이나 세션 내용에 관하여 언급할 경우 클라이언트가 당황하거나 무안해할 수 있으므로 신중해야 한다. 그러나 클라이언트가 이전 세션 내용을 기억하지 못하더라도 신체·운동·감각으로 학습된 능력은 어느 정도 유지될 수 있으므로 클라이언트의 수행정도를 살펴 적절히 다음 단계의 과제를 제시하여야 한다. 치매 환자의 음악적 수행능력이 발전할 수 있도록 과제를 반복하고 수준을 조금씩 높여 가는 것도 필요하다. 또한 치매 노인과의 개인세션에서 '기다림'은 치료사와 클라이언트와의 관계형성 및 편안하고 수용적인 환경 조성에 중요한 역할을 한다. 생각과 감정에 대한 적절한 언어표현이 잘 되지 않아 머뭇거리는 경우가 많으며 대답을 원하지 않을 수도 있으므로 음악감상 등 활동수행 이후 클라이언트가 생각에 잠기거나 눈물을 흘릴 때 무조건 그 이유를 묻기보다는 상황에 따라 충분히 그 안에 머무를 수 있도록 기다려 주며 오히려 그 모습에 대해서 강화하고 자연스럽게 다음 활동으로 넘어가는 것이 좋다.

사례 2 치매 노인의 기억력 향상을 위한 음악치료

프로그램명: 치매 노인의 기억력 향상을 위한 음악치료

글: 음악치료사 주은혜

기간: 2017년 10월~2018년 2월(총 21회기)

치료사 소개

음악치료사 주은혜는 숙명여자대학교 음악치료대학원에서 석사학위를 받고 현재 서울 및 용인, 성남지역 치매안심센터와 장기요양시설 등에서 음악치료사로 활동하고 있다.

참여자 소개

참여자 K는 경기도 용인시 소재 N요양시설에 거주하고 있는 89세의 여성으로 알츠하이머병으로 진단받은 지 6년 되었다. 고졸 학력으로 학창시절 친구들과 함께 불렀던 가요 부르기를 좋아하였다. 알츠하이머병의 대표 증상인 인지장애 중 치료사와의 음악활동과 치료사를 기억하지 못하는 등의 기억장애 증상이 특히 두드러졌다. 신체적 운동기술은 보조기를 이용하여 타인의 도움 없이 보행이 가능한 정도였고, 근력 약화로 손가락 사용에 불편감을 보였다. 노화에 의한 청력감소로 가까운 거리에서 다소 큰 소리로 말을 해야 인식할 수 있으나, 대화내용을 이해하고 표현하는 의사소통에는 큰 어려움을 보이지 않았다.

주요 내용

음악치료는 기억력 향상을 목적으로 노래 부르기와 악기연주 위주로 진행되었다. 진단평가 기간에 K는 음악활동에 대한 거부감과 불편감을 전혀 보이지 않고 추

억이 담긴 노래를 선호하며 노래 부르기 전과 후에 가사 읽어 보는 것을 좋아하였다. 시각적으로 색깔이 예쁘거나 청각적으로 소리가 맑은 악기에 호기심을 보이며, 특히 인지적 악기연주활동에 자발적이고 의욕적으로 참여하는 모습을 보였다. 기억력 향상을 성취하기 위해 K의 선호가 충분히 고려된 활동을 계획하였는데 시각, 청각 및 촉각을 고루 사용하는 선율악기의 구조적 악기연주와 함께 선호하는 노래 부르기를 적절히 배분하여 음악활동에 흥미를 유지하도록 진행하였다.

진행과정

세션은 주 2회, 30분, 총 21회가 진행되었으며, 노래 부르기와 선율악기연주 중심으로 진행되었다. 기억력 향상에 목적을 둔 노래 부르기에서는 주로 1930년대부터 1960년대까지의 가요를 사용하여 노래 부르기와 함께 이야기 나누기, 가사 기억하기 등의 방법을 연결하였으며 노래가 끝나면 즉시 제목과 가수를 상기시키고 매 회기 세션의 마무리 단계에서 활동내용에 대하여 회상하고 정리하는 시간을 가졌다. 선율악기연주는 K가 유년시절에 접했던 친숙한 동요를 사용하였다. 중재 초기 세션(5~10회기)에서는 처음 보는 악기에 대한 탐색과 악기연주법을 익히는 것에 초점을 두었으며, 중기 세션(11~15회기)에서는 주로 사용하는 손과 양손 멜로디 연주, 후기 세션(16~21회기)에서는 악기의 개수를 늘려 양손을 사용하는 방법으로 단계적으로 확장하여 진행하였다.

사례

첫 만남, 참 좋다!

음악치료실에서 처음 마주한 K는 몇 년 전 돌아가신 치료사의 할머니와 비슷한 인상을 풍겼다. 옆집 할머니와 같이 주변에서 흔히 볼 수 있는 편안한 인상의 어르신이었다. 첫 시간, 음악적 선호도를 파악하기 위해 어떤 노래를 좋아하는지에 대한 치료사의 질문에 "몰라…… 나 같은 사람들은 고향을 떠나와서 〈타향살이〉 같은 노래를 들으면 고향 생각이 나지……"라고 대답하며 먼저 고향에 대해 언급하였다. 보통 가벼운 정도의 치매 어르신은 고향이 생각나는 노래나 고향에 관한 이야기를 꺼내게 되면 찾아갈 수 없다는 슬픔으로 눈물을 보이는 경우가 많아서 치료사가 먼저 이야기를 꺼내기가 조심스럽고 민감한 부분이다. 하지만 K는 먼저 고향에 관한 이야기를 하고 고향이 생각나는 노래가 좋다고 표현하니 편하게 노래를 시작할 수 있었다. 치료사가 한 소절씩 가사를 제시하며 노래를 시작하자, 눈을 감고 노래를 따라 부르기도 하고 스스로 노랫말을 기억해 내기도 했다. 떨렸던 첫 시간의 피드백은 '참 좋다'는 긍정적 반응이었고 그래서 앞으로의 만남이 더욱 기대되었다.

기억하지 못하는 만남의 반복

사흘 후 음악치료 시간에 맞춰 K를 만나러 갔을 때 K는 치료사를 기억하지 못하였고, 자발적으로 좋다고 표현했던 시간 또한 전혀 기억하지 못하였다. 다시 처음 만남처럼 세션은 시작되었다. 공명실로폰 5개를 제시하고 연주방법을 간단히 설명하자 K는 오른손으로 채를 잡고 손을 떨며 아주 약하게 연주를 했다. 건반마다 각기 다른 소리를 들려주자 무척 신기해하며 "소리가 참 좋네."라고 말하였다. 정면으로 보이는 화면에 간단한 색깔 악보를 띄운 후, 악보를 보며 연주하도록 안내하였다. 화면에 나타난 색깔악보를 보면서 동시에 그 색을 찾아 연주하는 것은 어려워 보였으며, 손의 떨림으로 인해 악기소리를 제대로 내는 것도 힘들어 보였다. 치료사가 아주 천천히 노래에 맞춰 연주해야 할 실로폰을 손으로 가리키자 K는 작은 소리를 내며 연주하였다. 첫 연주 후 K는 "재밌네. 한 번 더 하자."라고 말하면서 적극적인 모습을 보이기 시작하였다.

이후 세션(4~5회기)에서 터치 핸드벨을 제시하자 K는 알록달록 예쁘다며 처음 보는 것처럼 호기심을 표현하고, 소리를 들은 후 "고것 참 희한하네."라고 말하며 놀라는 표정을 보였다. 근육이 약해진 검지손가락을 이용해 터치 핸드벨을 누르는 모습을 보고 치료사가 손바닥을 사용하는 방법을 시범 보이자 K는 바로 손바닥으로 연주하지만 곧 잊어버리고 다시 검지손가락을 이용해 누르는 모습이 반복되었다. 또 노래가 끝날 때마다 터치 핸드벨의 갯수를 확인하며 "그것 참 예쁘네."라고 반복하기도 하였다. "다른 노래도 이것만 있으면 할 수 있겠다"는 K의 제안에 동요 〈작은 별〉과 〈학교종〉을 연주하도록 인도하자 적극적으로 수행하는 모습을 보였다. 일단 K의 악기에 대한 호기심과 관심이 활동참여에 대한 흥미를 유발하고 지속하는 세션이었다. 다음 시간에도 치료사를 기억하길, 이 시간을 기억하길 바라는 마음으로 종료하였다. 하지만 그 후로도 K는 음악치료실에 들어올 때 "난 여기 처음 와 봐."라고 하였고, 세션 종료 후 치료실을 나갈 때는 만족감을 표현하는, 기억하지 못하는 만남이 반복되었다.

여기 몇 번 왔었지!

그렇게 세션이 반복되다가 초기 세션의 후반부(8회기)에 접어들 무렵 치료실에 들어온 K는

"여기 몇 번 왔었지."라며 지난 음악치료 시간의 만남을 기억하기 시작하였고 치료사를 알아보는 횟수도 점점 잦아졌다. K는 노래 부르기 전, 노래의 제목과 가사를 살펴본 후 대부분 무슨 노래인지 잘 모른다고 하지만, 막상 노래를 시작하면 정확한 멜로디와 박자로 노래를 부르는 경우가 많았다. 반면, 〈애수의 소야곡〉은 제목만 보고도 어떤 노래인지 아는 듯한 표정이어서 "이 노래, 인기 많았었죠?"라고 질문을 하니 "그때 다 부르고 다녔지."라며 당시를 회상하기 시작하였다. 친구들과 모여서 많이 부르던 노래였고 인기가 대단했다고 하며 잠시 추억에 잠기기도 하였다. "노래를 부르면 얄궂은 생각이 없어져. 참 희한하지?"라며 치료사에게 음악의 힘에 대해 되묻기도 하였고, 서서히 지난 음악치료 시간을 기억하고 또 앞으로의 시간에 대해 기대감을 보이기 시작하였다. K는 그 이후로 치료실을 나갈 때 다음 시간을 기대하는 듯 오늘의 요일과 다음 음악치료가 진행되는 요일을 몇 번이고 꼭 확인하였다.

내 자신에게 감사해

중기 세션(13회기)에서, K의 편의를 고려하여 A4용지에 출력한 동요 〈눈꽃송이〉의 색깔 악보를 책상 위에 놓고 그 위에 4개의 터치 핸드벨을 배치한 후 왼손 2개, 오른손 2개씩 연주하는 것을 시도하였다. 하지만 수행이 원활하지 않아 2개를 회수하여 치료사가 연주하고 K에게 왼손 1개, 오른손 1개를 재배치한 후 양손을 쓰며 연주하도록 인도하였다. 노래를 부르는 동시에 색깔을 찾아 연주하는 중복과제가 쉬운 활동은 아니기에 처음에는 치료사가 K의 손을 잡고 같이 연주하였다. 하지만 연주 횟수가 늘어날수록 앞에 놓인 색깔 악보를 직접 보며 연주하기 시작했고 양손을 번갈아 사용하는 것도 익숙해지기 시작하였다. 여느 때와 같이 "재밌다." "또 해 보자."

라며 적극적인 모습을 보였다. 세션 종료 시간이 되어 "시간이 너무 빨리 가는 것 같죠?"라고 묻자, "빨리 가는 정도가 아니라 잠깐 앉아 있다 가는 것 같네."라며 아쉬움을 표현하였다. 그래서 K가 좋아하는 노래를 한 곡 더 부르고 세션을 종료했을 때 "가슴이 시원하다."라며 치료사에게 고맙다고 인사하였다. 그 이후 후기 세션(19회기)에서 K는 중기 세션에서 낮은 수준의 수행도를 보이던 활동인 왼손 2개, 오른손 2개씩의 악기를 사용하는 연주가 가능해졌다. 직접 악보를 보면서 노래를 부르면서 말이다. 세션 종료 후 다음 시간을 약속하자 K는 치료사를 보며 "참 좋네. 내 자신에게 감사해. 이제 낯도 익어."라고 말했다. K는 회기가 거듭될수록 치료사와 지난 음악 활동의 즐거움을 좀 더 쉽게 기억해 냈으며 만족감을 나타내는 언어표현이 증가하는 등 긍정적인 변화의 모습을 보였다.

임상에서 고려할 점

요양시설에 거주하고 계신 치매 어르신은 그날의 컨디션에 따라 계획했던 활동을 하지 못하는 경우가 많다. 치료사가 그날 노래 부르기 활동과 악기연주활동을 준비했더라도 때에 따라서는 감상활동만 하게 되는 경우도 있고 또 본인이 원해서 아니면 다른 사정상 참여하지 못하는 경우도 종종 발생한다. 게다가 앞의 사례와 같이 만족감을 표현할 만큼 음악과 함께 좋은 시간을 보내고 난 후, 그 시간을 기억하지 못하는 경우도 종종 있기 때문에 세션의 전체적 진행이 느릴 수밖에 없다. 치료사가 계획했던 활동을 모두 진행하지 못했더라도 조급한 마음을 버리고 반복하며 인지적 자극을 주는 것이 치매 어르신에게 도움이 된다. 또한 인지적 자극을 위해 프로그램을 인지적인 활동으로만 구성하여 진행하게 되면 클라이언트가 활동에 대한 흥미를 잃게 될 수도 있고 치료시간을 아예 회피할 수도 있으므로 음악적 즐거움 중심으로 클라이언트의 반응에 따라 적절히 조절하는 것이 중요하다.

사례 3 치매 노인의 어휘산출을 위한 노래감상 중심 음악치료 ♫

프로그램명: 치매 노인의 어휘산출을 위한 노래감상 중심 음악치료

글: 음악치료사 박동화

기간: 2018년 2월 20일~2018년 3월 23일

치료사 소개

음악치료사 박동화는 숙명여자대학교 음악치료대학원에서 석사학위를 받았고, 현재 동대문구 치매안심센터에서 풀타임 음악치료사로 일하고 있다.

참여자 소개

참여자는 경기도 의정부 소재 M 요양원과 H 요양원에 거주하고 있는 남녀 치매 노인 93명으로서 알츠하이머병과 혈관치매, 기타 질병에 의한 치매가 진행 중이며, 대부분 중등도 이상의 단계이다. 이 중 한 번도 결석하지 않고 참여한 84명(남 22명, 여 62명/평균 82세)의 데이터를 분석하였다.

주요 내용

치매로 인해 언어기능은 손상되기 시작하여 점차 손상 영역이 광범위해진다. 정확한 단어가 떠오르지 않는 증상에서부터 '예' 등의 짧은 답을 하다가 혼자 웅얼거리거나 전혀 말을 하지 못하는 상태로 증상이 악화된다. 언어는 자신을 표현하고 다른 사람과 소통할 수 있는 중요한 통로이다. 또 발음 및 발화는 조음기관과 장기를 운동시켜 체내 순환 및 발산을 돕고 특히 뇌의 일부 영역을 활성화시킨다. 이에 노래감상 중심 음악치료가 치매 노인의 점차 소실되어 가는 언어기능에 긍정적인 영향을 줄 수 있는가를 알아보기 위해 연구를 수행하였다. 참여자 대부분이 중등도 이상의 진행단계라는 점을 고려하여 능동적인 방법보다 수동적인 방법인 음악감상을 적용하였고, 감상음악은 참여자가 선호하는 노래를 사용하였으며, 노래감상 중 자연스럽게 따라 부르는 것을 허용하여 노래를 감상한 후 참여자의 어휘산출 결과를 분석하였다. 연구 결과, 노래감상에 참여한 실험집단의 어휘산출 횟수가 통제집단보다 유의미하게 증가되어 노래감상 중심 음악치료는 치매 노인의 어휘산출에 효과적인 활동임을 확인하였다.

진행과정

2018년 2월 20일부터 3월 23일까지 총 10회기 동안 주 2회, 매회 40분씩 진행되었다. 참여자 개별 인터뷰와 사전검사를 실시한 후 참여자를 동일한 두 집단으로 나누었다. 한 집단은 실험집단으로서 매회 5곡의 노래를 감상하였고, 다른 한 집단은

그 시절 이야기

A는 뇌졸중으로 쓰러진 후 두 번의 뇌수술을 받았고, 중등도 단계인 CDR 2의 혈관치매로 진단받았다. 뇌졸중의 후유증으로 좌측 편마비가 있어 거동이 불편하고 이동은 지팡이 등 보조기구의 도움을 받았다. 발화에는 손상이 없었으나 평소 거의 말이 없고 우울증과 수면장애를 갖고 있었다.

가족 인터뷰에서 배우자와 4명의 자녀는 A의 선호 노래에 대해서 생각해 본 적이 없고 평소 음악을 즐겨 듣지 않았다는 답변만을 주어 A의 선호 노래를 파악하기 어려웠다. 세션 초반부에 A는 어떤 질문에도 "몰라." "기억이 안 나." 등 짧고 소극적인 언어적 반응을 보였다. 세션이 중반부에 이를 즈음, 배우자를 통해 〈바위고개〉를 선호한다는 정보를 얻게 되었고 즉시 다음 세션에서 감상노래로 사용하였다. "예전에는 직업이라는 게 마땅히 없어서 남의 집 머슴살이를 많이 했어. 그러면 돈 대신 쌀을 줬는데……"라며 치료사가 질문을 하기도 전에 언어적 반응을 보였고 이 노래를 계기로 선호 노래에 대한 정보를 더 얻게 되었다. 젊은 시절 좋아했다는 '노란 샤쓰의 사나이'를 감상한 후 "이 노래를 처음에 군대에서 들었어. 나는 고등학교밖에 못 나왔는데 당시 대학생이던 동기들이 이 노래에 얼마나 춤을 잘 추는지 나는 춤도 잘 못추고……" 노래를 들었던 그 시절의 이야기를 긴 문장으로 자연스럽게 회고하는 모습을 볼 수 있었다. A는 어휘산출 점수가 사전검사에서 11점이었는데 선호 노래를 감상한 후 평가된 산출점수는 25점이었다.

내가 되는 순간

B는 중증 단계인 CDR 3의 알츠하이머병으로 진단받았다. 인지기능이 매우 낮은 상태로 가족들의 얼굴을 가끔 알아보지 못하고 무감동, 무반응의 행동심리증상을 보였다. 일상생활 수행이 스스로는 불가능한 상태로 대부분의 시간을 누워서 천장만 바라보고 있거나, 침대형 휠체어에 앉아 멍하니 TV만 보고 있었다. 말을 붙이면 시선을 돌리지 않을 때가 많지만 컨디션이 좋을 때는 가끔 쳐다볼 때도 있었으며 혼자 중얼거리기도 했다.

B의 선호 노래를 보호자에게 요청했을 때 그들은 잊고 있었던 그녀의 젊은 시절을, 노래를 즐겨 부르던 그녀를 떠올릴 수 있었다고 하였다. B의 자녀들은 자신들에게 불러 주던 자장가도 기억해 냈다. 그녀는 젊은 시절 이미자를 좋아하여 〈섬마을 선생님〉을 하루에도 수십 번씩 불렀으며 잠을 재우기 위해 자녀에게 〈섬집 아기〉를 항상 불러 주었다고 했다. 휠체어에 앉아 있는 B에게 이 노래들을 들려 주자 따라 부르기 시작하더니 "아이고, 옛날에 많이도 불렀는데……" 한다.

통제집단으로서 차를 마시며 담소를 나누도록 하였다. 이후 사후 개별 인터뷰와 사후검사를 실시하였다.

선호 노래 조사는 의사소통이 가능한 참여자는 본인에게 물었고, 의사소통이 어려운 경우는 가족이나 시설관계자를 통해 조사하였다. 선호 노래 조사가 연구과정 중 가장 어려운 부분이었는데 대다수 참여자는 좋아하는 곡이 없다거나 다 좋아한다고 밝혔고, 가족들은 참여자의 선호 노래에 관해 생각해 본 적이 없었으며 시설관계자는 참여자의 나이와는 상관없이 기능 위주의 너무나 기초적인 동요를 선곡하였다. 조사과정을 통해 수집된 참여자의 선호 노래 중 국문 가사로 된 노래를 선곡하였다.

치매 노인의 언어기능은 일반적으로 사용되는 표준화된 언어검사를 통해 모두 알아내기가 어려우며, 때로는 유창하게 이야기를 잘한다는 인상을 받을 수도 있다. 따라서 치매 노인을 감별하고, 치매로 발생하는 언어적 변화를 조사하기 위해서는 담화 분석을 통한 발화의 양적·질적 평가가 필요하다. 본 연구에서는 어휘산출의 총 낱말 수뿐만 아니라 어휘산출의 다양도와 어휘의 총 산출점수를 비교하였다. 전체 낱말 수(Total Number of Words: TNW)는 발화되는 전체 낱말 수의 합을 말하며 이때 중복되는 어휘는 포함하였고, 다른 낱말 수(Number of Different Words: NDW)는 발화되는 전체 낱말 수의 합에서 중복되는 어휘를 제외하여 다른 낱말 수의 합을, 그리고 어휘의 총 산출점수는 발화될 때 자발적이거나 1차 질문에 반응하여 어휘를 산출한 경우 2점, 2차 질문에 반응하여 산출한 경우에 1점, 관련 없는 어휘나 상황에 부적절한 어휘를 산출한 경우 0점으로 채점한 모든 점수의 합으로 자료를 수집하였다.

사례

이 사례는 박동화(2018)의 석사학위논문의 연구과정에서 수집되었다. 연구를 통해 93명의 참여자를 만났는데 그중 눈에 띄는 데이터를 기록한 몇 명의 참여자를 소개하고자 한다.

또 〈앵두나무 처녀〉의 시작 부분인 "앵두나무 우물가에~"라고 하자 "동네 처녀 바람났네"라고 답변한다. 중증치매로 일상의 생기를 잃어버린 B에게 좋아했던 노래는 기억과 언어로 자신이 되게 하는 순간이었다. B는 사전검사에서 어휘산출점수가 1점에 불과하였는데 선호 노래를 감상한 후 산출한 어휘 점수는 10점으로 눈에 띄는 상향 변화를 보였다.

내가 육이오 때 징병 1기생인데~

C는 알츠하이머병으로 미약한 경도 단계인 CDR 0.5 수준이었다. 그럼에도 기억력과 지남력이 저하되어 요양원 안에서 자신의 방을 간혹 찾지 못했다. 불면증과 우울증상 그리고 배회증상과 같은 행동심리증상을 보였지만 일상생활능력은 어느 정도 유지되고 있었다.

처음 만난 C는 먼저 자연스럽게 대화를 이끌어 언어장애증상은 나타나지 않은 것으로 판단되었다. "내가 육이오 때 징병 1기생인데 부산 56군 병원에서 5년간 주사 놓는 거 실습을 실컷 했지. 제대 후에 병원에 취직해서~"로 시작하여 막힘없이 말을 계속 이어 갔다. 두 번째 만남에서 "내가 육이오 때 징병 1기생인데~"로 시작하여 첫 만남에서 말했던 똑같은 내용으로 막힘없이 말했고, 그 이후의 만남에서도 C의 모습은 반복되었다. C에게 한국전쟁의 경험은 매우 충격적인 기억이었고 치매는 그를 그 시절 속에 머무르게 하는 듯했다.

C는 가수 남인수를 무척 좋아한다고 하였다. 남인수의 〈이별의 부산정거장〉을 함께 들으며 "내가 육이오 때 징병 1기생인데~"에서 이야기는 확장되어 함께했던 징병 1기생 친구들과의 추억과 부산에서의 다른 기억들을 떠올려 말하였다. 〈무너진 사랑탑〉은 가사를 보지 않고도 따라 부르며 "노래가 술술 나오네." "남인수의 목소리는 우리나라 제일이여."라며 적절한 언어표현의 모습을 보였다.

치매 노인의 언어능력은 어휘발화나 단어수로만 평가했을 때 오류가 발생할 수 있으므로 신중해야 한다. C의 경우 다른 낱말 수(NDW)는 발화에 초점을 두었는데 NDW 점수가 사전 12점에서 사후 52점으로 평가되었다.

그녀를 볼 수 있는 문, 음악

D는 중등도 단계인 CDR 2의 알츠하이머병으로 진단받았다. 65세로서, 40세에서 65세에 발병하고 최근 전체 치매 환자 중 17% 정도를 차지하며 점점 늘어나는 추세를 보이는 초로기 치매이다. D는 기억력과 지남력 등 인지기능이 매우 낮은 상태이며 일상생활능력과 도구일상생활능력 모두 감퇴되어 독립생활이 불가능하였다. 반면, 운동기능은 유지되었다.

오랜 기간 음악교사로 재직했던 D는 일상생활에서 어떤 자발적 반응도 보이지 않았고 특히 시설에서 진행되는 프로그램에 관심을 보이지 않았다. 그런데 노래가 들리면 큰 소리로 따라 부르고 춤을 추는 등 '음악'이라는 특정 자극이 있는 경우 평상시와는 전혀 다른 D의 모습을 볼 수 있었다.

D는 음악의 여러 장르 중에서 가곡이나 클래식을 선호하였고 특히 〈보리밭〉과 〈얼굴〉을 선호하는 것으로 조사되었다. D와 이 곡들을 감상할 때 따라 부르는 노래 실력은 전문적이었고 노래가 끝난 뒤 관련된 배경정보나 작곡자에 대해서도 해박한 지식을 쏟아 내었다. 65년의 삶이 차곡차곡 쌓여 있는 D, 치매로 인해 세상을 향해 문을 닫아 버린 D, 음악은 그 문을 열어 주었다. 초기 인터뷰에서 어휘산출점수가 6점으로 다소 낮은 점수였으나 감상 후 인터뷰에서는 89점으로 가장 큰 폭의 점수 변화를 보여 주었다.

의미 있는 순간

E는 중증 단계인 CDR 3의 알츠하이머병으로 진단받았다. 인지기능이 매우 저하된 상태로 아무도 없는데도 누군가 있는 것처럼 대화를 나누는 환각증상을 보였다. 또 특별한 목적 없이 방안을 왔다 갔다 서성거리는 운동초조증상 중 하나인 배회증상도 보였는데 항상 문 가까이에 자리를 잡고 앉아 치료사나 직원들의 시선에서 벗어나면 어느새 문을 열고 나가려는 시도를 반복하였다. 착석행동이 5분 이상 유지되지 못하고 앉아 있도록 강요당하면 소리를 지르거나 폭력적인 행동을 보였다.

E에게는 노래감상 동안에 착석 유지와 언어적 표현 유도가 관건이었다. 보호자를 통해 같은 고향 출신 가수 이난영을 매우 좋아한다는 정보를 얻게 되었고, 〈목포의 눈물〉을 선곡하여 노래감상을 시작하자 곧바로 착석하여 감상에 집중하고 자신의 고향인 목포에 관해서 말하기 시작하였다. "우리 고향 목포 유달산에 올라가면 배가 들어왔다 나갔다 하는 게 다 보이는데……"로 시작하여 먹을 것이 없어서 고생하던 어린 시절 얘기로 이어졌다. 음악이 E를 머무르게 한 의미 있는 순간이었다. 초기 인터뷰에서는 착석행동이 유지되지 않아 어휘산출점수를 수집하지 못했으나 노래감상 후 인터뷰에서는 72점을 나타내었다.

임상에서 고려할 점

치료사는 중증 치매 노인이 반응하는 하나의 낱말에도 큰 감동을 받게 되는데, 이는 어떠한 자극에도 반응을 보이지 않는 평소의 모습과 대비되기 때문이다. 주로 초기 성인 시절의 선호 노래 감상이 그 시절에 대한 회상과 향수를 불러일으켜 어휘발화에 대한 동기를 유발하여 스스로 자기를 표현하도록 한 것으로 사료된다. 이처럼 눈에 띄는 반응을 보인 것은 개인의 삶에서 의미 있게 경험되었던 선호 음악이 강력한 역할을 했기 때문인데 기능이 낮을수록 더욱 그렇다. 따라서 치료사의 임상경험이 많지 않다면 되도록 선호 음악을 사용하는 것이 음악치료의 효과를 높일 수 있다. 덧붙여, 치매 노인에게 노래감상은 기능 수준에 따른 제한이 없고 접근성이 높은 활동으로서 효율적인 중재방법임을 강조할 수 있다.

6장

뇌졸중 및 파킨슨병 노인을 위한 음악치료

1. 뇌졸중 및 파킨슨병 노인을 위한 음악치료 개요

1) 뇌졸중 노인을 위한 음악치료

전체 뇌졸중의 75~89%는 65세 이상의 노인에서 발병하며 뇌졸중 후 장애로 인한 의료지원이 지속적으로 필요하다(대한신경과학회, 2012). 뇌졸중 노인을 위한 음악치료는 신체재활, 언어 및 인지 기능의 재활과 심리적 건강 회복을 위해 효과적으로 적용되어 왔다(권정인, 2010; 손수진, 2013; Clair & Memmott, 2008/2009). 뇌졸중 환자를 위한 음악치료 연구들 중 대상자가 모두 노인인 연구들과 성인이 포함되어 있으나 노인이 주요 대상자인 연구들에서 적용된 구체적인 중재방법과 연구 결과를 살펴보면 다음과 같다.

(1) 신체재활

보행훈련에 있어서 리듬청각자극(Rhythmic Auditory Stimulation: RAS)이 뇌졸중 편

마비 환자의 보행속도와 활보장(stride length)[1] 증가에 효과적으로 사용될 수 있다(Thaut et al., 2007; Thaut, McIntosh, & Rice, 1997). Thaut 등(1997)은 급성기 뇌졸중 편마비 환자를 대상으로 6주 동안 주 5일, 하루에 2회, 각 30분씩 보행훈련을 실시하였는데, RAS가 사용된 실험집단(10명, 평균연령 73세)에서 통제집단(10명, 평균연령 72세)보다 보행속도와 활보장이 유의미하게 더 증가하였다. 또한 종아리 뒤쪽의 비복근(gastrocnemius muscle)의 근전도 진폭 변동성(EMG amplitude variability)이 실험집단에서 더 감소하였다. Thaut 등(2007)은 아급성기 뇌졸중 편마비 환자를 대상으로 3주 동안 주 5일, 하루에 30분씩 보행훈련을 실시하였는데, RAS가 사용된 실험집단(43명, 평균연령 69.2세)에서 통제집단(35명, 평균연령 69.7세)보다 보행속도, 활보장, 분속수(cadence)[2], 대칭성(symmetry)이 유의미하게 더 증가하였다. 국내에서도 뇌졸중 환자의 보행훈련에 RAS를 사용한 연구(김태연, 2008; 원혜경, 2003; 이주영, 1999)가 이루어졌는데, 대상자의 연령에 있어 60세 이하의 성인 환자가 대부분이었다.

상지 재활을 위한 음악치료에서는 패턴화된 감각 증진(Patterned Sensory Enhancement: PSE)과 치료적 악기연주(Therapeutic Instrumental Music Performance: TIMP) 기법이 많이 적용되고 있다(손수진, 2013). Yoo(2009)는 뇌졸중 편마비 환자의 상지 재활을 위한 TIMP의 적용 사례에서 기능적인 팔 움직임을 촉진하기 위해 2주 동안 6회, 각 35분씩 MIDI 드럼 및 리듬악기 연주를 실시하였다. 77세의 좌측 편마비 환자의 경우, Fugl-Meyer Test(FMT)를 사용한 사전-사후 점수 비교에서 상완, 손목 및 손 기능과 협응력/속도 점수가 증가되었고 Modified Ashworth Scale(MAS)을 사용한 근긴장도 평가에서는 점수가 감소되어 음악치료 중재를 통한 기능 증진을 확인할 수 있었다. Street 등(2019)은 만성기 뇌졸중 환자의 상지 재활을 위해 가정 기반(home-based) TIMP 프로토콜을 적용하였는데, 6주 동안 주 2회, 총 12회의 개별 음악치료가 환자의 집에서 실시되었다. 74세의 좌측 편마비 환자의 경우, 상지 기능 평가도구인 Action Research Arm Test(ARAT)와 9 Hole Peg Test(9-HPT)를 사용한 사전-사후 검사 비교에서 의미 있는 기능 증진을 보였다. 이 연구에서는 카바사

---

1) 활보장(stride length)은 활보(stride) 동안 걸어간 거리로 활보(stride)는 한쪽 발뒤꿈치가 땅에 닿는 시기부터 또다시 같은 쪽 발뒤꿈치가 땅에 닿는 시기까지의 동작을 말한다.

2) 분속수(cadence)는 1분 동안에 걸은 보(step)의 수로, 보(step)는 한쪽 발뒤꿈치가 땅에 닿는 시기에서 반대쪽 발뒤꿈치가 땅에 닿는 시기까지의 동작을 말한다.

와 같은 악기의 사용 외에 아이패드를 이용한 터치스크린 악기가 소근육운동을 위해 사용되었다. 김윤정(2013)은 PSE 기법이 뇌졸중 편마비 환자의 상지기능 향상에 미치는 영향에 대해 알아보았는데, PSE가 사용된 실험집단(15명, 평균연령 71.27세)에서는 환측 상지기능이 전체적으로 향상되는 추세를 보였으며 통제집단(15명, 평균연령 73.47세)에서는 사전-사후 변화가 없었다. 신미희와 강경선(2016)은 뇌졸중 편마비 노인환자의 손 기능 회복을 위해 MIDI 건반을 활용한 치료적 악기연주를 적용하였는데, 손가락 움직임 속도, 손 조절능력 그리고 손의 기민성의 개선이 있었다. 이 연구에서는 환자의 신체조건에 따라 악기의 높이와 음량 조절이 가능한 전자 키보드를 사용하였으며, MIDI 프로그램을 활용하여 타건 속도를 측정하여 손가락 움직임의 변화를 평가하였다. 치료적 건반연주 프로토콜에는 편측 또는 양측의 손가락 훈련, 단순한 또는 복잡한 패턴의 가락 연주 훈련, 창조적인 형태의 피아노 즉흥연주, 오음 음계에 기초한 한국 전통 민요 가락 연주 훈련 등이 포함되었다.

(2) 언어 및 인지 재활

언어재활에 있어 Kim(2010)은 삼킴 증진을 위한 음악치료 프로토콜이 뇌졸중 환자의 구강운동 조절, 후두 거상(laryngeal elevation), 호흡의 향상을 통해 삼킴 기능을 향상시키는 데 사용될 수 있다고 제시하였다. 50~70세, 8명의 뇌졸중 환자를 대상으로 4주 동안 주 3회, 15분씩 개별세션이 이루어졌으며 프로토콜은 준비 단계, 노래 부르기, 2단계 호흡, 3단계 호흡, 발성을 통한 후두 거상의 순서로 단계적으로 적용되었다. 홍도경(2005)은 멜로디억양치료(Melodic Intonation Therapy: MIT) 중심의 음악활동을 적용한 사례에서 실어증을 가진 뇌졸중 노인의 음절수가 증가되었음을 제시하였는데, 멜로디억양치료는 언어의 운율적 요소인 운율 형태, 리듬 및 강세 지점을 중심으로 치료하는 방법으로 비유창성 실어증 환자들에게 사용되는 기법이다. 허고은과 문소영(2016)은 치료적 가창훈련이 뇌졸중 노인 환자의 음성 질에 미치는 영향을 알아보았는데, 음성 질의 하위요소인 최대발성시간, 진폭변동률, 소음 대 배음비(Noise to Harmonics Ratio: NHR)에서 유의미한 변화를 가져왔다. 치료적 가창 훈련 프로그램은 호흡훈련, 발성훈련, 치료적 노래 부르기, 선호하는 노래 부르기의 순서로 단계적으로 적용되었다. 특히 치료적 노래 부르기에 사용될 노래의 선정에 있어 노인의 연령대를 고려하여 잘 알려진 친숙한 노래, 가사의 내용이 가급적 긍정적인 노래, 그리고 난이도가 쉬운 노래가 사용되었다.

인지재활에 있어서 Bodak, Malhotra, Bernardi, Cocchini와 Stewart(2014)는 악기 연주가 뇌졸중 환자의 편측무시 감소에 도움을 줄 수 있음을 사례를 통해 제시하였는데, 음계(scale)와 친숙한 멜로디를 연주하는 차임 바 연주가 사용되었다. 정가은(2006)은 치료적 음악활동이 좌측 편마비 환자의 편측무시 감소에 영향을 줄 수 있음을 사례를 통해 제시하였다. 치료적 음악활동으로는 편측무시가 이루어지는 쪽에 대해 주의를 기울일 수 있도록 리듬악기 연주, 키보드 연주, 가사 보고 노래 부르기 활동이 치료적으로 구조화되어 적용되었다. 예를 들어, 가사 보고 노래 부르기 활동의 경우 좌측에 위치한 첫 가사를 추적하게 하여 무시가 이루어지는 좌측을 자연스럽게 볼 수 있도록 돕는 방식으로 적용되었다.

(3) 심리적 건강 회복

음악치료는 뇌졸중 환자의 삶의 질에 긍정적인 영향을 줄 수 있으며(Poćwierz-Marciniak & Bidzan, 2017), 우울 감소(양혜경, 2010; 장지윤, 2005; 정용라, 2015; 허고은, 문소영, 2016)와 자아존중감 증진(양혜경, 2010), 재활 동기(정용라, 2015)에도 긍정적인 영향을 준다고 보고되었다. Poćwierz-Marciniak와 Bidzan(2017)은 뇌졸중 초기 입원 환자를 대상으로 음악치료가 삶의 질에 미치는 영향을 알아보고자 하였는데, 음악인지치료(cognitive music therapy)와 심상음악치료(Guided Imagery and Music: GIM)가 제공된 실험집단(30명, 평균연령 65세)이 통제집단(31명, 평균연령 63세)보다 삶의 질을 더 높게 평가하였다. 장지윤(2005)은 노래심리치료가 노인 뇌졸중 환자의 우울 감소에 효과적으로 적용될 수 있음을 제시하였는데, 내면의 문제를 수용하고 긍정적 자아상을 가질 수 있도록 노래 대화하기(song communication), 노래 만들기(song writing) 등의 방법이 사용되었다. 양혜경(2010)은 종합사회복지관을 이용하는 뇌졸중 노인의 우울 감소와 자아존중감 증진을 위한 음악치료 프로그램의 효과 확인을 통해 지역사회에서 음악치료 프로그램 적용의 필요성을 제시하였다. 정용라(2015)는 노래 가사 토의를 통해 노인 뇌졸중 환자의 심리적·정서적 이슈를 적절히 다룸으로써 우울감을 낮추고 재활 동기를 높일 수 있었음을 제시하였다. 허고은과 문소영(2016)은 치료적 가창훈련이 뇌졸중 노인 환자의 음성 질에 미치는 영향과 더불어 우울에 미치는 영향을 함께 알아보았는데, 우울 감소에 긍정적인 효과를 나타내었으나 통계적으로는 유의하지 않았던 결과에 대해 총 10회기로 프로그램의 기간이 짧았고 음성 질을 향상시키기 위한 기술적인 부분에 더욱 초점이 맞춰졌기 때문으로 사료된다고 제시하였다. 이를 통해 일차적인 치료목적에 따라 프로그램 내용의 구성과 적용이 달라지고 이에 따른 일차적, 이차적 치료 효과가 다르게 나타날 수 있음을 확인할 수 있다.

2) 파킨슨병 노인을 위한 음악치료

파킨슨병은 신경계 퇴행질환으로 고령이 파킨슨병 발병의 가장 큰 위험인자로 알려져 있으며(대한신경과학회, 2012), 이에 대한 적절한 중재가 지속적으로 이루어질 필요가 있다. 음악치료는 파킨슨병 노인의 신체재활, 언어재활, 그리고 심리적 지원을 위해 효과적으로 적용되어 왔다(권정인, 2010; 손수진, 2013; Clair & Memmott, 2008/2009).

(1) 신체재활

파킨슨병 환자의 보행훈련에 있어 보행속도와 활보장, 그리고 분속수 개선에 리듬청각자극(RAS)이 효과적으로 사용될 수 있다(Hausdorff et al., 2007; Thaut et al., 1996). Thaut 등(1996)은 파킨슨병 환자를 위한 보행훈련 프로그램으로 실험집단(15명, 평균연령 69세)은 3주 동안 하루에 30분씩 RAS를 사용한 보행훈련을 실시하였고 통제집단으로는 같은 기간 동안 RAS 없이 보행훈련에 참여한 집단(11명, 평균연령 74세)과 보행훈련에 참여하지 않은 집단(11명, 평균연령 71세)을 두었다. 사전-사후 평가 결과, RAS를 사용한 실험집단에서는 보행속도, 활보장, 분속수가 각각 25%, 12%, 10% 향상되었으며 RAS 없이 보행훈련에 참여한 집단은 보행속도가 7% 향상되었고 보행훈련에 참여하지 않은 집단은 보행속도가 7% 감소되었다. Hausdorff 등(2007)은 RAS가 파킨슨병 환자(29명, 평균연령 67.2세)의 보행에 미치는 즉각적 효과와 이월 효과(carryover effect)를 알아보았는데, 환자의 평상시 분속수의 110%에 맞춘 RAS 사용에 보행의 변동성(variability)이 감소되었고 이러한 효과는 15분 뒤에도 유지되었다. 보행훈련에 있어 RAS가 트레드밀 훈련(treadmill training)과 함께 사용된 연구가 최근에 이루어졌는데(Calabrò et al., 2019), 8주 동안 하루에 30분,

트레드밀 훈련을 적용하는 데 있어 RAS를 함께 사용한 집단(25명, 평균연령 70세)과 RAS를 사용하지 않은 집단(25명, 평균연령 73세)에 대해 훈련 효과에 대한 평가가 이루어졌다. 사전-사후 평가 결과, 전반적인 보행의 질, 균형, 활보장, 분속수에 있어 RAS를 함께 사용한 집단이 유의미하게 더 큰 기능 증진을 보였다.

최옥경, 임주혁과 김성렬(2002)은 50~70세 사이의 파킨슨병 환자를 대상으로 운동성을 유발시키는 리듬적 음악활동에 기반을 둔 집단 음악활동을 실시하였는데, 실험집단(10명, 평균연령 59.4세)이 통제집단(8명, 평균연령 65세)보다 일상생활능력과 운동성기능에서 유의한 향상을 나타내었다. 음악치료 세션은 11주 동안 주 2회, 각 1시간 30분 동안 실시되었는데, 음악과 명상적 긴장이완, 음악과 체조, 호흡·발성·다양한 얼굴표정 만들기, 리듬에 신체 리듬적 동작과 언어 리듬적 활동, 노래 부르기와 노래 만들기, 즉흥연주 및 창의적 악기 활동, 보행 및 균형 훈련이 포함되었다. 최하은(2018)은 파킨슨병 환자의 상지 운동 조절력 향상을 위한 드럼 연주 중재의 효과를 사례를 통해 제시하였는데, 드럼 연주 중재는 주 3회, 30분씩 총 8회기 세션이 개별세션 형태로 진행되었다. 프로그램의 내용으로는 각 세션별로 리드믹 큐에 맞춰 연주하기, 교대로 제공되는 두 가지 빠르기 속도에 맞춰 연주하기, 노래 부르기와 자유로운 리듬패턴의 드럼 연주 병행의 3단계로 진행되었다. 사전-사후 평가 결과, 77세의 여성 내담자 A와 77세의 남성 내담자 B의 상지 운동 조절력에 긍정적 변화가 나타났다.

(2) 언어재활

언어재활에 있어 Haneishi(2001)는 파킨슨병 환자를 위한 음악치료 음성 프로토콜(Music Therapy Voice Protocol)이 말 명료도(speech intelligibility)와 음성의 질 향상에 도움이 되었음을 제시하였다. 67~77세, 4명의 파킨슨병 환자를 대상으로 60분 개별세션이 12~14회 진행되었으며 프로토콜은 시작 대화, 준비 운동, 발성 훈련, 노래 부르기 훈련, 모음 연장 산출, 말하기 훈련, 맺는 대화의 순서로 단계적으로 적용되었다. Thaut, McIntosh, McIntosh와 Hoemberg(2001)는 리듬적인 말하기 신호(Rhythmic Speech Cuing: RSC)가 과소운동형 마비말장애를 보이는 파킨슨병 환자의 말 명료도를 증진시킬 수 있음을 제시하였다. 대상집단(20명, 평균연령 69.5세)은 말 손상의 심각도(mild, moderate, severe)에 따라 집단을 나누었는데, 심각하게 손상된 집단에서 가장 많은 증진을 이끌어 냈다. 말의 증진에 있어 속도(rate)의 역할에 대해 살펴본 결과, 최적의 말 명료도는 대상자의 자연스러운(습관적인) 말 속도에서, 그리고 자연스러운 템포와는 충분히 구별되는 속도(예: 이 연구에서는 60%)에서 이루어질 수 있었음을 제시하였다. 노래 부르기 중재는 집단의 형태로도 효과적으로 적용되었는데(Elefant, Baker, Lotan, Lagesen, & Skeie, 2012; Stegemöller, Radig, Hibbing, Wingate, & Sapienza, 2017), Elefant 등(2012)은 발성과 노래 부르기 집단중재가 파킨슨병 환자의 음역대(voice range)와 노래 부르기의 질을 증진시킬 수 있음을 제시하였다. 발성과 노래 부르기 중재는 10명의 파킨슨병 환자(평균연령 64세)를 대상으로 주 1회, 20주 동안 60분 집단세션으로 진행되었으며 중재 프로토콜은 시작 대화, 호흡 훈련, 발성 훈련, 노래 부르기 훈련, 맺는 대화의 순서로 단계적으로 적용되었다. Stegemöller 등(2017)은 집단 노래 부르기가 파킨슨병 환자의 음성 및 호흡기능을 증진시킬 수 있음을 제시하였는데, 8주 동안 주 1회의 중재가 이루어진 집단(18명, 평균연령 69세)과 주 2회의 중재가 이루어진 집단(9명, 평균연령 64세) 모두 유의미한 증진을 보였다. 노래 부르기 중재는 발성 및 조음 훈련과 집단 노래 부르기로 구성되었고 추가적으로 집에서 일주일에 두 번, 약 30분 동안 연습할 수 있도록 녹음 자료가 제공되었다.

한은영(2015)은 파킨슨병 환자를 위한 음악치료 사례연구에서 음성의 질 향상에 영향을 미치는 치료적 중재로서 구조화된 노래활동을 사용하였다. 구조화된 노래활동은 단순 선율과 모음을 이용한 발성과 목소리 즉흥연주, 선호곡 중심의 노래창작활동으로 구성되었으며 주 3회, 40분씩 총 6회기 세션이 개인별로 이루어졌다. 사전-사후 평가 결과, 68세의 내담자 A와 76세의 내담자 C의 최대발성시간이 증가되고 음성장애지수(Voice Handicap Index: VHI) 점수가 감소되어 음성의 질이 향상되었음이 확인되었다. 정유미(2017)는 파킨슨병 환자의 음성 문제 개선에 초점을 맞춘 합창 중재 프로그램의 효과를 알아보고자 하였는데, 실험집단(6명, 평균연령 62세)은 통제집단(5명, 평균연령 60세)에 비해 음향학적 음성의 질, 주관적 음성장애지수, 음성과 관련된 삶의 질에서 긍정적인 효과가 나타났다. 합창 중재 프로그램은 대화하기, 상체와 호흡근 이완 운동, 호흡 및 발성 운동, 합창하기, 대화하기의 5단계로 구성되어 진행되었으며, 주 1~2회, 50분씩 총 8회기가 실시되었다.

(3) 심리적 건강 회복

Haneishi(2001)는 파킨슨병 환자를 위한 음악치료 음성 프로토콜이 앞서 언어재활에서 언급된 말 명료도와 음성의 질 향상뿐만 아니라 기분(mood)에 미치는 영향을 함께 알아보고자 하였다. 사전-사후 평가 결과, 기분 점수가 증가되어 긍정적인 측면이 있었으나 통계적으로 유의미한 차이는 보이지 않았다. Elefant 등(2012)도 발성과 노래 부르기 집단중재가 언어기능뿐만 아니라 우울에 미치는 영향을 함께 알아보았는데, 마찬가지로 유의미한 변화는 보이지 않았다. 이와 같은 결과는 앞서 뇌졸중 환자의 심리적 건강 회복 관련 연구(허고은, 문소영, 2016)의 결과와 일치한다고 할 수 있는데, 치료목적에 따른 프로그램의 체계적 구성이 중요하며 이에 따른 일차적, 이차적 치료 효과가 다르게 나타날 수 있음을 유의할 필요가 있다. Stegemöller 등(2017)은 집단 노래 부르기가 언어기능뿐만 아니라 삶의 질에 미치는 영향을 함께 알아보았는데, 사전-사후 결과 비교에서 삶의 질이 유의미하게 향상되었음을 보고하였다. 이러한 결과에 대해 연구자들은 집단 안에서의 사회적 상호작용과 지지가 영향을 주었을 것으로 언급하였다. 최옥경, 임주혁과 김성렬(2002)도 치료적 음악활동이 운동기능뿐만 아니라 우울 및 삶의 질에 미치는 영향도 함께 알아보고자 하였다. 사전-사후 평가 결과, 실험집단의 우울이 유의미한 감소를 보였으며 삶의 질 중에서 사회적 기능이 유의미한 향상을 보였다. 이러한 결과에 대해 연구자들은 집단의 형태로 서로 상호작용하는 음악치료활동의 긍정적인 영향을 언급하였다. 서채강(2016)은 오르프 음악치료가 파킨슨병 노인 환자들의 고독과 우울 감소 및 사회적 유대감과 삶의 질 향상에 유용한 치료방법이 될 수 있음을 제시하였다. 오르프 음악치료 프로그램은 주 2회, 60분씩 총 14회기 진행되었는데, 집단 안에서 신체 표현, 가사 창작, 즉흥적 리듬 창작 등 음악적 매개를 통합하여 이용하였다. 박소리(2019)는 그룹 가창 활동에 참여한 총 19명의 파킨슨병 환자들(평균연령 66.2세)의 심층 인터뷰를 통해 활동 참여 경험에 대해 탐구하였는데, 질적 내용 분석 결과, 참여자들은 그룹 가창 활동 참여를 통해 정서적 환기 및 심리적 안정화, 그룹원 간의 교류 활성화 경험, 자기에 대한 인식의 긍정적 변화를 경험한 것으로 나타났다. 그룹 가창 프로그램은 주 1회, 90분씩 총 24회기가 실시되었으며 프로그램 내용은 호흡 및 발성 훈련과 단계적 가창 활동으로 구성되었다.

2. 뇌졸중 및 파킨슨병 노인을 위한 음악치료 프로그램의 실제

음악치료 프로그램이 실제적으로 적용되는 데 있어 표준화된 기법(technique)이 다양하게 사용되고 있다. 신체재활을 위한 음악치료 기법들 중에서 앞서 문헌고찰에서 기술되었던 리듬청각자극(RAS), 패턴화된 감각 증진(PSE), 치료적 악기연주(TIMP)에 대해 Thaut(2005)는 다음과 같이 설명하고 있다. RAS는 내재적이고 생물학적인 리듬이 있는 움직임의 훈련을 촉진하는 데 쓰이는 리듬 운동 큐(rhythmic motor cuing) 테크닉이다. PSE는 기능적인 움직임을 조성하고 조절하기 위한 시간적, 공간적, 그리고 힘의 신호들을 제공하기 위해 음악의 리듬, 멜로디, 화성, 역동적 음향 패턴을 사용한다. TIMP는 운동치료에서 기능적인 움직임 패턴을 자극하고 연습하는 데 악기연주를 이용한다. PSE는 운동 패턴에 신호를 제공하기 위해 소리 패턴을 사용하는 데 있어 모든 음악 요소들을 다차원적인 틀에서 사용하는 반면에, RAS는 리드믹한 시간 신호(rhythmic time cuing)로서 작용한다. TIMP의 적용에 있어 악기의 선택 및 악기의 공간적 배치, 연주를 위한 운동 패턴의 선택은 관절가동범위(range of motion), 지구력, 근력, 사지 협응, 기능적인 움직임을 적절히 훈련하기 위한 기능적 고려를 토대로 한다. 클라이언트의 필요와 기능 수준을 염두에 두고 음악 자료들을 신중하게 선택하고 디자인해야 한다. 치료사는 클라이언트의 신체 및 운동의 필요뿐만 아니라 인지적 손상, 음악에 대한 친숙함과 선호의 문화적 맥락도 고려해야 한다.

언어재활을 위한 음악치료 기법들 중에서 앞서 문헌고찰에서 기술되었던 멜로디억양치료(MIT)는 자발적이고 수의적인 말하기를 촉진하기 위해 손상되지 않은 노래 부르기 능력을 활용하는 것으로 자연스러운 구어억양 패턴과 유사한 멜로디를 챈팅(chanting)하거나 노래한다(Thaut, 2005). 리듬적인 말하기 신호(Rhythmic Speech Cuing: RSC)는 큐 제공과 속도 조절을 통해 말하기 시작과 속도를 조절하는 데 리드믹 큐를 사용하는 것으로 이를 위해 치료사는 손뼉 치기, 드럼 연주, 메트로놈을 이용한다(Thaut, 2005). 이 외에도 음악적 말하기 자극(Musical Speech Stimulation: MUSTIM), 음성억양치료(Vocal Intonation Therapy: VIT), 치료적 노래부르기(Therapeutic Singing: TS), 구강운동과 호흡훈련(Oral Motor and Respiratory

Exercises: OMREX) 등의 여러 기법들이 임상에서 사용되고 있다. 인지재활을 위한 음악치료에 있어서는 앞서 문헌고찰에서 언급되었던 편측무시 감소를 위한 음악치료 중재에 음악적 무시훈련(Musical Neglect Training: MNT)이 사용되고 있으며 주의력, 기억력, 집행기능 등의 구체적인 치료목적을 달성하기 위해 음악적 주의조절 훈련(Musical Attention Control Training: MACT), 음악적 기억술 훈련(Musical Mnemonics Training: MMT), 연상적 기분과 기억 훈련(Associative Mood and Memory Training: AMMT), 음악적 집행기능 훈련(Musical Executive Function Training: MEFT) 등의 여러 기법들이 임상에서 사용되고 있다. 심리적 건강 회복을 위한 음악치료 기법에 있어 앞서 문헌고찰에서 기술되었던 노래 대화하기는 준비된 노래를 듣고 노래에 대한 개인의 생각이나 느낌을 치료사 또는 구성원과 함께 나누는 방법이며, 노래 만들기는 기존의 곡에 부분적 또는 전체적으로 가사를 바꾸거나 새로운 노래를 만드는 방법이다(정현주, 2005).

다음에 제시되는 음악치료 프로그램의 예는 1회기 세션의 예를 제시하고 있으나 구조화된 음악중재의 예로 여러 가지 음악치료 기법의 구체적 내용과 절차를 기술하고 있다. 클라이언트의 현재 기능 상태에 따른 단계적 적용을 통해 일련의 연속적인 프로그램의 적용에 활용될 수 있기를 기대한다.

1) 뇌졸중 노인의 신체재활을 위한 음악치료 프로그램

■ 제목: 상지 재활을 위한 패턴화된 감각 증진(PSE)의 적용

■ 대상: 뇌졸중 편마비 노인

■ 목적: 관절가동범위 증진

■ 내용 및 절차[3]

(1) 클라이언트와 함께 움직임을 연습하며 메트로놈을 사용하여 최적의 템포를 산출한다.

(2) 메트로놈과 간단한 구어적 큐를 사용하여 클라이언트의 리드믹한 움직임을 유도한다.

---

3) Thaut(2014)가 제시한 절차를 토대로 하여 기술됨

(3) 구어적 큐를 유지하며 음악을 점진적으로 사용한다(시간적, 공간적, 힘의 신호로서 음악의 역할 고려).

(4) 구어적 큐를 소거하며 음악이 움직임을 촉진할 수 있도록 한다.

▣ **소요시간**: 30분(클라이언트의 기능 상태에 따라 조절)

▣ **준비물**: 키보드 또는 오토하프, 메트로놈

▣ **치료적 의미**: 음악의 요소가 움직임의 최적화를 위한 공간적, 시간적, 힘의 신호로서 작용한다.

▣ **기타**: 현재 상지기능의 상태를 정확히 평가하여 현재 기능 상태에 맞는 치료적 적용이 이루어질 수 있도록 고려할 필요가 있다.

2) 뇌졸중 노인의 언어재활을 위한 음악치료 프로그램

▣ **제목**: 언어재활을 위한 멜로디억양치료(MIT)

▣ **대상**: 비유창성 실어증을 가진 뇌졸중 노인

▣ **목적**: 말 산출능력 증진

▣ **내용 및 절차**[4)]

(1) 억양이 있는 목표 어구를 허밍으로 제시하며 클라이언트의 건측 손 두드리기(tapping)를 통해 리듬을 함께 제공한다.

(2) 목표 어구를 노래로 반복 제시하며 클라이언트의 건측 손 두드리기를 통해 리듬을 함께 제공한다.

(3) 클라이언트와 함께 목표 어구를 반복하여 노래하는 데 있어 클라이언트의 건측 손 두드리기를 통해 리듬을 지속적으로 제공한다.

(4) 클라이언트가 혼자 목표 어구를 노래할 수 있도록 치료사의 참여를 점점 줄여 가는 데 있어 클라이언트의 건측 손 두드리기를 통해 리듬을 지속적으로 제공한다.

(5) 치료사가 먼저 목표 어구를 노래한 다음, 치료사의 큐에 클라이언트가 목표 어구를 노래하기를 해 볼 수 있도록 한다. 이 단계에서도 클라이언트의 건

4) Thaut, Thaut와 McIntosh(2014)가 제시한 절차를 토대로 하여 기술됨

측 손 두드리기를 통해 리듬을 지속적으로 제공한다.

(6) 목표 어구가 나올 수 있는 질문을 통해 클라이언트가 목표 어구를 말할 수 있도록 기회를 제공한다.

▣ **소요시간**: 20분(클라이언트의 기능 상태에 따라 조절)

▣ **준비물**: 키보드(멜로디 제시에 이용)

▣ **치료적 의미**: 손상되지 않은 우반구에서 처리되는 운율을 최대한 활용하기 위해 말하는 어구의 억양과 리듬을 제공하는 것은 말 산출을 촉진한다.

▣ **기타**: 클라이언트의 건측 손 두드리기가 어구를 소리 내기 위한 운동 계획을 돕는 큐로서 의미 있게 지속적으로 제공될 수 있도록 고려한다. 내용 (1)과 (2)의 단계에서 클라이언트는 치료사의 제시를 듣기만 하고 따라 하지 않도록 하여 음악적 제시 및 수용이 명확히 이루어질 수 있도록 고려할 필요가 있다.

3) 뇌졸중 노인의 인지재활을 위한 음악치료 프로그램

▣ **제목**: 편측무시 감소를 위한 음악적 무시훈련(MNT)

▣ **대상**: 편측무시를 보이는 뇌졸중 노인

▣ **목적**: 편측무시 감소

▣ **내용 및 절차**[5]

(1) 편측무시 공간에서 악기 소리를 들려주고 클라이언트가 그 소리를 인식한 후 그 악기를 직접 연주할 수 있도록 한다.

(2) 가운데와 편측무시 공간에 악기를 배치하고 제시된 순서에 따라 악기를 연주할 수 있도록 한다.

(3) 선호하는 노래에 제시된 순서대로 악기를 연주할 수 있도록 한다.

(4) 악기의 순서와 개수를 조정한 후 앞의 절차에 따라 다시 연주가 이루어질 수 있도록 한다.

▣ **소요시간**: 30분(클라이언트의 기능 상태에 따라 조절)

▣ **준비물**: 키보드 또는 기타, 리듬악기 및 선율악기

---

5) Abiru(2014)가 제시한 절차를 토대로 하여 기술됨

■ **치료적 의미:** 편측무시 공간에서의 음악적 자극 제공을 통해 편측무시 공간에 대한 주의를 지속적으로 기울일 수 있도록 한다.

■ **기타:** 클라이언트의 편측무시 정도에 대한 정확한 평가를 토대로 악기 배치의 간격 및 거리를 적절히 조절하여 적용할 필요가 있다.

4) 파킨슨병 노인의 신체재활을 위한 음악치료 프로그램

■ **제목:** 보행훈련을 위한 리듬청각자극(RAS)의 적용

■ **대상:** 파킨슨병 노인

■ **목적:** 활보장 및 분속수 개선

■ **내용 및 절차**[6)]

(1) 클라이언트의 현재 보행속도, 활보장, 분속수를 평가한다.
(보행속도: meter/min, 활보장: meter, 분속수: steps/min)

(2) 클라이언트의 분속수에 맞춘 RAS 빈도수(frequency)를 사용하여 보행훈련을 할 수 있도록 한다.

(3) RAS 빈도수를 5~10% 조정하여 보행훈련을 할 수 있도록 한다.

(4) RAS 제공 없이 보행훈련을 해 본 후 보행속도, 활보장, 분속수에 대해 재평가를 실시한다.

■ **소요시간:** 30분(클라이언트의 기능 상태에 따라 조절)

■ **준비물:** RAS 제공을 위한 키보드 또는 오토하프, 메트로놈

■ **치료적 의미:** RAS는 최적화된 보행을 위한 페이스메이커(Pace Maker)와 타임키퍼(Time Keeper)로서 작용한다.

■ **기타:** 파킨슨병 노인이 보이는 이상보행(abnormal gait)의 형태인 종종걸음, 동결보행에 대한 이해를 토대로 현재 기능 상태를 정확히 평가하여 RAS 빈도수를 조정하여 보행훈련이 이루어질 수 있도록 고려할 필요가 있다. 그리고 적응 보행훈련의 단계로 stop/go 훈련, 계단 올라가기/내려가기 훈련 등의 추가적 적용을 고려할 필요가 있다.

6) Thaut(2005)가 제시한 절차를 토대로 하여 기술됨

5) 파킨슨병 노인의 언어재활을 위한 음악치료 프로그램

- ■ 제목: 언어재활을 위한 음악치료 음성 프로토콜(Music Therapy Voice Protocol)의 적용
- ■ 대상: 파킨슨병 노인
- ■ 목적: 말 명료도 증진
- ■ 내용 및 절차[7]
  - (1) 준비 운동으로 얼굴 근육 마사지 및 복식호흡을 한다.
  - (2) 발성 훈련으로 하품(yawn)과 글리산도(glissando)로 소리내기, 모음으로 노래하기, 일련의 음절로 된 구절을 노래하기, 발음 연습을 한다.
  - (3) 선호하는 노래를 부른다.
  - (4) 모음 발성을 최대한 길고 일정하게 유지하는 연습을 한다.
  - (5) 단어, 구, 문장으로 구성된 말하기 훈련을 한다.
- ■ 준비물: 키보드 또는 기타
- ■ 치료적 의미: 음악의 요소와 구조가 말하기에 필요한 움직임의 큐 제공 및 속도 조절에 도움이 된다.
- ■ 기타: 단계적으로 적용되는 각 활동내용의 시간적 분배를 클라이언트의 기능 상태에 따라 적절히 고려할 필요가 있다.

6) 파킨슨병 노인의 심리적 건강 회복을 위한 음악치료 프로그램

- ■ 제목: 심리적 건강 회복을 위한 노래 만들기의 적용
- ■ 대상: 파킨슨병 노인
- ■ 목적: 우울 감소
- ■ 내용 및 절차
  - (1) 긍정적 정서와 관련된 친숙한 노래(예: 〈사랑하는 마음〉)를 함께 불러 본다.
  - (2) 들으면 기분 좋은 말에 대해서 함께 이야기 나눈다.

---

7) Haneishi(2001)가 제시한 절차를 토대로 하여 기술됨

(3) 노래 가사의 일부분을 이야기된 내용으로 바꾸어 불러 본다.

(4) 기분 좋은 말과 연관된 과거의 경험에 대해 함께 이야기 나눈다.

(5) 현재 듣고 싶은 기분 좋은 말을 노래 가사의 정해진 부분에 넣어 불러 본다.

▣ 소요시간: 30분(클라이언트의 기능 상태에 따라 조절)

▣ 준비물: 키보드 또는 기타, 보드판, 필기도구

▣ 치료적 의미: 친숙한 노래의 가사와 멜로디가 긍정적 정서를 강화하고 긍정적 기억을 불러일으켜 우울 감소에 도움이 된다.

▣ 기타: 언어적 토의과정 외에 음악적 강화로서 악기연주의 추가에 대해 고려할 수 있다.

3. 뇌졸중 및 파킨슨병 노인을 위한 음악치료 사례

사례 1 뇌졸중 노인을 위한 음악치료: 신체재활 ♫

프로그램명: 편마비 환자들을 대상으로 한 음악치료 보행훈련 사례[8)]

글: 음악치료사 김태연

기간: 2007년 3월 17일~4월 14일까지, 4주간 주 3회 50분, 총 12회

치료사 소개

음악치료사 김태연은 명지대학교 대학원에서 석사학위를 받았고, 신경학적 음악치료(neurologic music therapy) 과정을 수료하였다. 이후 성신여자대학교 대학원 음악치료학과에서 임상강의를 하였고, 정신과 및 신경재활 임상에서 음악치료사로 활동하고 있다.

8) 이 사례는 2008년 석사학위논문의 일부를 수정하였음

참여자 소개

대상자는 뇌졸중으로 왼쪽 편마비 진단을 받은 62세 여자 환자였다. 뇌졸중이 발생한 지 2년이 지나지 않은 급성기 상태였고, 통합적 재활치료를 받기 위해 재활의학과에 입원치료 중에 있었다. 환자분의 인지와 의식 수준은 상황을 이해하고 치료 여부를 스스로 선택할 수 있는 정도였으며, 보행훈련의 중요성과 필요성을 인식하고 있었고, 음악치료 보행훈련에 자발적으로 참여를 표현하였다.

주요 내용

뇌졸중으로 왼쪽 상지와 하지가 마비된 환자에게 신경학적 음악치료의 리듬청각자극(RAS)을 적용하여 보행훈련을 시행한 사례다. 시작 전 Ink foot print와 Gaitview system으로 환자의 보행주기상 특징과 안정성, 빠르기를 확인하였다. 편마비의 경우 마비가 있는 편측과 그렇지 않은 건측 간의 보행거리의 차이와 마비 측의 짧은 입각기 및 상대적으로 긴 유각기 등의 불균형의 특징을 보이므로 건측과 환측을 구분하여 평가하였다. 파악된 자료를 통해 환자의 분당 보(step)의 수(분속수)에 맞춘 음악을 만들어서 제공하였고, 음악의 빠르기에 신체가 맞춰지는 동조화(entrainment)가 될 수 있도록 하였다. 워밍업으로는 제자리에 선 상태로 음악에 맞춰 체중을 양쪽 다리에 교대로 옮기는 체중부하 활동을 하였다. 보행훈련에서는 제공된 리듬청각자극에 맞춰 한 박자에 한 걸음을 걷도록 음악을 통해 환자의 보행속도를 조절하였고, 직선거리와 곡선구간에 대한 훈련을 시행하였다. 환자의 보행 패턴에 맞춰진 음악을 사용하여 중재하는 프로그램의 특성으로 모든 평가와 진행은 개별적으로 하였다. 치료 프로그램은 한 회기에 50분, 총 12회기였으며 모든 회기의 구성과 구조는 동일하게 하되, 환자의 상태 변화에 따라 보행훈련 시간과 빠르기 등 난이도를 조절하였다.

사례

분속수 측정 및 훈련의 시작

준비 단계로 환자의 보행 시 분속수를 확인함으로써 중재되는 음악의 빠르기를 결정하였다. 분속수를 확인하는 방법은 Gaitview system과 같은 평가도구를 통한 확인 이외에도 60초에 환자가 몇 보(step)를 걷는지 세며 체크하는 방법이 있다. 이때 환자의 긴장도가 올라갈 수 있어 2~3회 편하게 걸어 보도록 한 후 평가를 시행하였다.

환자의 분속수와 맞는 음악을 제공하여 동조화를 유도하기 위해 음악에 맞춰 손가락 두드리기를 하였고, 제자리에 선 상태로 음악에 맞춰 건측과 환측에 체중을 이동시키는 두 가지 정도의 워밍업을 가졌다. 리듬청각자극(RAS) 보행훈련 중에 균형이 흔들려 안정성이 낮아질 것을 우려하여 참여하는 환자들에게 보행벨트를 착용하도록 하였고, 치료사가 한 걸음 뒤에서 음악에 맞추어 함께 걸었다. 보행 시 발의 감각을 느끼며 음악에 맞추어 걷는 것이 필요한데 시선이 바닥으로 떨어지는 상황이 빈번하여 정면에서 30도 정도 위를 응시하도록 안내하였다. 어지러움이나 피로감 등을 호소할 때에는 잠시 의자에 앉아 쉬도록 하되, 음악은 지속적으로 제공하였다.

사용된 음악과 빠르기의 조절

사용된 음악은 4박자 계통의 연주곡으로 〈위풍당당 행진곡〉 〈즐거운 나의 집〉 〈라데츠키 행진곡〉을 사용하였으며, 이 곡 중 빠르기가 일정한 부분이 반복되도록 음원을 편집하였다. 편집된 한 곡의 길이가 5분을 넘지 않았으나 훈련 초기에는 한 곡이 끝나기 전에 피로감을 호소하여 의자나 휠체어를 가져다가 앉아 쉬는 경우가 빈번하게 있었다. 이때에는 음악에 맞춰 호흡하며 손가락을 다리 위에 올리고 음악에 맞춰 두드리도록 하였고, 이후에도 환자의 컨디션을 고려하여 훈련 유지시간을 조절하였다. 보행훈련에 사용된 음악들은 Cuebase MIDI 프로그램으로 환자의 분속수에 맞추었고, 환측 발이 바닥에 닿아 체중부하가 되는 부분에서는 음악적 강세(force cue)를 주도록 제작하였다. 훈련 중, 보행의 안정성이 유지될 시 중재된 음악의 빠르기를 5% 이내에서 조절하였다.

회기별 변화

1~3회기인 훈련 초기, 매 회기의 중반인 20분 이후부터 빠르기는 유지되나 보행 패턴에서 마비측인 편측에서 발 뒤꿈치가 닿는 '입각기'를 생략하고 바로 발바닥 전체가 닿는 '접지기'로 넘어가는 것이 반복적으로 관찰되었다. 이에 대한 중재로 보행주기가 안정적으로 유지된 상태로 속도 유지가 되도록 입각기에 '뒤꿈치'라는 언어적 표현과 음악적 강세를 함께 주어 훈련하였고, 이후 언어적 표현(cue)은 소거하고 음악적 자극으로만 유지하였다.

평가

4주 동안 치료가 개별적으로 진행되었고 음악치료 중재는 목 · 금 · 토요일에, 평가는 수요일과 토요일 치료 이후에 시행하여 효과를 확인하였다. 평가도구는 두 가지로 Alfoots사의 Gaitview를 사용하였는데, Ink foot print의 활보장(stride length)과 보장(step length) 데이터는 보행 시 양측의 균형을 보고자 하였고, Gaitview의 족저압은 보행주기의 비율과 양측발의 일치도를 통해 보행의 질 향상 정도를 확인하였다.

Ink foot print를 사용한 분석에서도 직선 5m 구간에 대한 음악치료를 중재한 기간의 보행시간이 9.31초에서 7.38초로 1.39초 감소하여 같은 거리를 안정적으로 걷는 데 소요되는 시간이 감소하였다. 또한 보장도 음악치료 중재기간에서 '환측 발 먼저 전진' 시의 경우 4.76cm가 증가하였고, '건측 발 먼저 전진'의 경우 1.08cm가 각각 증가하였다(〈표 6-1〉 참조). 보장의 증가는 한쪽 다리로 버티는 시간이 증가된 것으로 이는 보행 시 안정성의 향상을 시사한다. 또한 Gaitview 평가 시 앞뒤로 움직이는 상황에서의 보행균형율이 사전 18.05에서 25.5로 7.45 증가하였다([그림 6-1] 참조). 이것은 앞뒤 간의 체중부하를 초점으로 하는 보행훈련 시행 후 이러한 결과가 나온 것은 보행 상황에서의 균형이 보다 안정적이 되었다는 것으로 앞선 보장에 대한 결과와 일치한다.

표 6-1 보행소요시간 및 보장의 변화

구분	보행훈련을 하지 않은 기간	음악치료 보행훈련을 한 기간
평균시간(초)	9.31	7.38
환측 발 먼저 전진 시 평균 보장(cm)	39.9	44.66
건측 발 먼저 전진 시 평균 보장(cm)	38.26	39.34

프로그램 초기

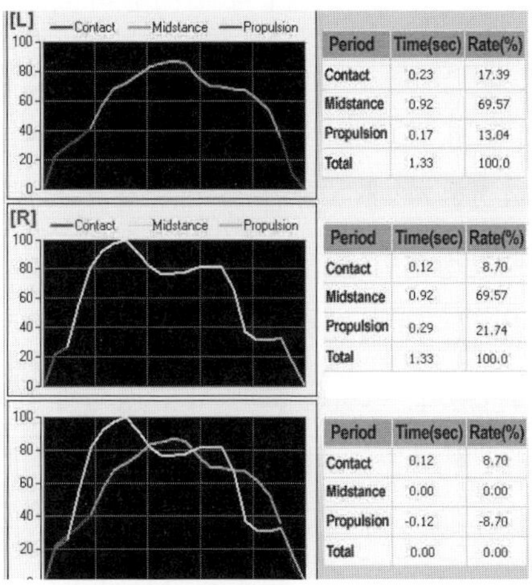

Period	Time(sec)	Rate(%)
Contact	0.23	17.39
Midstance	0.92	69.57
Propulsion	0.17	13.04
Total	1.33	100.0

Period	Time(sec)	Rate(%)
Contact	0.12	8.70
Midstance	0.92	69.57
Propulsion	0.29	21.74
Total	1.33	100.0

Period	Time(sec)	Rate(%)
Contact	0.12	8.70
Midstance	0.00	0.00
Propulsion	-0.12	-8.70
Total	0.00	0.00

프로그램 후기

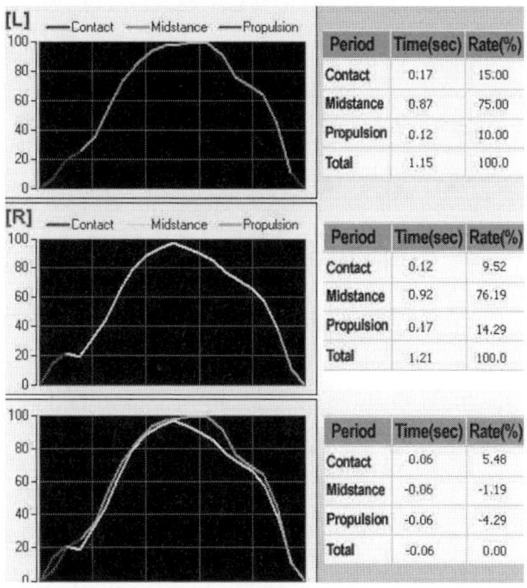

Period	Time(sec)	Rate(%)
Contact	0.17	15.00
Midstance	0.87	75.00
Propulsion	0.12	10.00
Total	1.15	100.0

Period	Time(sec)	Rate(%)
Contact	0.12	9.52
Midstance	0.92	76.19
Propulsion	0.17	14.29
Total	1.21	100.0

Period	Time(sec)	Rate(%)
Contact	0.06	5.48
Midstance	-0.06	-1.19
Propulsion	-0.06	-4.29
Total	-0.06	0.00

- 위에서부터 순서대로 [L]은 왼쪽 발, [R]은 오른쪽 발을 의미하며, 세 번째 사진은 양 발의 평가치의 균형을 눈으로 확인할 수 있도록 하나의 프레임 안에서 보여 주고 있다. 입각기 보행 주기(period)에 있어서 초기입각기(contact), 중간입각기(midstance), 추진기(propulsion)의 소요시간과 비율이 표로 제시되어 있다.

[그림 6-1] Gaitview 프로그램을 사용한 양측 발의 보행 시 '체중부하의 흐름(Force flow)'

임상에서 고려할 점

1. 보행훈련 시 환자에게 맞는 음악중재를 위해서는 정확한 분속수 측정이 중요하다. 기계를 통한 측정도 가능하나 환자의 일상 상황에서 훈련을 유도하기 위한 방법으로 60초 이상, 직선거리를 평소처럼 편하게 걷도록 하고 보행모습을 촬영한 후 분속수를 측정하는 것을 3회 정도 시도하여 평균치를 사용하도록 추천한다. 이때 분속수, 즉 분당 보(step)의 수를 구하는 방법은 [보행소요시간(초):보의 수=60:x]이다.
2. 실제 치료 상황에서는 물리치료사의 감독하에, 트레드밀에서 훈련하는 경우가 많다. 이것이 가능한 경우 평지나 복도와 같은 직선로에서 보행훈련을 시행하는 것도 가능할 수 있다. 재활치료 및 훈련의 목적은 치료실 밖에서 치료효과가 일반화되도록 하는 것에 있다. 따라서 환자가 음악에 맞춰 일상에서 훈련할 수 있도록 음원을 만들어 제공할 수 있다. 최근에는 음원의 구성을 동조화를 위한 워밍업 부분과 훈련을 위한 부분으로 총 10~15분 길이로 하여 치료음

악을 만들어 제공하였는데 환자의 만족도가 높았다.

3. 본 프로그램에서는 선호도를 배제하고 가사가 없는 연주곡을 사용하였으나, 이후 반복된 프로그램 진행을 통해 볼 때, 환자마다 개별 선호곡을 반영하여 음악을 제공하였을 때 훈련동기와 선호가 더 높았다.
4. 훈련 시 사용되는 음악의 경우 속도가 적절한지 매주 확인 및 재평가가 필요할 수 있다. 따라서 주(weekly) 단위로 보행안정성이 유지된 상태의 분속수를 체크한 후 그에 맞춰 중재되는 음악을 조절하는 게 필요하다.
5. '보행속도의 증가'가 치료효과의 전부는 아니다. 이것은 보행 시 안정성과 균형 등 다른 요인들이 통합적으로 고려되어야 한다는 의미로, 정확한 디지털 평가도구가 구비되지 않았을 경우에는 정확한 평가에 대해 물리치료사와의 협업을 권유한다. 예를 들어, 파킨슨병 환자의 경우 보행속도가 평균보다 높은 이슈가 있어서 안정적 속도로 분속수를 낮추는 것이 목표가 될 수 있다. 환자에게 적절한 수준의 보행속도와 보행 시 고려해야 할 요소 등에 대해 치료사 간 충분한 논의가 필요하다.
6. 훈련을 지속하고 반복하는 총량은 매우 중요한 요소이다. 환자가 치료시간 이외에도 일상에서 충분히 훈련을 유지할 수 있도록 효과적인 음악적 중재방법의 고민이 계속되어야 한다.

사례 2 뇌졸중 노인을 위한 음악치료: 인지재활

프로그램명: 인지재활을 위한 음악치료

글: 음악치료사 김성애

기간: 2013년 8월 7일~2013년 10월 2일

치료사 소개

음악치료사 김성애는 2010년부터 2019년까지 고려수재활병원 부설 고려수치료연구소에서 연구소장을 역임하였다. 2010년 개소한 고려수치료연구소는 뇌손상, 뇌출혈 등의 성인/소아 신경손상 환자들을 치료하는 전문기관이다. 또한 신경학적 문제를 가진 아동들을 위한 노래와 프로그램을 개발하는 위드리햅(With Rehab: 함께하는 재활) 대표로 활동 중이다. 위드리햅은 신경재활 임상 치료사들로 결성된 팀으

로 언어치료사, 음악치료사가 함께 활동하고 있다. 숙명여자대학교 음악치료대학원에서 신경재활 음악치료를 강의하고 인턴 수퍼바이저로 활동하고 있다.

참여자 소개

참여자 ○○○씨는 72세 여자 환자로 고혈압, 협심증의 증상으로 1년 정도 약을 먹던 중 지주막하 출혈(subarachnoid hemorrhage: SAH)로 ICU에 10일 동안 입원 후 호전되어 포괄적인 치료를 위해 재활병원에 입원하였다. 보행장애(gait disturbance), 두통(headache), 섬망(delirium), 삼킴장애(dysphagia), 언어장애(dysphasia), 혈관치매(vascular dementia)로 진단받고 인지재활을 위해 연구소에 의뢰되었다.

주요 내용

혈관치매는 뇌혈관 질환이 원인이 되어 발생하는 치매로 여러 형태의 뇌출혈 등에 의해 초래된다. 혈관치매는 알츠하이머병과 달리 마비, 구음장애, 삼킴곤란, 안면마비, 시야장애, 한쪽 시력상실, 보행장애, 소변 실금 등 신경학적 증상을 동반하고 기억력 감퇴, 언어능력 저하, 시공간파악능력 저하, 판단력 및 일상생활 수행능력 등 인지기능 저하의 증상을 보인다. 평가 결과, 지속 주의력, 기억력, 시각 운동 조직력에 어려움을 보였고 악기연주(playing: 지속 주의력, 선택 주의력, 교대 주의력), 감상(노래 회상, song reminiscence; 투사적 감상, projective listening) 등의 활동을 시행하였다.

진행과정

- 1~9회기에는 주의력 증진을 위한 연주 시 치료사의 최대한의 도움(maximal assistance) 수준에서 20~40초 수행하였다. 기억력 증진을 위한 음악감상 시 에피소드에 대해 시간의 흐름과 장소에 대한 혼란스러운 반응을 보였고 단기기억에서 단어 네 개 중 한 개를 산출하였다.
- 10~19회기에는 주의력 증진을 위한 연주 시 치료사의 중등도의 도움(moderate assistance) 수준에서 75초 수행하였다. 연상적 기억력 증진을 위한 음악감상 시 자신의 십대를 구체적으로 회상하였고 단기기억에서 음절 단서를 통해 100% 수행하였다.

사례

추억 많은 ○○○입니다.

더위가 기승을 부리던 여름 ○○○ 님을 만났다. 발병한 지 얼마 안 되어 환자의 컨디션은 저조하고 혼란스럽고 긴장된 모습이었다. 전산화 신경인지기능검사(Computerized Neurocognitive Function Test: CNT) 시 초기에 환자는 과제를 이해하지 못했지만 점차로 안정을 찾고 검사에 집중하고 수행하려는 의지를 보였다. 시각 주의력과 시각 기억력의 점수가 청각 주의력과 기억력에 비해 유의하게 높은 점수를 보였고 따라서 음악치료를 진행하는 것이 도움이 될 것이라 판단되었다.

음악인지평가에서 지남력이 정상으로 나타났으나 감상을 통한 회상에서 어려움을 보이고 지속 주의력 과제로 주어진 〈밀양아리랑〉이 연주가 진행되는 2분 동안 10% 수행하였다. 음악치료팀 회의를 통해 목표를 주의력, 기억력, 행정기능으로 하고 악기연주, 노래 회상, 투사적 감상, 음악자서전을 시행하기로 하였다.

주의력 증진을 위해 3회기 동안 진행된 〈밀양아리랑〉 북 연주에서 도움이 최대 수준에서 중등도의 도움 수준으로 치료사의 도움 수준을 낮출 수 있었다. 5회기에는 치료사의 셋업 수준으로 활동을 진행하였는데 음악의 구조를 인지하고 적극적으로 참여하였고 기능이 향상되는 것을 확인할 수 있었다.

함께 진행된 기억력 증진을 위한 활동에서 치료사는 〈오빠 생각〉 〈나는 열 일곱 살이에요〉라는 곡을 통해 남편과 연애하던 시절과 고향을 회상하였다. 환자와의 대화를 통해 사건에 따른 사건 전개와 인과관계 등의 이해가 필요한 것으로 판단되었고 음악자서전을 진행하기로 하였다. 시대별로 제시된 음악에 환자는 어릴 적 고향의 정확한 주소, 고향의 장면, 어린 시절 친구들과 어울려서 했던 놀이, 부모님의 맞벌이로 동생들을 돌봐야 했던 기억들을 회상하였다. 20~40대를 회상하기 위해 제공된 음악에서 20대 초반의 젊은 시절과 그때의 상황, 처음 아들을 낳고 기뻐했던 추억, 4남매를 키우기 위해 돈을 벌어야 했던 어려움, 아이들이 공부를 잘하고 착해서 자신의 삶이 기쁨이 되었던 순간들을 기억하였다. 현재의 자신에 대해 사랑받고 사랑 나누며 살아가는 행복한 자신을 떠올렸고 받은 사랑을 나누며 남은 여생을 보내고 싶다고 했다. 시간의 순서대로 자신의 삶을 정리하며 사건의 흐름, 인과관계, 삶의 단계를 정리해 보면서 환자의 일상생활과 행정기능을 향상할 수 있었다.

임상에서 고려할 점

혈관치매의 경우 병변과 관련하여 다양한 임상적 증상을 참고한 후 치료목표를 설정하고 학력과 직업 등의 개인력을 토대로 치료 프로그램을 제시하도록 한다. 특별히 판단력 및 일상생활 수행능력 등이 저하된 경우 문제해결과 행정기능 증진을 위한 활동을 함께 하고 타 치료팀과 협력하여 환자의 병원생활 적응을 도울 수 있도록 한다.

사례 3 파킨슨병 노인을 위한 음악치료: 언어재활 및 신체재활

프로그램명: 파킨슨병 환자를 위한 음악치료

글: 음악치료사 황지연

치료사 소개

음악치료사 황지연은 숙명여자대학교 음악치료대학원을 졸업하고 인제대학교 일산백병원 재활의학과 음악치료사로 2001년부터 2020년 현재까지 풀타임으로 일하고 있으며 언어재활사 1급 자격도 함께 갖추고 있다. 숙명여대와 이화여대, 성신여대에서 음악치료를 전공한 대학원 학생들의 인턴교육도 담당하였으며 명지대학교 사회교육대학원 음악치료 전공학생들을 대상으로 임상분석 및 음악치료 철학을 강의하였다. 현재는 숙명여대 음악치료대학원 인턴교육을 담당하고 있다.

대상자 소개

파킨슨병으로 진단받은 환자로 보행과 삼킴, 인지에 어려움이 있는 상태였다. 환자는 질병의 진행으로 점차적으로 기능이 떨어지면서 심리적 스트레스가 가중되고 있었으며 전반적으로 재활치료에 대한 자발적인 참여도가 떨어져 있는 상태에서 음악치료에 의뢰되었다.

주요 내용

호흡 및 발성능력 향상과 성대내전 훈련, 악기연주를 통한 인지훈련, 박(beat)과 리듬을 이용한 보행훈련, 정서적 지지를 치료목적으로 진행하였다.

진행과정

라포(rapport) 형성을 위해 대상자가 선호하는 노래를 이용하여 다양한 음악적 접근을 시도하고 진행성 질병이므로 대상자의 기능을 최대한으로 유지할 수 있는 것에 초점을 맞추어 진행하였다. 삼킴장애로 인해 식사하는 시간이 매우 길고 발성의 크기도 매우 작아 의사소통에 어려움이 있어 성대내전훈련과 호기근 강화를 통해 음성 크기가 향상되도록 진행하였다.

사례

낯선 만남…… 어색함…… 무표정

발병 전에 직업군인으로 일해 왔던 그는 꼼꼼한 성격에 흐트러짐 없이 생활하였는데 퇴직 후 운동기능에 이상이 느껴져 병원에 내원하였으며 파킨슨병으로 진단받은 후 여러 가지 약물치료와 물리치료를 해 오던 중 재활의학과 담당 교수님의 권유로 음악치료를 받게 되었다. 그는 처음 치료실로 들어올 때, 무표정한 얼굴과 구부정한 자세, 종종걸음으로 걸어 들어왔다. 첫 인사를 나누는데 음성 크기가 너무 작아 알아듣기 힘들 정도로 작게 "안녕하세요~"라고 하였다. 발성 길이도 체크하기 힘들 정도로 짧고 소리의 강도도 매우 약하였다. 노래 부르기가 거의 불가능한 수준이었다. 직업군인으로 생활하면서 취미생활도 없이 일만 했던 그는 좋아하는 노래도, 가수도 없었고 당연히 악기를 직접 접한 적도 없었다. 음악치료사로서 이 분에게 치료적으로 음악을 어떻게 사용해야 할지에 대한 고민이 밀려왔다.

소통…… 교류

다른 사람과의 관계에서 언어적이든 환경적이든 정서적이든…… 소통이 되어야 일상생활에서 고립되지 않고 상호교류를 할 수 있다. 그래서 음성을 내는 것을 통해 인사를 하더라도 타인이 들을 수 있도록, 가족을 부를 때 상대방이 들을 수 있도록 도와야겠다는 생각을 하였다. 음성을 내는 연습을 통해 성대내전을 잘할 수 있도록 도와서 삼킴에 어려움 있는 부분에도 치료적으로 접근하였다.

호흡 및 발성 훈련

발성을 위해 기초적인 호흡훈련을 먼저 시행하였다. 호기와 흡기를 같이 훈련할 수 있는 하모니카를 이용해서 내쉬고 들이쉬는 연습을 하였는데 처음에는 1~2초 정도 짧게 시도하다가 점차적으로 호기와 흡기의 길이를 늘려 나갔다. 호흡에 사용할 수 있는 악기들을 호기의 세기가 약한 것부터 강하게 불어야 소리가 나는 순서로 적용하였다. 처음 리코더를 이용해 민요에 맞춰 첫 박에 불기를 시도했을 때 소리의 강도가 매우 약해 호기근인 복근을 치료사가 눌러 주면서 리코더 소리의 강도 변화를 느끼게 해 드렸을 때 환하게 웃으며 좋아하는 모습을 보였다. 리코더부터 시작해 호른(horn), 다양한 휘슬(whistle)들을 음악에 맞춰 불면서 호기의 강도를 높였다. 그리고 소리의 진동을 감지해서 불이 켜지는 라이트 돔(light dome)을 이용해서 스스로 발성의 강도를 조절하도록 했을 때 시각적 자극이 촉매제가 되어 환자 스스로 소리의 강도를 높이는 모습을 보였다. 복근을 눌러 주면서 호기근을 사용하는 방법을 인지하도록 도우는 것을 점차적으로 줄여 나갔다. 환자의 배 위에 치료사의 손을 올리는 것만으로도 발성 및 휘슬의 소리 강도가 커졌다.

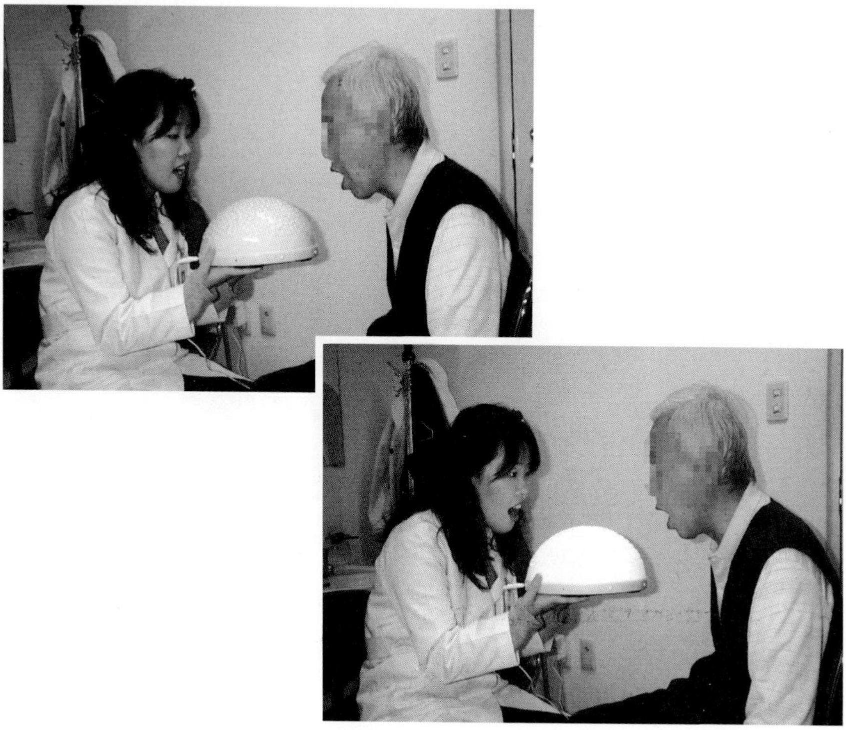

[그림 6-2] 라이트 돔

나이팅게일 휘슬

호른

리코더

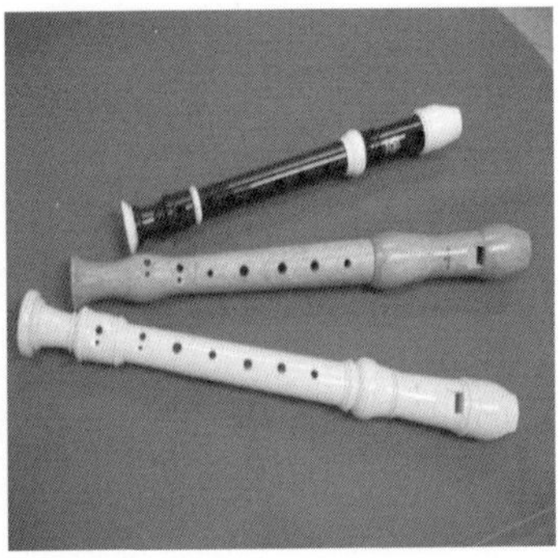

오리 휘슬

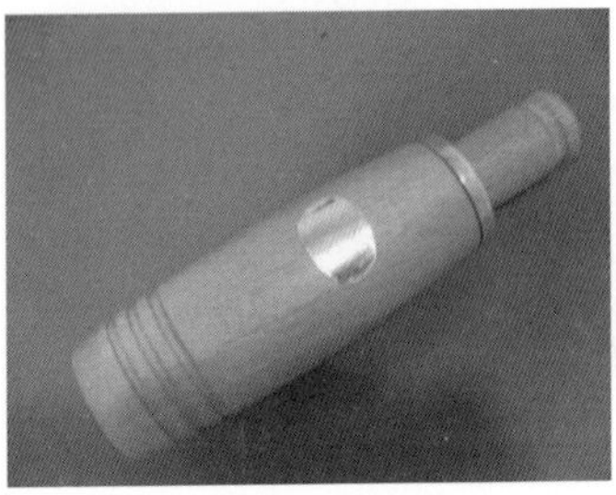

사이렌 휘슬

하모니카

뻐꾸기 휘슬

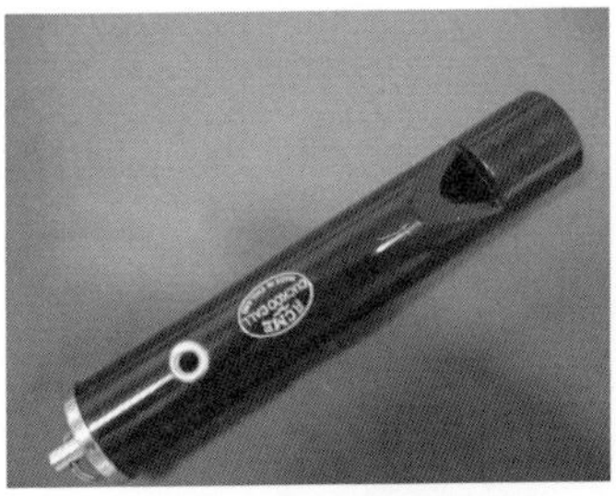

슬라이드 휘슬

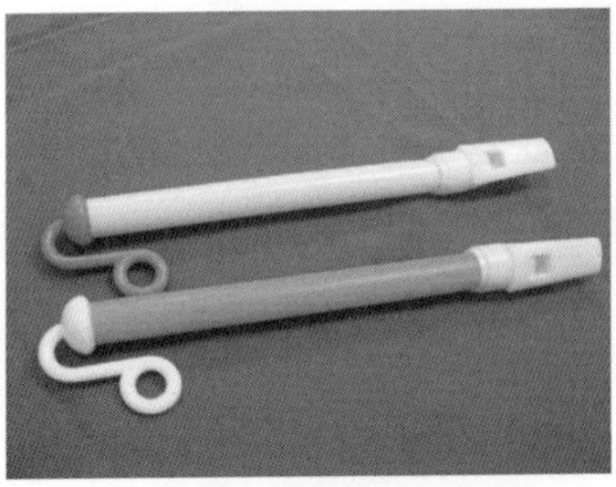

기차, 비행기 휘슬, 비누방울 등등

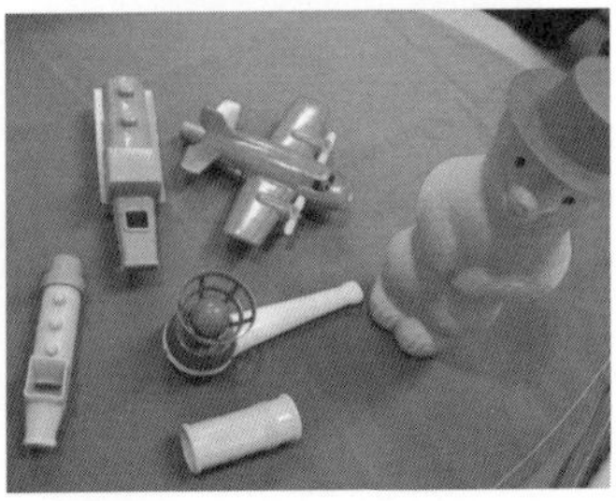

[그림 6-3] 다양한 휘슬

호흡과 발성이 좋아지면서 환자분이 노래를 부를 수 있게 되었다. 처음 부른 노래는 〈진짜 사나이〉였다. 직업군인이었던 환자를 생각하며 〈진짜 사나이〉라는 곡이 환자가 부르기에 정서적으로도 좋은 곡이라고 생각했는데 환자분이 너무 맘에 드는 곡이라며 적극적으로 노래를 부르기 시작하였다. 호흡의 길이가 짧은 것을 고려해 한마디씩 주고받는 구조로 노래를 불러 환자가 호흡을 충분히 준비해서 노래를 부르도록 하였다. 노래 한 곡을 다 부른 후 환하게 웃으며 다시 군인으로 돌아간 것 같다는 표현까지 하시는 모습을 보면서 정말 기뻤다. 호흡훈련을 통해 점점 발성의 크기가 커지면서 표정도 밝아지기 시작하셨다. 보호자께서는 환자분이 음악치료실에 오는 날을 너무 기다리신다는 말씀을 하셨다. 하루는 치료실에 오셔서 "집에서는 소리가 많이 크지 않은데 음악치료실에 오면 소리가 커지는데 혹시 음악치료실에 소리 커지는 장치를 해 놓은 거 아니에요?"라고 농담까지 하면서 크게 웃으시는 환자분을 보면서 음악치료가 음성의 크기를 크게 해서 의사소통을 도운 것뿐만 아니라 정서적 지지를 함께하면서 환자 스스로 하고자 하는 의욕과 즐거움을 제공하는 역할을 충분히 하고 있다는 생각이 들었다.

성대내전을 통해 삼킴장애로 인한 어려움을 완화시키고자 성문음 /ㅎ/을 이용해 훈련을 하였다. 4/4박 곡의 강박에 '하'를 발성하도록 하였는데 치료사와 마주 본 상태에서 서로의 손바닥을 밀면서 소리를 내는 밀기 접근법을 시도하였다. 환자분의 근력이 많이 약화된 상태이기 때문에 앉은 자세에서 시행하고 환자의 의자는 보조치료사가 뒤에서 흔들리지 않도록 잡아 주는 것이 필요하였다.

보행훈련

파킨슨병 환자는 자세가 등이 구부러지고 시선의 방향이 아래를 향해 있으며 보폭이 작게 종종걸음을 걷는 것이 특징이다. 특히 좁은 공간을 지나갈 때 보행에 어려움이 더 크며 걸음을 시작하는 것에 어려움이 있다. 먼저, 시선의 방향을 앞으로 향하게 하기 위해 악기연주를 할 때 악기의 위치를 항상 정면보다 조금 높은 위치에 제공해서 환자가 고개를 들어 악기를 보도록 환경을 구성하고 악기의 위치를 조금씩 이동하면서 스스로 고개를 움직여 악기를 시각적으로 추적하는 것을 통해 자연스럽게 고개를 들고 시선이 정면을 보도록 유도하였다. 다음 단계로 악기를 대각선 위치로 위아래에 세팅해서 연주하도록 하였다. 이때 악기의 크기를 처음에는 큰 것을 제공해 주어 환자가 안정적으로 악기를 칠 수 있도록 하고 점차적으로 악기의 크기를 작게 제공해서 악기를 치는 범위가 작아지더라도 위치를 시각적으로 잘 추적해서 연주하도록 도왔다. 그리고 보행훈련에 있어서는 발을 바닥에 끌면서 종종걸음을 걷고 보행의 폭이 좁은 것을 개선하기 위해 행진곡을 이용해 내재박을 몸으로 느끼게 한 후(패들드럼을 박에 맞춰 연주하거나 손뼉을 치거나 앉은 자세하게 발을 구르는 것), 걷기를 시행했는데 보폭이 넓어지고 발이 끌리지 않고 걷기가 가능하였다. 그리고 자리에서 앉아서 일어나는 것도 음악이 제공되지 않았을 때는 바로 일어나지 못하였는데 행진곡 음악에 맞추어 시도했을 때는 바로 일어나는 모습이 관찰되었다. 치료사는 음악을 제공하는 역할만을 했음에도 내재박이 환자의 보행과 움직임을 원활하게 하고 안정적으로 걷도록 도왔다. 환자가 일상생활에서 걷다가 갑자기 멈추거나 걸음을 시작하지 못하는 상황들이 발생하는데 이런 상황에 음악을 제공할 수 없을 때가 많아 리듬스틱이나 손뼉을 통해 박(beat)을 제공하여 문제를 해결할 수 있도록 하였다. 치료가 끝나고 치료실을 나가면서 문을 통과할 때 갑자기 걸음을 멈추거나 더 좁은 보폭으로 종종걸음을 해서 넘어지려고 할 때가 간헐적으로 있었는데 그때 리듬스틱을 이용해 박을 제공하면서 구령을 해 주며 50m 정도를 지속적으로 걷도록 해서 보행을 안정적으로 하도록 도운 뒤 보호자가 직접 손뼉을 치며 박을 제공해서 돕도록 일반화하였다.

질병의 진행과 이별

파킨슨병은 진행성 질병이기 때문에 환자를 몇 년 동안 치료하면서 조금씩 기능이 나빠지는 모습을 보는 것은 참 가슴 아픈 일이다. 그리고 그 가족의 아픔과 고통이 얼마나 큰지 느낄 수 있었다. 질병이 진행되면서 환자 분의 불안감이 커지고 가족을 의심하거나 간헐적으로 환청을 듣는 경우도 있었다. 가족이 자신의 재산을 다 빼돌리려고 한다며 지갑에 현금을 가득 넣어 오셔서 치료사인 나에게 주시려고 하거나 부인이 다른 남자를 만나는 것 같다며 걱정하며 말씀하시고 부인에게 크게 화를 내는 행동을 할 때도 있었다. 이 환자분의 옆을 항상 같은 모습으로 지켜 주는 부인을 보면서 가족의 소중함을 또 한 번 더 느끼게 되었다. 병의 진행으로 외래로 통원이 어려워지면서 환자와의 만남을 마무리하게 되었다. 중환자실에 입원하게 되면서 환자 보호자(부인)와 간헐적으로 만나 환자의 상태와 안부를 물었다. 부인은 남편이 점점 나빠지는 상태를 보면서 마음이 너무 아프고 힘들지만 그래도 함께 열심히 그리고 즐겁게 치료받았던 것들로 감사한다고 말씀을 하셨다. 치료사인 나 또한 진행성 질병을 앓고 있는 환자의 상태를 호전시킨다기보다 현재의 상태를 잘 유지할 수 있게 최선을 다해야 하는 것이 최선이라고 받아들이는 것이 심적으로 어려움이 있었지만 치료를 하는 동안 환자가 환하게 웃고 작았던 목소리가 커지면서 자신감을 얻고 걸음걸이가 불안정할 때 박(beat)을 이용해 안정적으로 걷도록 도울 수 있었던 것에 보람을 느끼고 감사하게 되었다.

임상에서 고려할 점

파킨슨병에 대한 정확한 이해와 환자의 기능을 유지 및 향상시키는 것과 함께 정서적 지지를 충분히 해 주어 환자 스스로 하고자 하는 의욕을 심어 주는 것도 매우 중요하다고 생각한다. 치료사는 자신이 만나는 환자의 상태를 정확히 파악하고 치료적 접근을 위해 음악치료에 사용될 악기의 구조, 음색 등을 잘 분석하여야 하며 환자의 운동성에 적합한 움직임을 유도할 수 있어야 한다. 그리고 질병이 진행됨에 따라 환자의 상태가 달라지므로 달라진 환자의 상태를 잘 파악하여 치료세팅을 해야 할 것이다. 음악은 많은 이들에게 즐거움을 제공하는 좋은 도구이다. 즐거움을 제공하는 음악을 환자에게 가장 적절하게 적용한다면 치료적 효과는 더 극대화될 것이라고 생각한다.

7장

호스피스 · 완화의료에서의 노인을 위한 음악치료

God,
give us grace to accept with serenity the things that cannot be changed,
courage to change the things that should be changed,
and the wisdom to distinguish the one from the other.
신이시여,
바꿀 수 없는 것을 평온하게 받아들이는 은혜와
바꿔야만 하는 것들을 바꿀 수 있는 용기,
그리고 이것들을 분별하는 지혜를
우리에게 주소서

(Niebuhr, 1986)

1. 호스피스 · 완화의료에서 노인을 위한 음악치료 개요

과학과 의학의 꾸준한 발달은 질병의 새로운 발견과 함께 다양한 질병들의 예방 및 치료 기술의 개발을 가져와 인간의 수명을 연장시키는 데 공헌해 왔다. 이로 인해 현대 사회는 이전에 비해 노인인구의 급속한 증가가 일어나고 있으며 그와 발맞춰 고령자들의 삶의 질 향상을 위해 많은 실버산업들과 서비스가 발달하고 있다. 평균 수명이 늘어난 이 시대에서 살고 있는 노인들 중, 신체적으로나 경제적으로 여유 있는 노인들은 아직도 길게 남아 있는 자신의 여생을 활기차고 의미 있게 보내기 위해 다양한 취미 활동이나 복지 서비스에 참여하며 그 과정 속에서 친구나 가족들과의 충분한 교류를 통해 사회적 그리고 심리적 건강을 유지하고자 노력한다. 반면, 어떤 노인들은 여러 차원에서의 복지 지원에도 불구하고 생계를 위해 여전히 일을 하며 여유 없이 팍팍한 하루하루를 살아감으로 인해 삶의 질이 저하되어 있거나 혹은 건강이나 가족 간의 문제로 사회적으로 고립되어 지내기도 한다.

그러나 이러한 노년의 모습 차이와는 상관없이, 여유가 있는 노인이건 그렇지 못한 노인이건 모두 인생의 마지막 순간에 찾아오는 죽음을 피할 수는 없다. 때의 차이는 있겠으나 어떤 삶을 살았던 간에 우리 모두는 인생을 정리해야 하는 유한한 존재이기 때문이다. 또 죽음이 언제 어떻게 올지 예측할 수 없기 때문에 사람들은 그에 대해 더 두려워하고 피하고 싶어 한다. 사실, 우리 문화에서 '죽음'을 언급하는 일은 매우 꺼려 왔었다. 특히 노인들에게 죽음에 대한 이야기를 한다는 것은 금기시되어 왔기 때문에 부모나 주변 노인들과 죽음을 논하는 사람은 불경하거나 버르장머리 없는 사람으로 치부되어 왔다. 그래서 불과 몇 년 전까지만 해도 건강할 때 죽음을 준비해야 한다는 것은 생각도 할 수 없었던 일이었다.

십여 년 전부터 신체적 건강뿐만 아니라 정신적으로도 조화롭게 잘 살아야 한다는 뜻의 '웰빙(Well-being)'이라는 단어가 한동안 사회적으로 열풍을 일으켜 먹거리를 비롯한 모든 분야에서 새로운 개념으로 자리 잡게 되었다. 이에 국립국어원(2005)에서는 '웰빙'이라는 외래어를 대체할 신조어로 '참살이'라는 단어를 2004년에 발표하였다. 그러나 여전히 '웰빙'이라는 말은 수명이 길어지고 더불어 길어진 삶의 질을 향상시키고 싶은 많은 사람에 의해 관심의 중심에 있는 용어이다. 이러한 열풍에 힘입어 최근 몇 년 전부터 '웰다잉(Well-dying)'이라는 말이 심심치 않게 거론 되어 오고 있다. 앞에서 언급한 것처럼 죽음을 이야기하기 쉽지 않은 사회문화적 분위기에서는 품위 있고 존엄하게 생을 마감할 준비를 해야 한다는 주장은 쉽게 공감받기 어려운 일이었다. 그러나 수명이 늘어나면서 노인인구가 증가하고 이와 함께 암이나 치매와 같은 질병들에 대한 관심이 높아지면서 어떻게 죽음을 맞이할 것인가에 대한 관심도 같이 높아지고 있다.

사람들은 길어진 수명을 건강하고 즐겁게 향유하다가 때가 되면 아프지 않고 자연스럽게 죽음을 맞이하게 되길 희망한다. 또 의료기술의 발달로 인해 옛날에 비해 더 많은 질환들이 진단되고 있지만 그것들에 대한 치료 방법이나 기술들도 빠르게 발전되고 있다. 그 덕분에 예전 같으면 불치병으로 인식되고 많은 사람들의 생을 앗아 갔던 다양한 질환들이 훨씬 수월하고 효과적으로 관리되거나 치료되어 삶의 질도 향상되고 있다. 그럼에도 불구하고, 길고 어두운 터널 안을 지나는 것처럼 병마와 힘든 사투를 벌이고 있는 환자들을 우린 여전히 임상현장에서 대면하게 된다. 어떤 환자에게는 현재 있는 상황이 무섭고 힘들지라도 탈출할 수 있는 터널의 끝이 보이기도 하는 반면에, 어떤 환자들에게 그 터널은 사랑하는 가족이나 친구, 그리고 이생에서의 많은 인연들과 작별을 준비해야 하는 마지막 여정이 되기도 한다. 이 마지막 여정에 있는 환자들의 남은 시간을 최대한 의미 있게 채워 주려 노력하는 의료적 개입이 '호스피스 · 완화의료(hospice · palliative care)'이다.

1) 호스피스 · 완화의료의 개념

'호스피스(hospice)'라는 용어는 오래전부터 사용되어 온 단어이기에 우리에게 그리 낯설지 않다. 역사가들은 '호스피스'의 개념이 11세기경부터 유럽에서 오랜 여행이나 전쟁으로 병들거나 지친 사람들에게 제공되던 쉼터를 일컫는 것이며, 중세기에는 호스피스 시설들이 많이 늘어났었으나 종교적 명령이 줄어들자 증가가 시들해졌다고 주장한다(Lewis, 2007). 이처럼 초기의 호스피스는 쉼이나 간호가 제공되던 장소의 개념이 강했고 전문적 치료보다는 죽음을 잘 맞이할 수 있도록 지원해 주는 것이 주 역할이었다.

근대에 들어, 말기 환자들을 치료하던 영국 간호사였던 Dame Cicely Saunders

는 이후 의사가 되었고, 1967년에 임종 환자들에게 단순한 돌봄에서 더 진보된 전문적인 치료를 제공하기 위해 영국 런던 근교에 St. Christopher's Hospice라는 시설을 개원하면서 현대적 개념의 호스피스가 시작되었다(National Hospice and Palliative Care Organization, 2016). 미국에서도 Saunders의 영향을 받아 1970년대에 미국 코네티컷 주에 호스피스 시설이 설립되었으며, 우리나라에서는 1965년에 호주에서 파견된 '마리아의 작은 자매회' 소속 수녀 4명과 호주 자원봉사 의사 1명, 그리고 직원 22명으로 개원한 강릉의 갈바리 의원에서 무연고자나 형편이 어려운 임종 환자들을 돌보기 시작한 것이 국내 최초의 호스피스 돌봄으로 알려져 있다(김동정, 2009).

1990년대 말까지는 우리나라의 경우 말기 암 환자들을 대상으로 여명 말기에 제공되는 의료 서비스를 호스피스라 지칭하였는데, 그로 인해 호스피스 환자라는 말은 곧 임종을 앞둔 불치의 환자라는 부정적 이미지 때문에 환자들도 호스피스 서비스를 받는 것에 거부감을 나타내거나 과학적으로 확인되지 않은 대체요법에 많이 의존하곤 하였다. 이는 호스피스를 죽음에만 초점을 두어 생각했기 때문인데 죽음에 대한 생각이나 준비를 터부시하던 우리 문화에서는 매우 당연한 반응으로 볼 수 있다.

호스피스는 말기 환자에게 지원되는 의료 서비스이며, 말기 환자란 "적극적인 치료에도 불구하고 근원적인 회복의 가능성이 없고 점차 증상이 악화되어 보건복지부령으로 정하는 절차와 기준에 따라 담당 의사와 해당 분야의 전문의 1명으로부터 수개월 이내에 사망할 것으로 예상되는 진단을 받은 환자"를 의미한다(보건복지부, 2018). 반면, 세계보건기구(World Health Organization: WHO)는 2002년에 "완화의료란 통증과 신체적, 사회심리적, 그리고 영적 문제들에 대한 조기 규명과 정확한 사정을 통해 생명을 위협하는 질병으로 인한 문제들과 직면하고 있는 환자와 그 가족들의 고통을 예방하고 완화함으로써 삶의 질을 높여 주는 접근방법이다." (Worldwide Palliative Care Alliance, 2014, p. 5에서 재인용)라고 개정된 정의를 발표하였다. 이 정의에 따르면 완화의료의 대상은 생명을 위협하는 질병(life-threatening illness)으로 고통받는 모든 환자와 그 가족이며, 따라서 기존 호스피스의 대상보다 훨씬 넓어진 범위의 사람들이 포함된다. 더 나아가, 2014년에 열린 제67차 세계보건총회(World Health Assembly)에서 WHO는 완화의료의 대상을 암 환자를 비롯하여 치매나 만성폐쇄성 폐질환 등의 비전염성 만성질환들과 선천적 장애, 감염질환 환자들까지 포함함으로써(WHO, 2014) 세계적으로 완화의료의 대상이 점점 더 확장되고 있는 상황이다.

우리나라에서도 2017년 8월 이전에는 호스피스 의료의 대상으로 말기 암 환자만으로 규정했었으나 그해 8월 이후부터는 말기 환자로 그 대상이 확대되었고, 2018년 3월 27일에 개정된 「호스피스 완화의료 및 임종과정에 있는 환자의 연명의료결정에 관한 법률」(약칭: 「연명의료결정법」)에서는 호스피스 대상 환자에 암, 후천성 면역 결핍증, 만성 폐쇄성 호흡기질환, 만성 간경화, 그 밖에 보건복지부령으로 정하는 질환 등의 환자와 임종 환자를 포함하는 것으로 규정하고 있다(보건복지부, 2018).

2000년대 들어 '호스피스'라는 용어는 '호스피스 · 완화의료'라는 보완된 용어로 의료현장에 자주 등장하게 되었다. '호스피스'라는 용어가 대중에게 익숙하지만 죽음과 연관되는 막연히 부정적인 단어였다면, '완화의료'라는 낯설지만 변화를 지향하는 뉘앙스의 용어는 막연히 회피했던 호스피스에 대한 대중들의 생각을 바꿔 주는 계기가 되었다. 호스피스와 완화의료는 모두 여러 측면에서 환자의 고통을 경감시켜 주고 그들의 삶의 질을 향상시키는 것이 목적이라는 공통점을 갖고 있다. 그러나 완화의료의 정의에는 죽음이나 사망이라는 단어의 사용보다는 환자들이 직면하고 있는 심리적, 신체적, 사회적, 그리고 영적 문제들의 총체적 완화에 더 초점을 두고 있다.

완화의료(palliative care)의 영어 명칭에서 palliate란 병이나 고통의 증상을 일시적으로(그 질병에 대한 치료 없이) 완화시킨다는 뜻으로 해석될 수 있다. 환자의 입장에서는 말기 환자일지라도 치료에 대한 최소한의 희망의 끈을 놓지 않고 싶어 하기 때문에 완화의료를 받는다는 것을 자신의 병에 대한 마지막 탈출구로 생각하기도 한다. 이런 이유로 환자들은 완화의료를 호스피스보다는 두려움이나 거부감을 덜 느끼는 상황으로 인식하고 보다 적극적으로 서비스를 받으려 하는 경향도 볼 수 있다. 그러나 완화의료는 적극적이고 침습적인 치료가 중심인 일반의료보다는 질병으로 인한 증상과 문제를 억제하고 완화시키는 데 더 초점을 두는 접근으로 볼 수 있다. 따라서 호스피스 · 완화의료의 목적은 말기 환자 또는 임종과정에 있는 환자와 그 가족에게 "통증과 증상의 완화 등을 포함한 신체적, 심리사회적, 영적 영역에 대한 종합적인 평가와 치료"라고 약칭 「연명의료결정법」의 제2조 6항에서 명시하고 있다(보건복지부, 2020).

이런 목적을 달성하기 위해 호스피스 · 완화의료는 팀 접근으로 이루어진다. 환자의 상태와 증상에 대한 전문가로서 의료적 의사결정에 참여하고 의학적 치료의 갈등 상황에 대해 감독하고 조정하는 역할을 하는 의사, 증상을 관리하고 환자의 건강기능이 적절히 유지될 수 있도록 도와주고 교육하는 간호사, 심리사회적 관점에서 환자와 가족의 필요를 지원하고 지지해 주는 사회복지사, 삶과 죽음의 의미에 대해 상담하고 환자와 가족에게 의미 있는 종교의식을 준비하여 지원하는 역할을 하는 영적 돌봄자, 그리고 환자와 가족이 삶을 의미 있게 정리하고 남은 시간을 헛되지 않고 충만하게 살아 낼 수 있도록 지원하는 음악, 미술, 원예 등의 요법 치료사들이 팀원으로 참여한다. 또한 의료자원이 부족하거나 호스피스팀과 환자 사이를 연결시켜 주며 다양한 위치에서 도움을 주는 자원봉사자들도 중요한 팀원이 되며, 코디네이터가 이 모든 팀원이 각자의 영역에서 효과적인 역할을 할 수 있도록 조정한다(보건복지부, 국립암센터, 2020).

2) 호스피스와 연명의료

누가 언제 어떻게 호스피스의 대상이 되는가를 규정하는 것은 쉽지 않다. 죽음이란 모든 사람이 태어남과 동시에 받게 되는 생의 마무리이지만 어느 누구도 그 끝이 언제 어떻게 찾아올지 알지 못한다. 그래서 자신의 병으로 생의 끝이 가까이 와 있다고 느낄 때에도 어떤 사람은 끝까지 의료의 힘을 빌려 남은 생을 연장시키려 애쓰기도 하고 반대로 어떤 사람은 그 마지막을 인정하고 남은 시간들을 자신의 삶의 일부로서 의미 있게 채우기를 결정하기도 한다. 후자의 경우가 앞에서 설명한 호스피스 · 완화의료를 받는 환자라면 전자의 경우는 '연명의료'를 선택한 환자라고 할 수 있다.

회복의 가능성이 있는 상태에서 병을 치료받기 위해 환자가 최선을 다하고 끝까지 노력하는 것은 매우 긍정적인 일이고 당연히 환자와 가족들이 취해야 할 태도이다. 그러나 여기에서 말하는 호스피스나 연명의료의 경우는 회복의 가능성이 없다고 판단된 환자의 경우를 의미하는 것이기 때문에 어떤 선택을 하든 간에 공통적 전제조건은 담당의사와 해당 분야의 전문가에 의해 해당 환자가 임종의 과정에 있다는 것이 판단되어야 한다는 것이다. 보건복지부가 제정한 「연명의료결정법」에 따르면, 임종의 과정에 있다는 것은 "회생의 가능성이 없고, 치료에도 불구하고 회복되지 아니하며, 급속도로 증상이 악화되어 사망에 임박한 상태"(제2조 제1항)를 의미하며, 연명의료란 "임종과정에 있는 환자에게 하는 심폐소생술, 혈액 투석, 항암제 투여, 인공호흡기 착용 및 그 밖에 대통령령으로 접하는 의학적 시술로서 치료효과 없이 임종과정의 기간만을 연장하는 것"(제2조 제4항)이라 규정되어 있다(보건복지부, 2020). 그래서 많은 사람들이 연명의료 앞에 무의미하다는 수식어를 붙여 '무의미한 연명치료'라는 용어를 사용하기도 한다.

2017년부터 「연명의료결정법」이 시행되면서 많은 사람들에게 논란의 소지가 되었던 부분은 '연명의료 중단'을 안락사와 같은 것으로 인식했었기 때문이다. 그러나 안락사는 환자의 고통을 줄이기 위해 인위적으로 수명을 단축시키는 행위라면 연명의료의 중단은 회복 가능성이 없는 환자에게 앞에서 언급한 다섯 가지 의료 처치를 시도하지 않음으로써 무의미한 연명치료를 중단하는 것이기 때문에 두 개념 간에는 분명한 차이가 있다. 그래서 「연명의료결정법」에서는 연명의료 중단에 대한 결정을 누가 어떻게 하느냐에 대해 규정하고 있는데, 중단 등을 결정함에 있어 환자의 존엄과 가치가 침해되어서는 안 되며, 환자 스스로가 시행될 의료과정에 대해 잘 알고 결정할 권리가 있고, 의료인은 최선의 치료를 제공하는 것은 물론 연명의료에 대한 결정에 관해 정확하게 설명하고 환자의 결정을 존중해야 한다는 것이 기본 원칙이다(보건복지부, 2020).

실제 말기 환자가 임종의 과정에서 혹은 그 이전에 미리 스스로 자신의 선택을 결정해 놓을 수 있는데 그것이 '사전연명의료의향서'이다. 19세 이상의 성인이 그 내용에 대해 충분히 설명을 들은 후에 자신의 연명의료중단 등 결정에 대한 사항이나 호스피스에 관한 의사를 직접 작성하여 사전연명의료의향서 등록기관에 등록하고 보관할 수 있으며, 작성 후에라도 작성자는 그 내용을 변경하거나 철회할 수 있다. 사실, 연명의료에 대한 의향을 사전에 명확하게 밝혀 놓지 않은 상태에서 임종을 맞게 되는 경우 환자가 의사를 표현할 수 없는 상태라면 배우자나 직계 존비속 같은 가까운 가족들이 그 결정을 대행하게 되는데 그 과정에 참여했던 가족들은 임종 후에 또 다른 심리적 어려움을 경험하게 될 수 있기 때문에 그들에 대한 돌봄도 추가로 필요하게 된다.

호스피스를 선택한 환자의 경우 우리나라에서는 크게 세 가지 유형의 서비스를 받을 수 있다. 보건복지부가 지정한 의료기관에서 말기 암 진단을 받은 환자를 대상으로 서비스가 제공되는 입원형 호스피스, 가정에서 호스피스 서비스 이용을 희망하는 말기 암, 말기 후천성 면역 결핍증, 말기 만성 폐쇄성 호흡기질환, 말기 만성 간경화 등의 환자 집을 가정 호스피스 팀원들이 직접 방문하여 환자와 그 가족에게 서비스를 제공하는 가정형 호스피스, 그리고 가정형 호스피스 환자 대상군과 같은 질환을 앓고 있는 환자가 일반 병동과 외래에서 담당의사의 변경 없이 호스피스 전문 인력에게 자문과 지원을 받는 자문형 호스피스로 분류된다(국립암센터, 중앙호스피스센터, 2019). 점차로 이러한 서비스를 제공하는 기관들은 증가하고 있는 추세이나 여전히 전체 말기 환자의 수에 비해 제공기관의 수, 특히 입원형 호스피스를 제공할 수 있는 의료기관의 병상 수가 상대적으로 많이 부족한 것도 현실이다. 따라서 그 대안으로 가정형 호스피스의 확대가 불가피한 실정이며 가정에서 환자와 가족이 함께 서비스를 받을 때 얻을 수 있는 긍정적 효과에 대한 연구와 홍보도 적극적으로 이루어져야 할 필요가 있다.

3) 호스피스 환자

> You matter because you are you, and you matter to the last moment of your life. We will do all we can to help you, not only to die peacefully but to live until you die.
>
> 당신이 당신이기 때문에 당신은 중요하고,
> 당신 삶의 마지막 순간까지 당신은 중요합니다.
> 우리는 당신을 도울 수 있는 모든 일을 할 것입니다.
> 당신이 평화롭게 숨을 거두도록 하는 것뿐만 아니라
> 당신이 숨을 거두는 순간까지 살아갈 수 있도록.
>
> (Saunders, 1976)

호스피스 환자란 치명적인 질병으로 인해 적극적인 치료에도 불구하고 근원적인 회복에 대한 기대를 하기 어려우며 점차 증상이 악화되어 몇 개월 내에 사망할 것으로 예상되는 환자를 의미한다. 일반적으로 예상 기대 여명이 6개월 미만인 환자를 일컫는 말이다. 그래서 호스피스 · 완화의료는 이러한 환자들의 인간다운 죽음의 권리를 보장하는 방법이며, 죽음의 질에 대한 접근이며, '완화의료'의 정의에서 보듯 환자의 필요 없는 신체적, 심리적, 사회적, 정서적, 그리고 영적 고통을 완화시키고 남은 삶의 질을 최선으로 유지할 수 있도록 하는 데 그 목적이 있다. 호스피스 · 완화의료의 개척자인 Saunders는 그 당시에는 획기적으로 환자들의 질병뿐만 아니라 그들이 경험하는 다양한 영역에서의 고통들에 초점을 맞춘 접근을 시도하였는데, 말기 환자들이 겪고 있는 이러한 많은 고통들을 '총체적 통증(total pain)'이라는 용어로 처음 표현하였으며, 이러한 통증들을 완화시키기 위한 '총체적 돌봄(toatl care)'의 초석을 다짐으로 완화의료의 선구자가 되었다(Olver, 2015).

호스피스 환자들은 실제 다양한 영역에서 고통과 통증을 경험하게 된다. 통증은 매우 주관적인 지각이기 때문에 호스피스 환자들이 경험하는 통증은 단순히 신체적 통증뿐만이 아니라 다른 영역에서 느끼는 불쾌한 감각과 감정들이 통합되어 영향을 미치는 경험으로 이해되어야 한다. 다양한 영역에서 일어나고 있는 고통의 통합이란 환자가 각 영역에서 느끼는 통증들의 단순 합 이상을 의미하는데, 이는 다양한 영역들이 독립적이지 않고 부분집합과 교집합을 이루며 서로 긴밀하게 연관되어 있기 때문이다. 그렇기 때문에 하나의 고통이 여러 고통들과 가중되어 질병과 싸우고 있는 환자를 더욱 괴롭히게 된다. 환자들이 느끼는 통증은 환자마다 개별적이고 상황적으로 다르게 경험되므로 이들을 위한 총체적 돌봄의 내용도 환자의 특성과 상황에 맞게 개별적으로 적용될 수밖에 없다.

스위스 정신과 의사인 Elisabeth Kübler-Ross는 자신의 저서인『On Death and Dying』(1969/2014)에서 말기 진단을 받은 환자들이 보이는 진단 후 정서상태의 변화를 5단계로 나누어 처음 설명하였는데, 이후 이 모델은 암 환자나 죽음을 앞둔 환자들의 죽음 수용 단계로 인용되어 왔다. 처음에는 이 심리, 즉 부정(denial)−분노(anger)−협상(bargaining)−우울(depression)−수용(acceptance)의 5단계가 순차적으로 진행된다고 하였으나, 후에는 이러한 단계들이 순서 없이 나타날 수도 있고 어느 단계가 생략되기도 한다고 수정하여 설명하였다(Kübler-Ross, 2005/2014). 그녀는 이 모델을 슬픔(grief)의 5단계로 명명은 하였으나 내용적으로 슬픔보다는 환자가 자신의 질병과 죽음에 대처하는 반응에 더 가깝다고 볼 수 있다(Doka, 2016). 이

5단계 역시 호스피스 환자들의 고통과 밀접한 관계가 있다. 어떤 단계의 상태에 환자가 있는가에 따라 다양한 증상 혹은 문제가 표출될 수 있기 때문에 치료적 접근도 그 단계의 상태를 고려하여 적용해야 효과를 기대할 수 있기 때문이다.

호스피스 · 완화의료의 총체적 통증과 돌봄에서는 완화시켜야 할 대상을 환자의 신체적, 사회적, 심리적, 정서적, 그리고 영적 영역 등에서 발생하는 고통으로 분류하고 있다. 일반적으로 호스피스 환자들은 다양한 신체적 고통과 싸우게 된다. 이러한 고통들은 병에 기인해 발생하는 증상이기도 하고 약이나 치료의 부작용으로 나타날 수도 있다. 가장 대표적인 신체 증상은 통증이기 때문에 많은 양의 진통제가 투약되지만 그럼에도 불구하고 환자들은 지속적으로 통증을 호소한다. 이 외에도 소화기 장애로는 오심과 구토, 변비와 설사, 장폐색, 악성복수 등이, 호흡기 장애로는 호흡곤란, 악성흉수, 기침, 가래 등이, 또한 식욕부진, 암성 피로, 근육소실과 체중 감소가 나타나는 악액질 등의 증상과 구강질환이나 피부질환들이 동반된다(보건복지부, 국립암센터, 2020).

병이 진행될수록 말기의 환자들은 사회적으로 고립감과 단절감을 느끼게 되어 더욱 고통을 받게 된다. 오랜 입원이나 치료로 인해 직장이나 사회적 지위를 상실하게 되며, 주변인들과의 왕래가 제한되거나 가까운 사람들과의 의사소통 부재로 인해 점점 더 고립되고, 이것이 장기화될 때는 심리적이거나 정서적인 영역 등 다른 영역의 문제들을 더욱 가중시키는 원인이 된다. 심리 · 정서적인 영역에서도 우울이나 절망이 더욱 심해져 삶을 지레 포기하려는 반응을 보이기도 하며 치료에도 잘 참여하지 않게 된다. 죽음과 이별에 대한 두려움과 불안이 증가하고 그런 현실에 대한 분노가 표출되기도 한다. 특히 많은 말기 환자에게서 보이는 섬망 증상이 동반되면 이런 정서 반응은 더욱 안 좋은 방향으로 증가될 수 있다. 이러한 반응들은 Kübler-Ross가 제시한 5단계에 모두 포함되어 있는 심리 · 정서 반응들이지만 어떤 환자는 임종 직전까지도 협상의 단계에서 고통받는 반면에, 어떤 환자는 수용 단계에서 남은 삶을 의미 있게 채우며 정리하려는 모습을 보이기도 한다.

또 다른 돌봄의 영역은 영적 안녕과 평안을 목적으로 하는 영적 영역이다. 이는 우선적으로 절대자와의 관계로부터 기인하는 문제인데, 자신의 죽음이 예기치 않게 더 빨리 찾아왔다는 사실 때문에 절대자로부터 버림받았다는 느낌이 들며 신에 대한 원망과 분노가 일어남과 동시에 지나온 삶에 대한 허무감과 실망감, 혹은 과거

잘못에 대한 자책감 등으로 괴로워한다. 또한 죽음 이후에 대한 막연한 두려움도 환자들을 고통스럽게 하는 이유가 된다. 말기 진단 이전에 종교가 있건 없건 간에, 그리고 어떤 종교를 믿던 간에 죽음이 보이는 순간에는 보이지 않는 절대자에 대한 다양한 부정적 감정과 생각들이 일어나게 된다. 이런 변화들은 환자의 영적 안녕감에 영향을 미쳐 남은 생의 시간들을 평안하게 지낼 수 없게 만들 뿐만 아니라 자신의 지난 삶에도 아무런 의미를 부여하지 못하고 비관적으로 삶을 마치게 되는 불행한 결과를 초래할 수도 있다.

인간은 본능적으로 영적 평안과 만족을 얻으려는 욕구가 있는데, 첫 번째는 절대자와의 관계에 대한 욕구이며, 유한한 자신의 존재에 대한 무한한 절대자와 의미 있는 관계를 형성하고 유지하고 싶은 욕구이다. 두 번째는 삶의 의미와 목적을 알고 추구하려는 욕구이며, 이는 자신의 삶에 어떤 의미가 있는지, 어떤 목적을 달성하며 가치 있게 사는지에 대한 욕구로 볼 수 있다. 세 번째는 용서와 사랑에 대한 욕구이며, 이는 삶을 살아오면서 행했던 자신의 잘못들에 대해 주변 사람들이나 절대자에게 용서받고 싶은 마음이며 더 나아가서 다른 사람의 잘못을 용서해 주려는 마음이기도 하다. 그렇게 함으로써 사랑받고 사랑을 주려는 인간의 본능적 욕구가 충족될 수 있기 때문이다. 네 번째는 죽음을 수용하고 희망을 갖고자 하는 욕구이다. 죽음에 대한 두려움이나 회피에서 벗어나 삶의 주인으로 의미 있고 존엄하게 죽음을 맞고 싶은 마음과 자신의 죽음 이후에 일어날 일들과 주변 사람들에 대한 희망을 갖고 싶어 하는 마음도 영적 욕구가 된다(보건복지부, 국립암센터, 2012). 따라서 호스피스 환자들의 영적 상태도 앞에 언급한 네 가지의 욕구가 잘 충족되어 만족감을 얻을 수 있도록 지원해 주는 것이 중요하다.

2. 호스피스 · 완화의료에서의 음악치료의 실제

치명적인 질병으로 인해 적극적인 치료에도 불구하고 근원적인 회복을 기대하기 어려우며 점차 증상이 악화되어 몇 개월 내에 사망할 것으로 예상되는 호스피스 환자들은 다양한 신체적 · 사회적 · 심리적 · 영적 고통 등을 호소하며 병원에서 부정적으로 삶을 마감하는 경우가 많다. 이때 음악치료는 병원환경에서 음악을 통한 언어적 · 비언어적 교류의 시간을 제공하여 환자에게 가장 안전하면서도 의미 있는 시간이 되고 삶의 마지막을 의미 있게 채울 수 있도록 도와준다. 호스피스 환자를 위한 음악치료의 궁극적 목적은 남아 있는 시간을 고통이나 부정적인 사고와 정서에서 탈피하여 보다 의미 있고 가치 있는 시간으로 유도하고 환자는 물론 주변 가족들의 삶의 질을 높이는 것이다. 이러한 목적을 달성하기 위해 음악치료는 환자의 부정적 증상이 주로 나타나는 신체적 · 사회적 · 심리적 · 영적 영역에 대한 다차원적 접근을 통해 증상을 경감시킬 뿐 아니라 잔존 기능을 유지시키도록 하며, 타인과의 깨어진 관계 회복 등을 통해 총체적 고통 완화와 내적 평안을 유도한다. 또한 음악치료는 환자들의 사후에 가족들의 심리적 상실감이나 우울을 치료하는 데 효과적으로 적용될 수 있다. 따라서 환자뿐 아니라 그 가족들까지 포함하는 치료계획이 설립되는 것이 바람직하다.

환자의 욕구를 충족시켜 주고 증상 완화에 효과적인 음악활동을 적용하기 위해서는 환자가 고통을 느끼고 있는 다양한 영역에서의 현재 상태를 파악하는 것이 중요하다. 이를 위해서는 음악치료를 본격적으로 시행하기 전에 환자의 상태나 필요, 선호도 등 가급적 많은 정보를 빠른 시간 내에 사정(assessment)해야 하는데, 이는 다른 음악치료 대상군과 달리 호스피스 환자들은 음악을 나눌 수 있는 삶의 남은 시간이 짧고 다음 회기를 기약하기 어려운 경우도 있기 때문이다. 따라서 가급적 최단 시간 안에 진단평가의 과정이 정확하게 완료되어야 하는데, 이를 위해 치료사의 질문에 대한 환자와 가족들의 대답뿐만 아니라 환자 주변을 잘 관찰하고 환자의 말투나 비언어적 표현, 가족과의 친밀도 등을 포함하여 입체적으로 파악하고 이해하는 것이 중요하다(김은정, 2015).

1) 호스피스 · 완화의료에서의 음악치료 방법

호스피스 환자들을 위한 음악치료에서는 다양한 음악활동들이 적용될 수 있다. 그러나 음악에 대해서 환자들이 보이는 반응은 일관되지 않을 수 있는데, 이는 음악에 대한 자율신경 반응이 획일적인 것이 아니어서 다르게 나타나기 때문이다. 또한 말기 환자들의 투병 상황이 개인마다 독특하기 때문에 환자들을 위한 음악치료의 내용 또한 빠르고 정확하게 수집된 대상자의 정보에 기반하여 시행되어야 한다. 그러므로 음악을 선택하거나 사용할 때 진단평가 때 수집된 환자의 음악적 선호도나 배경을 충분히 고려해야 한다.

호스피스 환자들이 가장 편안하게 참여할 수 있는 음악활동은 감상활동이다. 음악을 감상하면서 심호흡과 이완법을 경험하고 습득하여 음악치료사가 없는 상황에서도 필요할 때마다 적용할 수 있도록 하며, 음악을 듣는 동안 긍정적이고 평온한 이미지를 상상하고 느끼도록 하여 심리적 안정과 신체적 이완을 유도할 수 있다. 또한 감상하는 동안에 통증에 대한 지각과 불안을 감소시킬 수 있으며 삶에 대한 회고를 긍정적으로 유도할 수도 있다. 이때 사용하는 배경음악은 치료사뿐만 아니라 환자가 곡을 선택하는 데 참여할 수 있도록 하여 병원 생활에서 잃어버렸던 자율성 향상을 도우며, 녹음음악은 물론 치료사나 환자에게 의미 있는 사람들이 직접 연주해 주는 것을 감상하는 것도 심리 · 정서 · 사회적으로 매우 효과적인 방법이 된다.

일반적으로 악기를 연주하기 위해서는 많은 에너지가 필요하다. 호스피스 환자들은 매우 낮은 에너지 수준을 보이고 있기 때문에 악기연주활동을 진행하기 어려운 경우가 많다. 그러나 에그쉐이커처럼 아주 작고 가벼운 악기 또는 윈드차임 같은 스치기만 해도 소리가 나는 악기 등을 적절하게 잘 사용하여 연주하도록 하는 것은 목적 지향적 행동으로 활동에 참여하게 함으로써 자신의 존재와 역할에 대해 자긍심과 만족감을 얻도록 할 수 있다. 또한 가족들이나 동료, 의료진들과 함께 연주하는 다른 사람들과의 교류를 유도하여 비언어적 의사소통과 감정표현을 촉진할 수 있다. 이러한 악기연주는 환자의 저하된 에너지 수준을 상승시킬 수 있으며 현실 감각도 촉진할 수 있다. 특히 함께한 가족들에게는 감동적 추억을 남길 수 있는 경험이 되기도 한다.

실제로 호스피스 · 완화의료 현장에서 가장 많은 부분을 차지하는 음악활동은 노래 부르기 활동이다. 노래의 가사는 우리의 삶을 객관적으로 보여 줄 수 있으며, 특히 환자가 경험했던 다양한 삶의 어려운 일들과 연관 지을 수 있다. 말로 하기 어려운 생각이나 감정이 가사에 담겨 있는 노래는 환자의 감정을 자연스럽게 표현할 수 있는 안전한 매개가 되며, 자신의 어려움이나 고통에 공감하는 노래의 가사는 갈등과 문제를 해결할 수 있는 자원을 제공하여 치료적 과정에 도움이 되는 도구가 된다. 무엇보다도 노래는 수동적으로 혹은 능동적으로 경험할 수 있기 때문에 다양한 이유의 저항을 줄일 수 있고 특히 신체적으로 제한되어 있는 상황의 환자에게 적합하다. 병원이라는 제한된 환경 안에서 가족이나 의미 있는 타인들과 함께 긍정적이고 희망적인 가사의 노래를 다 함께 부르는 과정을 통해 환자에게 현재의 상황을 극복하고 이겨 나갈 수 있다는 자신감을 갖도록 지원해 줄 수 있는 것도 노래활동의 강점이다.

대부분의 호스피스 환자들의 기력 저하로 인해 노래 소리의 크기가 옆에 있는 다른 환자들의 쉼에 방해되거나 항의를 일으키는 경우는 드물다. 그러나 간혹 활동의 주도권을 갖고 싶어 하거나 소리를 크게 내어 노래 부르고 싶어 하는 경우가 발생하기도 하는데, 이럴 때 치료사는 환자의 그런 반응이 왜 일어나는지, 그 환자의 그런 의도는 무엇인지 등에 대해서도 다각적으로 관찰하여 개입하여야 한다(이 장의 사례 1 참조).

또한 노래 부르기 활동에 환자가 적극적으로 잘 참여하면 노래 가사의 단어나 일정 부분을 만들어 부를 수 있도록 하는 활동도 긍정적 효과를 기대할 수 있다. 환자 자신이 가족에게, 혹은 가족들이 환자에게 자신들만의 노래를 만들도록 하여 직접적으로 말로 전하기 어려웠던 사랑, 위로, 기대, 희망 등의 메시지를 전달할 수 있도록 한다. 남편이 환자인 경우 아내에게 그동안 전하지 못했던 사랑과 감사, 그리고 잘 못해 준 것에 대한 사과 등의 내용을 전하고 싶어 하는 경우가 많은데, 이럴 때 상황에 딱 맞는 가사의 노래가 있다면 그 노래를 선택해 부를 수도 있고 자신의 말로 바꿔 부를 수 있도록 치료사가 도와줄 수 있다. 간단하게는 아내의 이름을 넣어 불러 주는 것만으로도 옆에서 함께 신체적 · 정신적으로 고통을 겪고 있는 아내에게 큰 위로와 격려가 된다. 또 환자가 선택하거나 가사를 만들어서 부른 노래들을 녹음하여 가족이나 의미 있는 사람에 게 선물할 수 있도록 한다.

환자가 현재 자신의 감정이나 생각으로 가사를 만들거나 자신의 삶을 돌아보고 그것을 가사로 옮겨 자서전적 노래(song biography)를 만들어 봄으로써 자신을 성찰하고 표현하도록 하는 활동도 인생을 회고하며 자신의 지난 생에 의미를 부여할 수 있는 의미 있는 활동이다(이 장의 사례 2 참조).

2) 호스피스 · 완화의료에서의 음악치료 목적

호스피스 · 완화의료에서의 음악치료는 신체적 · 심리적 · 정서적 · 사회적 · 영적 영역 모두를 치료 대상으로 하는 다차원적 접근을 해야 한다. 이는 이 영역들이 독립적으로 환자에게 영향을 미치기보다는 서로에게 밀접한 영향을 미치는 유기적

관계들이기 때문이다. 그렇기 때문에 역으로 말하면 음악치료를 통해 어느 한 영역의 고통이라도 완화된다면 다른 영역의 고통 완화도 부수적으로 기대할 수 있다는 의미가 된다. 예를 들면, 음악활동이 진행되는 동안 환자가 통증에 대한 지각이 매우 감소되었고 그와 더불어 불안이나 무기력감도 함께 감소되었다고 진술하는 경우를 자주 접할 수 있다. 또는 죽음에 대한 두려움과 불안 때문에 수면에 어려움을 겪는 환자가 음악활동에 적극적으로 참여한 날은 수면의 질이 조금 더 개선되는 긍정적 결과를 얻을 수도 있다. 실제로 호스피스 · 완화의료 환자들을 대상으로 음악치료의 효과를 알아본 양적 연구들을 살펴보면 삶의 질과 생존 기간, 음악치료 제공 기간 및 수요, 영적 안녕, 불안, 스트레스, 우울 등의 정서 상태, 그리고 통증에서 유의미한 변화의 결과를 나타내는 것으로 보고되고 있다(김은정, 2018; Hilliard, 2005).

음악이 호스피스 환자들에게 긍정적 영향을 미치는 증상 중 하나는 신체적 통증이다. 다양한 음악활동들은 긴장 이완을 유도하기도 하고 통증에 대한 지각을 감소시키기도 한다. 음악이 통증에 대한 지각을 감소시키는 효과를 설명하는 이론은 여러 가지로 제시되고 있는데, 대표적 이론은 '관문통제이론(gate control theory)'으로 신경이 뇌로 전달되는 과정에서 음악적 자극을 제공함으로써 통증에서 오는 부정적인 신경 정보를 감소시키고 음악적 자극에 대한 긍정적인 신경전달을 유도하여 통증 지각을 조절한다는 것이다. Mellzack과 Wall(1965)이 발표한 이 이론은 훗날 많은 학자들에 의해 공격을 받긴 하지만 아직도 통증 경로의 메커니즘을 설명할 때 자주 거론되고 있다.

일반적으로 신경섬유는 그 굵기에 따라 A알파, A베타, A감마, A델타 B, C로 분류하며 통증이라는 불유쾌한 신호는 그중 A델타와 C섬유를 통해 뇌로 전달되어 감지된다. A델타는 날카롭게 찌르는 듯한 통증(pricking pain)을 C섬유는 타는 듯한 통증(burning pain)을 전도한다. 이때 통증을 전달하는 A델타 섬유와 C섬유는 얇고 전도 속도가 느리기 때문에 통증의 신호를 뇌에 전달하는 속도도 느리다. 그렇기 때문에 아프다는 신호가 전도될 때 A델타 섬유보다 굵은 A베타 섬유를 다른 감각 정보로 자극하면 이 신호가 A델타 섬유의 통증 정보를 연접 전 억제시켜 아프다는 통증 정보를 중간에서 차단시켜 우리가 통증을 지각하지 못하게 만든다는 이론이다(University College London, 2009). 이때 음악은 감각 정보로 우리 뇌에 전달되기 때문에 통증 신호의 전달을 억제할 수 있으며 특히 촉각이나 진동자극 등이 함께 진행될 때 더 효과적일 수 있다. 따라서 보다 다각적인 자극을 제공할 수 있는 라이브음악이 녹음음악보다 암 환자들에게 더 신체적 편안함과 긴장 이완을 효과적으로 주는 것으로 보고되고 있으며, 음악감상과 함께 통증 완화를 위한 긍정적 제언을 시행하는 것이 환자의 만성적 통증 지각을 줄여 주는 것으로 나타났다.

음악치료에서 다뤄야 할 또 다른 영역은 심리적 · 정서적 통증이다(이 장의 사례 3 참조). 호스피스 · 완화의료에서는 말기 환자들이 보이고 있는 많은 심리 · 정서적 통증들을 완화시키고 긍정적 자아를 유지시키거나 확립하도록 지원해 줄 필요가 있다. 음악활동 안에서 자신의 아이디어나 감정을 표현하도록 하며 현재 당면한 일에 대해 자연스럽게 토의하도록 할 수 있고, 이러한 과정은 지난 세월의 중요한 경험들을 승화시키고 인생에 대한 의미를 확립시킨다. 또한 죽음에 대한 두려움과 불안에서 벗어나도록 도와줄 수 있는데, 특히 음악적 자극이 환자에게 유쾌한 경험을 유도한다면 긴장 이완에 필요한 신체, 생리 및 심리 역동적인 과정을 증진시킬 수 있다. 음악활동 중에 환자들이 그동안 아무에게도 말하지 않았던 자신의 사연들을 노출하는 경우도 종종 관찰된다. 이는 음악을 매개로 보다 쉽고 빠르게 치료사와 라포 형성이 될 수 있기 때문인데, 환자에게는 타인에 대한 신뢰감을 갖게 할 뿐만 아니라 음악이라는 테두리 안에서 안전함을 경험하여 자기 개방이 될 수 있는 것으로 분석할 수 있다. 또 다른 의료팀원들과 음악활동 안에서 수집된 새로운 정보들을 공유함으로써 환자를 위한 보다 적합하고 분명한 치료를 제공하는 데 기여할 수 있다.

또한 많은 호스피스 환자들은 타인과의 관계에 있어 아직 해결하지 못한 부분이 있는 경우 더욱 고통스러워한다(이 장의 사례 4 참조). 부부 간에 혹은 부모-자식 간에, 때로는 친구나 친척들과의 관계가 충분하지 않은 경우 그 부분을 해결하고 떠나고 싶은 마음들을 갖게 된다. 특히 자신의 곁에서 간병을 하고 있는 가족과의 관계가 소홀했었다면 마음의 짐을 더욱 안고 있게 된다. 이때 음악은 사회적인 활동을 제공하고 서로를 지원하도록 하여 타인과의 신뢰를 통해 긍정적 경험을 하도록 하며, 치료사는 이 과정 안에서 해결되지 못했던 갈등이나 문제들이 자연스럽게 해소되도록 유도하여 사회적 통증을 완화시켜 줄 수 있다. 무엇보다 함께 노래 부르거나 연주하는 시간을 통해 가족과의 상호관계를 촉진하고 회복시키는 데 음악은 매우 효과적이다. 음악은 언어적 그리고 비언어적으로 의사소통을 촉진시킬 수 있으므로 말로 인한 불필요한 오해를 최소화하여 가까운 사람과의 관계를 더욱 증진시킨다. 특히 음악활동에서 삶의 회고 및 회상을 통해 긍정적 경험을 할 수 있도록 지원하는 것은 현재 자신과 과거 자신과의 관계를 회복시킴으로써 자신의 삶에 의미와 가치를 부여할 수 있는 기회를 제공한다.

음악치료가 적용되는 또 다른 영역은 영적 고통의 문제이다(이 장의 사례 4 참조). 물론 영적 고통을 완화시키고 평안한 마지막을 맞이하도록 유도하기 위해 각 종교의 성직자들이나 전문가들이 호스피스 팀원으로 그 역할을 수행하고 있다. 그러나 음악치료활동 중에도 영적인 부분들에 대한 환자의 고통이 표출되는 경우가 있기 때문에 음악치료사는 이 영역에 대해서도 잘 대처할 수 있는 훈련이 되어 있어야 한다.

영적 작업의 필수요소는 '용서'이다. 호스피스 환자에게는 무엇보다 자신의 병을 유발한 과거의 자신을 용서하고, 주변 사람들과의 부정적 관계, 그리고 자신을 괴롭히고 있는 병 자체를 용서하는 과정이 필요하다. Wolter(1994)는 용서에 대해, ① 용서하지 못하고 갖고 있던 것들을 놔줘야 하고, ② 경험했던 일과 감정들이 사실이며, ③ 일어난 일은 변화시킬 수 없고, ④ 타인에게 더 이상 의존할 필요가 없고 자신의 힘을 키우며, ⑤ 다른 사람이나 자신에 대한 비현실적 요구를 버리고, ⑥ 자신과 타인을 있는 그대로 받아들이는 것으로 정의하고 있다(Dileo, 1999에서 재인용). 이 단계에서 음악은 힘들고 고통스러운 용서의 과정을 수행할 수 있도록 도와준다. 환자가 원하는 종교음악을 들려주거나 함께 부르기도 하며, 가사를 바꿔 자신만의 음악으로 만들어 상대방에게 들려주기도 하는 과정을 통해 이 목적이 달성되도록 유도한다.

종교음악의 사용에 있어 때로 음악치료사와 환자의 종교가 달라서 어려움을 호소하는 경우가 가끔 발생하는데, 예를 들어 기독교 신자인 음악치료사와 불교 신자인 환자 간에 음악에 대한 배려가 없이 자신의 것만 고집한다면 환자에게 타인과의 관계에서 또 다른 고통을 안겨 주는 결과를 낳게 된다. 이것은 치료사들에게는 자신의 종교적 신념에 위배될 수 있기 때문에 큰 딜레마가 될 수 있지만, 우리가 환자를 만나는 그 순간은 음악치료사라는 전문가로서 맡겨진 역할을 수행해야 함을 기억해야 한다. 물론 환자에게 이 갈등 상황에 대해 설명을 하고 양해를 구해 비종교적 음악을 사용하는 방법도 있지만, 환자나 치료사 자신이 타협의 의지가 없는 경우에는 기관에 빨리 요청을 해서 다른 음악치료사로 교체하는 것이 환자를 위한 최선의 방책이 될 수 있다. 이와는 반대로, 치료사와 환자의 종교가 같아서 치료의 효과가 더욱 촉진되는 경우도 있다.

3. 호스피스 · 완화의료에서 음악치료 사례

사례 1 말기 암 환자를 위한 음악치료: 노래 부르기 활동 적용

프로그램명: 호스피스 음악치료

글: 음악치료사 황은정

기간: 2017년 6월 16일~9월 8일, 주 1회, 총 11회기

치료사 소개

음악치료사 황은정은 아주대학교에서 심리학을 전공하였고 2011년 음악치료에 입문하여 한세대학교 대학원에서 음악치료를 전공한 후 음악치료사로 활동하고 있다. 아동에서 노인에 이르기까지 다양한 대상군과의 임상현장을 경험하면서, 말기 암 환자를 대상으로 음악 자극을 통해 활력을 제공하고 신체적 · 정서적 · 사회적 · 영적 영역에서 저하된 삶의 질을 높이는 '호스피스 음악치료'에서 큰 의미를 발견하여 2015년부터 현재까지 호스피스 환자들의 웰다잉을 돕는 역할을 하고 있다.

참여자 소개

말기 암 진단을 받은 호스피스 완화의료 병동 입원 환자

장경후(가명, F, 85, 대장암)/불교(임종 직전 기독교 세례를 받음)

주요 내용

사례자인 장경후 님은 건강하셨을 때에 가족과 주변 사람들을 호령하며 지내 온 분으로 다른 환자에 비해 매우 활력이 넘치고 음악치료에 적극적이었지만 자기중심성이 강하고 같은 병실의 환자들에 대한 배려가 부족하여 세션 도중 마찰을 빚기도 하였다. 그래도 매 회기마다 충분한 대화를 나누는 가운데 치료사와의 라포가 잘 형성되었기 때문에 치료사의 권면에 따라 점차 다른 환자를 배려하는 모습을 보이게 되었고 독실한 불교신자였으나 음악치료에 참여하는 가운데 영적 변화가 일어나 음악치료 말기에는 기독교식 세례를 받아 가족의 축복을 받으며 평안하게 임종을 맞이할 수 있었다.

진행과정

−1~2회기: 라포 형성 / 선호 노래 및 간단한 인적 사항 파악

−3~8회기: 노래중심 음악치료 시행 / 심리 · 정서적 안정감 제공

− 9~11회기: 영적 돌봄 제공 / 죽음 준비 / 임종 참여

사례

치료 초기(1~2회기)

연세에 비하여 매우 젊어 보이고 세련된 외모를 가진 사례자는 호스피스 환자라고는 믿기지 않을 정도로 활력이 넘치는 분이었다. 치료사와의 첫 만남부터 치료사를 딸 대하듯 하며 편안하지만 권위를 앞세우는 말투로 대화를 시작하였다. "선생님은 몇 살이야?" "노래는 잘해?" "어디에 살고?"라는 반말로 치료사 개인의 신상을 묻는가 하면 "나는 가곡을 좋아해, 클래식한 노래 말이지."라며 본인의 음악 선호도를 자발적으로 말씀하셨다. 일반적인 환자와의 첫 만남과는 사뭇 달랐기에 속으로는 매우 당황스러움과 동시에 사례자 본인이 이 시간을 끌고 가려는 의도가 분명하게 느껴졌다. 그래도 사례자의 이야기에 장단을 맞추어 드리니 원만한 기분을 유지하며 함께 노래를 부르자는 제안을 하셨고 치료사와 함께 노래를 부르는 가운데 더욱 긍정적인 기분으로 변화되며 정서적 만족을 느끼는 모습이었다(곡명: 〈비목〉 〈기다리는 마음〉). 사례자는 노래 감상 이후 더욱 마음을 열고 고향, 가족 이야기 등 본인의 신상을 거리낌 없이 이야기하였고 이를 통해 라포 형성이 자연스럽게 이루어졌으며 본인의 종교가 불교임을 강조하면서 찬송가와 기독교 성가에 대한 반감을 간접적으로 표현하였다.

2회기 만남 때에는 계절과 어울리는 가곡 〈보리밭〉을 함께 선곡하여 기타 반주에 맞추어 치료사가 노래를 불러 드렸다. 초반에는 눈을 감고 고개를 끄덕이며 노래를 감상하던 사례자는 갑자기 큰 소리로 독창을 하기 시작하였다. 성악적 발성으로 마치 이곳이 연주회 무대인 듯 병실에 있던 다른 환자들과 가족들의 호응과 박수를 받는 것을 즐기며 노래를 불렀는데 이러한 모습은 치료 중기까지 쭉 이어졌으며 치료사의 노래와 연주를 감상하는 대부분의 환자들과는 달리 치료사를 본인의 노래를 위한 반주자의 역할로 규정짓는 모습을 나타내었다.

치료 중기(3~8회기)

3~5회기까지 음악치료가 진행되는 가운데 사례자가 보인 주목할 점은 본인은 기독교 음악

을 수용하지 않으면서 타인의 음악치료 시간에 들리는 기독교 음악에는 반감을 갖지 않는다는 것이었다. 오히려 다른 환자가 찬송가를 부르면 같이 박수를 치며 흥을 돋우어 주는 모습을 보였는데 사례자의 자기중심적인 표현들이 그의 개인주의적 성향에서 비롯된 것임을 유추할 수 있었다. 그런데 회기가 거듭될수록 음악치료 시간마다 사례자의 독창이 이어지자 이를 불편하게 여기는 환자들이 생기기 시작하였다. 같은 병실에 입원한 4명의 환자(사례자 포함) 모두 음악치료에 호의적이며 치료 세션을 통한 지지를 받기를 원하시는 분들이었는데, 사례자가 너무 많은 시간을 독식하고 큰 소리로 독창을 즐기는 모습에 다른 환자들이 짜증을 내기 시작한 것이다. 그러나 고집스러운 성격의 사례자는 아랑곳하지 않고 본인이 하고 싶은 대로 행동하며 타인을 배려하지 않는 모습을 이어 갔고 결국 5회기에는 앞자리의 환자분이 음악치료를 거부하며 다툼과 언쟁이 오가는 상황이 발생하였다. 일반적으로 2~3곡의 노래로 세션이 진행되지만 사례자의 경우 본인이 만족할 때까지 5~6곡을 요구하는 경우가 대부분이었으므로 치료사는 다음 회기부터는 2~3곡의 노래를 부를 것을 권면하였고 사례자는 결국 이를 수용하였으나 낯빛이 어두워지며 말수가 급격히 감소하는 등 부정적인 반응을 나타내었다.

6회기 만남 때부터는 자신의 욕구를 자제하며 치료사의 노래를 감상하는 빈도가 증가하는 등 소극적인 태도를 보였고 대화의 빈도가 점차 감소하는 등 치료 세션에 대한 불만을 드러내었다. 그러던 중 8회기에 접어들어 치료사의 선곡으로 〈동심초〉를 불러 드리자 갑자기 눈물을 흘리며 "이 노래 내가 매우 좋아하는데 꼭 내 모습 같아서 눈물이 나네."라는 이야기를 하며 치료사의 손을 꼭 잡고 대화를 나누는 가운데 이전의 서운한 마음을 풀고 다시 친밀한 관계를 회복할 수 있었다.

치료 말기(9~11회기)

9회기 방문을 하였을 때 사례자 주변에는 몇몇 의료장비들이 놓여 있었고 코에는 호스가 끼워져 있었다. 불안정한 상태로 눈을 감은 채 힘겨운 숨을 내쉬던 사례자는 치료사가 나지막이 이름을 부르니 가늘게 눈을 떠서 고개를 한 번 끄덕이신다. 간병을 하던 며느리는 기독교인이었는데 어머니가 불교 신자이지만 찬송가를 들려 드리고 싶은 마음을 표현하여 '〈나 같은 죄인 살리신〉(305장)'을 불러 드렸다. 통상적으로 호스피스 환자들은 신체기능이 저하되어도 청각능력이 살아있기 때문에 노래 감상이 가능하다. 찬송을 불러 드린 후에 "제가 지금 불러 드린 노래는 찬송가인데 며느님이 들려드리고 싶어 하셨어요. 좋으셨어요?"라고 이야기를 건네자 사례자는 눈을 가늘게 뜨고 고개를 끄덕이신다. "제가 이제부터는 찬송가를 계속 불러드려도 되겠어요?"라는 이야기에도 동일한 반응을 보이셨고 이후에는 가곡 대신 찬송가를 불러드리며 영적 돌봄

작업을 진행하게 되었다. 10회기 방문 시에는 다소 회복한 모습으로 간단한 소통이 가능하였는데 기독교 음악을 수용하며 〈내 주를 가까이〉 〈지금까지 지내온 것〉 등의 찬송가를 감상하시며 "매우 좋다."는 표현을 하면서 눈물을 흘리는 모습을 보이기도 하였다. 이후 그 주간에 병원에서 세례를 받았다는 이야기를 듣게 되었고 임종실로 옮긴 후인 11회기에는 사례자와 소통을 하지는 못하였지만 천국에 가시기를 기도하는 마음으로 가족들과 함께 찬송을 불러 드렸으며 이후 평안하게 부르심을 받았다는 임종 소식을 접하게 되었다.

임상에서 고려할 점

대부분의 호스피스 환자들은 매우 수동적인 모습을 보이며 예측할 수 없는 통증으로 인하여 불안과 짜증을 느끼게 된다. 그러나 이 사례자는 필자가 만난 환자 중 가장 적극적이었고 활력이 넘쳤으며 이것이 다인실에서는 오히려 다른 환자들에게 민폐가 되는 사례가 되었다.

이런 경우에 1인실이나 병동 내의 독립된 공간에서 자유롭게 음악치료를 시행하는 것이 가장 좋은 방법이겠지만 현실적으로 경제적인 이유 및 거동의 불편함으로 인해 1인실이나 침상이 아닌 다른 곳에서 세션을 진행하는 것은 쉽지 않아 보인다. 또한 자기중심적이고 배려심이 부족한 환자의 성향에도 불구하고 욕구를 자제해 달라는 요청을 결국 수용할 수 있었던 것은 치료사와의 친밀감이 충분히 형성되었기 때문이었으며 결정적으로 환자의 마음을 움직인 것은 노래 〈동심초〉의 가사인 '꽃잎은 하염없이 바람에 지고…… 바람에 꽃이 지니 세월 덧없어' 등에 본인을 투사한 정서적 카타르시스의 경험이었다. 환자와의 의사소통이 가능하였을 때 이러한 경험이 이루어졌으므로 이후 종교적인 부분까지도 큰 갈등을 빚지 않을 수 있었고 치료 말기에 찬송가 감상을 수용하고 세례를 받는 등 임종 시까지 원만하게 치료 세션을 통한 영적 돌봄을 이어 갈 수 있었다.

이 사례를 통하여 '노래중심 음악치료'에서 노래 가사를 통한 투사적 경험이 환자에게 미치는 긍정적 영향, 치료사와 환자의 라포 형성의 중요성과 함께 환자의 만족감을 위한 치료환경의 구성을 간과하면 안 된다는 것을 알 수 있다.

사례 2 재가 말기 암 환자를 위한 음악치료: 노래 자서전 활동 적용

프로그램명: 회한과 울분에서 관조와 희망의 노래로

글: 음악치료사 김경희

기간: 2009년 9월 28일~2009년 12월 30일까지 주 1회 총 10회기(재가 말기 암 환자로 참여자의 상태에 따라 유동적으로 세션이 진행되었다.)

치료사 소개

음악치료사 김경희는 2010년 8월 성신여자대학교 대학원 음악치료학과를 졸업한 후 마포구치매 노인센터와 마포구창업복지관에서 음악치료사로 일하였으며 가천대학교 대학원 음악치료학과 강사를 역임하였다. 현재 서울의료원 호스피스 · 완화의료 병동에서 음악치료사로 일하고 있다.

참여자 소개

참여자는 J구 보건소 맞춤형 방문건강관리 사업부에서 담당하고 있는 간암 4기 판정을 받은 58세 기독교인 여성이다. 2007년 간경화로 입원치료를 받으며 고통스러웠던 경험이 있어 간암으로 전이된 것에 대해 더욱 낙심하고 좌절한 상태로 사전면담에서 경제적 어려움을 호소하고 비관하며, 음악치료활동을 시작하기 전부터 연구자와 눈 마주치기를 어려워하였고, 활동 시작부터 심리적으로 우울한 상태였다.

주요 내용

음악을 좋아하는 참여자를 위하여 10회기로 이루어진 노래 자서전 프로그램은 노래 부르기, 노래 만들기, 노래 감상하기 등으로 참여자의 죽음 수용을 목적으로 참여자와 치료사가 함께 선곡한 노래를 감상하거나 부른 후에 드는 느낌이나 감정들 또는 떠오르는 기억들에 대하여 이야기 나누는 작업으로 구성되었다. 이는 현상학적 체험연구 방법으로 참여자의 관점에서 파악된 중심의미를 규정하는 데 비중을 두어 말기 암 환자의 경험과 음악치료사로서의 경험을 보다 생생하게 기술하려는 치료사의 의도를 반영하였다.

회기 중에는 참여자가 여러 가지 추억들을 떠올리며 내재된 경험의 의미를 재해석하도록 하고 분노나 죄책감 같은 부정적인 감정이 긍정적으로 재구성되도록 하

였다. 또한 음악활동을 통하여 참여자가 자신의 과거를 회상하고 두려운 감정을 정화하여 죽음을 수용하는 과정에 중점을 두도록 하였다.

진행과정

- **준비 단계**(1~3회기): 참여자는 무엇보다 경제적 어려움을 자주 호소하고 친밀감 형성이 어려운 참여자에게 익숙하고도 간단한 선율로 함께 노래를 부르며 노래를 통해 감정을 순화하여 언어로 표현하는 부담감을 최소화하였다. 또한 고향에 대한 추억을 떠올릴 수 있는 친숙한 노래로 정서적 안정감을 가질 수 있도록 하였다.
- **전개 단계**(4~8회기): 참여자의 삶을 어린 시절, 청 · 장년기 등으로 나누어 익숙한 노래에 제공되는 노래의 가사들을 듣고 자신의 감정들을 정리하여 언어적으로 표현하도록 도와주었다. 또한 분노와 우울감을 많이 보였던 사건들은 노래 만들기와 노래 부르기를 통하여 음악적 사건으로 표현하도록 함으로써 삶의 의미를 좀 더 긍정적으로 정리할 수 있도록 하였다.
- **종결 단계**(9~10회기): 참여자는 노래 감상활동을 바탕으로 자신의 삶을 회고하고 긍정적인 면을 재인식하도록 격려하였고, 노래 만들기를 통하여 지난 삶을 성찰적으로 되돌아보며 해결하지 못했던 인생의 과제를 해결할 수 있도록 기회를 제공하여 자신의 삶을 가치 있게 마무리 할 수 있도록 지지하였다.

사례

별 수 없지 어쩌겠어?

보건소 맞춤형 방문건강관리 사업부에서 진행하는 재가 암 환자를 위한 정기모임에서 진행된 집단 음악치료 세션에서 그녀를 처음 만났다. 그녀는 특별히 음악을 좋아하여 집단 세션활동에서 유난히 활동에 적극성을 보였고 이후 계속 만날 수 있기를 희망하여 보건소의 도움으로 음악치료사가 그녀의 집에서 개인 음악치료 세션을 진행하게 되었다.

집단에서와는 달리 그녀는 매우 소극적이고 몸이 좋지 않거나 마음이 불편할 때는 이야기 나누는 것조차 거부할 만큼 다가가기 어려운 사람이었다. 특히 남편은 아이들이 어린 시절에 도박에 빠져 비명횡사하였고 아들 또한 성장과정 중에 교도시설을 드나들어 마음의 상처가 깊었고 자신의 과거를 편안한 마음으로 드러내지 않으려 하였다.

게다가 그렇게 경제적으로 힘이 들어도 남에게 기대지 않는 것을 당연하게 여기는 사람이며 아픈 몸으로 자신이 얼마나 고생했는지, 이전에 얼마나 노력했고 유능했는지에 대한 회고에 비관과 분노가 큰 편이었다. 이러한 감정을 정화할 수 있는 노래로 〈고향의 봄〉 노래를 함께 부르고 그녀가 선호하는 노래를 함께 부르며 음악적 환경에 적응하고 정서적 안정감을 가질 수 있도록 하였다.

어느 날은 약속한 시간에 맞춰 그녀의 집에 도착했을 때 술에 취해 문도 열어 주지 않고 정신이 혼미한 상태로 자신의 상태를 비관하여 울면서 음악치료도 거부하여 난감한 상황도 있었다. 재가 암 환자의 경우 병원시설에서 돌봄을 받을 수 없는 환경에서 일어나는 여러 가지 경우 음악치료사로서는 그 이상의 처리를 할 수 없을 때 마음이 답답하기도 하다.

이 참여자의 경우 경제적인 어려움은 있지만 자식이 있다는 이유로 정부의 도움을 받을 수 없고, 자식은 있으나 아무 도움이 되지 않는 상태로 그녀에게 가장 큰 어려움은 경제적인 문제였다. 그녀는 정해진 날짜 이외에는 아파도 병원에 가려고 하지 않았고 일주일에 한 번 방문하는 간호사 선생님을 보는 것이 전부였다. 그에게 유일한 기쁨은 음악치료사를 만나 이야기 나누고 노래 부르고…… 나는 그에게 어떤 도움을 줄 수 있는지, 어디까지 도움을 줄 수 있는 건지…… 나의 마음 또한 무거웠다.

프로그램이 진행되면서 점차 자신의 상심, 두려움, 슬픔 등을 내보였고 그녀의 심상이 치료 가능성이나 미래에 대한 어떠한 기대도 할 수 없는 지금의 처지와 관련되어 있음을 "나는 선생님만 보면 즐거운데 왜 이렇게 속이 상할까요? 엄청나게 많이 울었다. 선생님 너무너무 감사하고 선생님만 봐도 기분이 좋거든요……."라는 말로 미루어 짐작할 수 있었다.

그녀에게 그 순간 필요한 건 간호사 선생님이 주시는 약도, 음악치료사의 노래도 아닌 그녀의 깊은 슬픔을 들어 주고 안아 주며 함께하는 위로가 어쩌면 더 필요하다는 생각이 들었다.

"나의 미래는 절벽인 거 같은데…… (눈물) 두렵지 않아요. 암이 어디까지 가겠어요? 뱃속에서 뭐…… 더 하겠어요?"

죽음 수용의 단계 중 부정과 분노와 우울은 "별 수 없지, 돈 잡아먹는 병, 내 미래는 절벽"이라는 표현이 그녀의 중심 하위주제였다.

시리고 아픈, 아쉬운 삶

중기로 접어들면서 그녀가 떠올린 긍정적인 기억은 과거에 자신을 아끼고 위해 준 친구들이나 자신을 인정해 주는 사람들에 대한 것이었다. 시골에 가면 친구들과 뒷산에 올라 〈동백 아가씨〉 노래를 부를 때면 가수 이미자라며 칭찬해 주던 그러한 추억들 속에서 그녀는 자신이 사랑을 많이 받았으며 존중받을 가치가 있는 사람이었음을 기억해 내는 듯하였다.

제공되는 익숙한 노래의 가사는 힘들었던 참여자의 삶을 정리하여 언어적으로 표현하도록 도왔고, 우울감을 많이 보였던 참여자에게 자신을 많이 닮아 뿌듯하고 맘속에 가장 힘이 되어 주는 딸의 이름을 넣어 친숙한 노래로 노래 만들기를 시도함으로써 내적 편안함을 제공하여 주었고, 가족의 소중함을 느낄 수 있도록 하며 삶의 의미를 좀 더 긍정적으로 정리할 수 있도록 도왔다.

그러나 아직도 이리저리 떠돌며 정착하지 못하는 아들을 생각하면 사랑이 아닌 의무감으로 양육해 온 결과인 듯 하다며 아쉽고 후회스럽다고 조심스레 말을 건넸다. 또한 이제껏 고생만 시켰던 딸이 곧 시집을 가서 자주 만날 수 없다는 생각에 또 다른 외로움에 시달리고 있었다.

죽음 수용의 단계 중 타협은 "나를 사랑해 준 사람들, 아이들에게 미안함, 외로움으로 상심하고 기다림"이라는 표현이 그녀의 중심주제였다.

담담함과 비통함으로 죽음을 맞이함

후기에는 주로 감상한 노래를 바탕으로 자신의 삶을 회고하고 긍정적인 면을 재인식하도록 격려하여 삶을 좀 더 의미 있게 정리하고 표현하도록 하였다. 그녀는 죽음에 대하여 더 이상 두렵지 않으며, 더 이상 심한 일이 생기지 않고 죽을 수 있는 것만으로 감사하다고 말했다.

또한 결혼한 딸의 아기가 태어나면 자신은 받아 보지 못했던 외할머니의 사랑을 손자에게 줄 수 있을 거라는 희망을 가지기도 하였다. 그러나 그런 작은 희망은 현재의 외로움과 고단함 앞에서 곧 좌절하고 다시 냉담하게 죽음을 기다리는 모습으로 돌아가기도 했다.

죽음 수용의 단계 중 수용은 "빈 몸으로 가는 거지, 나의 희망사항은, 미련 가질 거 없어."라는 중심 하위주제로 표현되었다.

이렇듯 음악의 중심 역할은, 첫째, 사람의 마음을 열게 하는 힘이 있으며, 둘째 자신의 힘들었던 과거를 비교적 거리를 두고 회상하며 비관하지 않고 삶을 통찰할 수 있는 힘을 가질 수 있도록 하는 것이다. 셋째, 자신의 존재가치를 느끼게 하여 자신이 얼마나 귀한 존재이고 사랑받고 있다는 것을 느끼게 하는 큰 위로를 줄 수 있다. 넷째, 음악은 현재와 미래의 고통에 대한 두려움에서 벗어날 수 있게 도와 남은 날들을 보다 의미 있게 지낼 수 있도록 돕는다.

임상에서 고려할 점

우리는 죽음을 두려워한다. 두려워하는 이유는 우리가 알 수 없는 미지의 세계이기 때문이다. 하지만 무엇이든 가까이서 보고 경험하면 우리는 익숙해지기도 한다. 죽음도 우리 모습의 한 가지인 것은 호스피스 병동에서 음악치료사로 일하면서 만난 환자분들이 내게 주신 큰 깨달음이다. 진정으로 죽음을 받아들일 수 있는 태도는 우리 호스피스 음악치료사들에게 주신 큰 선물인 것이다.

호스피스 병동에서 간호를 받는 말기 암 환자들의 정서는 불안과 고통과 우울감으로 가득 차 있기 때문에 호스피스 환자에게 가장 우선적으로 필요한 것은 그들의 이야기를 들어 주는 것이다. 환자들에게 부정적인 예후 언급이나 치료적 한계를 밝히는 것은 그들에게 압박감과 좌절감으로 큰 심리적 영향을 주게 되므로 음악치료사들은 말 한마디 할 때마다 그에 대한 영향을 고려해야 한다.

우리에게 하루는 그리고 1시간, 1분은 짧고도 의미 없이 지나가는 시간이지만 병상에 계신 호스피스 환자분들에게는 더없이 의미 있는 시간으로, 무기력하게 있는 환자분들에게 적막을 깨고 기타를 치며 노래할 수 있는 용기는 그들과 나 자신에 대한 사랑이라고 생각된다.

이번 사례에서 볼 수 있듯이 재가 말기 암 환자의 경우 집에서 머무르며 시간을 보내기 때문에 병원에서와 같은 체계적이고 총체적인 돌봄이 불가능한 환자의 경우 음악치료는 매우 의미 있고 중요한 대체요법으로 음악적 역량뿐 아니라 순화된 상담대화 기법 등 치료사의 의지가 매우 중요하다.

병원 내에서 통증을 일시적으로 가라앉혀 주는 약물요법이 말기 암 환자들이 자신의 삶을 반추하고 죽음을 직면하는 일을 오히려 방해하고 있는 경우가 종종 있기도 하다. 그러나 그들에게 보다 더 중요한 것은 삶에 대한 정리와 용서, 가족과의 관계 회복, 마음의 평화를 얻어 그들의 뜻대로 스스로 죽음을 받아들일 수 있는 준비를 할 수 있도록 심리적 · 정서적 지원을 아낌없이 줄 수 있는 조력자가 되는 것이 우리 음악치료사의 의무일 것이다.

세션을 모두 마치고 환자분의 딸과 인터뷰를 하였는데, 자신의 엄마가 그전보다 밝아지고 아무것도 하려고 하지 않았는데 가끔 계획을 세우시는 모습을 보고 많이 놀랐다고 하였고, 음악치료를 하는 것에 대해 뿌듯해 하시는 모습이 보기 좋았다고 전해 주었다. 기대한 것만큼 극적인 변화는 아니었지만 환자분이 얻은 작은 변화 역시 남은 삶의 기간 동안 그분의 삶을 윤택하게 해 줄 소중한 경험이 되었다. 또한 노래 자서전 프로그램을 통해서 죽음을 수용할 수 있도록 돕고 그분의 삶의 질을 높이는 데 힘을 발휘하였다는 점을 몸소 체험할 수 있는 계기가 되었다.

사례 3 말기 암 환자를 위한 음악치료: 사회적 지지를 통한 긍정적 정서 경험

프로그램명: 호스피스 음악치료

글: 음악 치료사 황은정

기간: 2016년 6월 3일~9월 28일, 주 2회, 총 20회기

치료사 소개

음악치료사 황은정은 아주대학교에서 심리학을 전공하였고 2011년 음악치료에 입문하여 한세대학교 대학원에서 음악치료를 전공한 후 음악치료사로 활동하고 있다. 아동에서 노인에 이르기까지 다양한 대상집단과의 임상현장을 경험하면서, 말기 암 환자를 대상으로 음악 자극을 통해 활력을 제공하고 신체적 · 정서적 · 사회적 · 영적 영역에서 저하된 삶의 질을 높이는 '호스피스 음악치료'에서 큰 의미를 발견하여 2015년부터 현재까지 호스피스 환자들의 웰다잉을 돕는 역할을 하고 있다.

참여자 소개

말기 암 진단을 받은 호스피스 완화의료 병동 입원 환자

이정숙(가명, F, 84, 담낭암)/천주교

주요 내용

사례자인 이정숙 님은 매우 단정하신 분으로 성당에서 오랫동안 성가대로 활동하여 노래를 부르는 것과 듣는 것을 매우 좋아하셨다. 당시 병동에는 두 명의 음악치료사가 있었는데 사례자는 필자만을 만나기를 원하면서 사람에 대한 호불호를 보이기도 하였다. 음악치료 시간에는 노래 자극 외에도 대화 나누기를 적극적으로 원하여 이를 통한 사회적 지지를 제공하였고 충분한 대화의 병행으로 매 회기마다 긍정적 정서를 경험할 수 있었다. 노래 부르기 도중 약하게 호흡 곤란이 오기도 하였으나 임종 직전까지 꾸준하게 음악치료에 참여하였고 임종 시에는 음악치료 시간에 함께

불렀던 노래와 찬송을 가족들과 함께 부르며 고인의 가는 길을 축복해 드렸다.

진행과정

–1~3회기: 라포 형성 / 선호 노래 및 간단한 인적 사항 파악
–4~17회기: 노래중심 음악치료 시행 / 사회적 지지 / 심리 · 정서적 안정감 제공
–18~20회기: 영적 돌봄 제공 / 죽음 준비 / 임종 참여

사례

치료 초기(1~3회기)

매우 단정하고 깔끔한 모습의 사례자는 첫 만남에서부터 환한 미소를 지으며 치료사를 반갑게 맞아 주셨다. 음악치료를 시작하기 전 간단한 신상에 대한 이야기를 나누었으며 아무 거리낌 없이 솔직하게 자신의 지나온 삶에 대하여 이야기하였다. 치료사에게도 관심을 보이며 나이, 결혼 유무, 가족 등등을 질문하였는데 그것이 부담스럽기보다는 자연스러운 호감으로 여겨질 수 있도록 고상한 태도를 유지하였다. 사례자는 찬송가와 흘러간 옛노래를 좋아하였고 치료사의 노래가 끝날 때마다 "너무 좋다."라는 긍정적 반응을 보이셨으며 2회기 방문 시에는 먼저 손을 흔들며 환하게 웃는 모습을 보였다. 음악치료에 대한 만족감이 지속되는 가운데 3회기 세션 후에는 간병인으로부터 음악치료를 받는 날에는 기분이 매우 좋아지셔서 매일 음악치료를 했으면 좋겠다는 이야기를 전해 듣게 되었다. 제공된 노래는 찬송가와 〈동행〉 〈섬마을 선생님〉 〈바위 고개〉 등이었다.

치료 초기(4~17회기)

사례자는 매번 음악치료 시간을 기다리며 다른 병실에서 치료사의 노랫소리가 들리면 침상을 정돈하면서 음악치료에 참여할 준비를 하는 등 적극적이고 호의적인 모습을 보였다. 치료 기법으로는 '노래 대화하기'가 주로 사용되었는데 이는 노래와 노래 사이에, 노래에 얽힌 추억이나 가사의 의미 등을 대화로 나누며 환자의 심리, 정서 상태를 살피고 과거를 회상할 수 있는 시간을 부여하는 기법으로 사례자는 좋아하는 노래를 부르고 감상함과 동시에 치료사와의 대화를 통해 고독감을 해소하며 사회적 욕구를 해결해 나갔다. 대화의 내용은 고향, 가족, 신앙, 현재

의 감정, 추억 나누기 등이었고 노래 자극이 주어지지 않을 때에도 문득 우울과 불안이 느껴지면 과거의 이야기와 감정 상태를 표현하는 모습을 보였다. 13회기에는 자손들이 경제적인 부분을 놓고 본인 앞에서 작은 다툼을 벌인 것에 대하여 치료사에게 속상한 마음을 표현하였는데 이를 반영하여 〈부모〉라는 노래를 불러 드리자 눈물을 흘리며 감정을 추스르는 모습을 보였고, 때로는 더 있다 가라고 붙잡기도 하고 하루 종일 함께 있었으면 좋겠다는 말을 하거나 가끔은 제일 먼저 방문하지 않았다고 입을 삐죽이는 등 사례자에게 음악치료와 치료사는 큰 의지의 대상이 되고 있었다.

사례자는 성당에 다니며 성가대를 오랫동안 하였기 때문에 모르는 노래도 악보를 드리면 시창을 하며 부를 수 있는 수준이 되었고 음색 또한 매우 곱고 청아하였다. 따라서 처음 접하는 노래를 시창하여 잘 불렀을 때에 치료사가 칭찬을 해 드리면 큰 힘을 얻어 활력을 되찾는 모습이었고 스킨십 또한 사례자에게 큰 위로와 친밀감을 전해 주는 통로가 되어서 손을 잡거나 머릿결을 쓸어 넘겨 주는 것을 매우 좋아하였다. 16, 17회기에 들어서면서부터는 기력이 점차 감소하고 노래 부르는 것을 힘들어하기 시작하였는데 결국 노래를 부르다가 호흡이 딸려 잠시 세션을 중단하고 간호사의 돌봄을 받는 일이 생기기도 하였다. 이렇게 상태가 점점 악화됨에도 사례자는 꾸준히 음악치료에 참여하였고 치료사의 노래를 감상하는 것만으로도 큰 위안을 얻으셨다.

치료 말기(18~20회기)

사례자의 상태가 점점 악화되자 가족들이 병상을 지키는 시간이 많아졌다. 따라서 평소에 사례자와 함께 부르던 노래를 자녀들과 부르며 그동안의 시간들을 추억하게 되었다. 간간이 의식이 돌아왔을 때에는 주변을 돌아보며 잔잔한 미소를 띠었고 의식이 불안정할 때에는 남아 있는 청각 반응을 기대하며 자녀들과 함께 찬송가와 치료 세션 때 함께 불렀던 노래들을 불러 드렸다. 자녀들은 어머니와 치료사가 함께 불렀던 노래를 통해 어머니를 추억하였고 감사의 인사를 나누어 주었다. 마지막 20회기에는 의사소통이 불가하였지만 사례자의 귓가에 대고 이런저런 이야기를 한 후 평안을 기도하는 마음으로 자녀들과 함께 〈나의 갈 길 다가도록〉을 불러 드렸다. 그 후 며칠 뒤 임종하셨다는 소식을 전해 듣게 되었다.

임상에서 고려할 점

비단 호스피스 환자뿐 아니라 노인들은 깊은 고독감을 경험한다. 특히 호스피스 환자의 경우 죽음을 앞두고 일상적인 행동에 제약을 많이 받기 때문에 찾아오는 이

마저 없으면 그 고독감이 매우 깊어진다. 따라서 본 사례자에게 음악치료와 치료사는 큰 위로가 되었다. 사례자는 음악치료 시간을 통해 많은 이야기를 나누었으며 치료사에게도 애정을 듬뿍 쏟는 모습을 보였다. 이러한 환자에게 치료사도 많은 시간을 할애할 수밖에 없었으며(다른 환자에게는 죄송한 말씀이지만) 환자와 치료사 그 이상의 교감을 나누게 되었다.

음악치료에서는 '음악-대상자-치료사' 간의 상호작용이 일어난다. 일차적으로 음악이 중요한 도구이지만 병상이라는 특수한 상황에서는 치료사 또한 중요한 도구가 된다. 따라서 많은 이야기를 들어 드리고 공감하며 자연스러운 신체 접촉을 시도하면 환자는 큰 힘을 얻게 된다. 손을 잡고 함께 박수를 치는 등의 가벼운 스킨십부터 머릿결을 쓸어 넘기고 거동을 할 때 도와드리는 등의 신체 접촉의 빈도가 많을수록 친밀감이 깊게 형성되는데 특히 환자들은 따뜻한 손을 좋아하며 손을 잡아 드리는 것만으로도 감사를 표현하는 경우가 많다.

호스피스 음악치료에서 많이 사용되는 '노래중심 음악치료'에서 한 가지 고려해야 할 것은 바로 환자의 호흡 상태이다. 노래 부르기는 환자의 움직임을 유도하고 호흡량 조절에 도움을 줄 수 있지만 자칫 호흡 곤란을 일으킬 수 있기 때문에 환자의 호흡 상태를 잘 관찰하여 무리가 되지 않는 범위에서 노래를 부르도록 이끌어야 한다.

마지막으로, 환자가 의식을 잃은 임종 직전의 상황에서 그동안 환자와 함께 불렀던 노래를 가족들에게 안내하고 함께 부르는 것은 고인을 기억할 수 있는 시간을 부여하고 위로를 줄 수 있으며 임종 후 애도를 함에 있어서 의미 있는 도움이 될 수 있다.

사례 4 말기 암 환자를 위한 음악치료: 종교적 활동을 통해

프로그램명: 우리 다시 만날 때까지

글: 음악치료사 홍정인

기간: 2016년 6월 28일~8월 17일, 주 회 총 8회기

치료사 소개

음악치료사 홍정인은 총신대학교에서 교회음악(성악)을 전공하고, 삶의 자리에서 경험한 음악의 힘을 보다 과학적으로 체계화하여 적용하고자 한세대학교 심리

상담대학원에서 음악심리치료를 전공하였다. 소명을 확신하여 호스피스 · 완화의료센터에서 수련하였으며, 대상자들의 삶의 질과 가족관계의 질 향상에 집중하고 있다. 또한 호스피스 · 완화의료 대상자들과의 소중한 만남과 동행이 재회로 열매 맺길 기대하고 섬기며, 보다 의미 있는 삶의 완성을 돕고자 호스피스 · 완화의료 음악치료 프로그램 개발 연구를 위해 노력하고 있다.

참여자 소개

호스피스 · 완화의료 병동에 입원 중이셨던 K님(66세, 여)은 신혼 초부터 반복된 남편의 외도로 일평생 가장 역할을 감당하신 분이었다. 자녀들이 초등학교도 입학하기 전에 가정을 떠났던 남편이 치매가 발병하고 나서야 돌아왔지만, 약 10년간 성심성의껏 돌보시다가 배웅하셨다. 남편을 보내 드리고 얼마 지나지 않아 위암이 발병하였지만, 오히려 젊은 날의 신앙을 회복하는 계기가 되어 내세의 소망에 집중하며 겸허히 가족들과의 이별을 준비하시던 환자였다.

주요 내용

K님은 긍정적인 정서의 환자였지만, 신체적 증상 및 기독교 신앙으로 회심한 기간 등을 고려하여 전반적인 삶의 질과 가족관계의 질 향상을 목적으로 프로그램을 구성하였다. 가족들의 적극적인 참여를 독려하여 노래 부르기, 노래 만들기, 악기연주 등 다양한 치료방법을 적용한 집단 음악치료를 병행하였는데, 총 8회기 중 개별 음악치료 3회기와 집단 음악치료 5회기로 구성되었으며, 집단 구성원은 회기별로 다소 변화가 있었다. 환자뿐 아니라 가족 모두가 인생 회고를 바탕으로 가족 내 미해결 과제를 통찰하고 통합하는 시간이 되길 바라며 환자와 가족의 음악 선호도를 고려하여 중재하였다. 특히 자녀들이 아버지를 향한 분노로부터 자유로워지고 기독교 신앙을 갖길 소망하였기에 치료적 관계형성을 바탕으로 점진적으로 접근하며 중재하였다.

진행과정

- 1~2회기: 신체적 증상 및 영적 상태 탐색, 치료적 관계형성을 목표로 환자의 선호 장르(기독교 성가)를 고려한 치료사의 추천곡을 중재하였다.

−3~7회기: 통증 감소, 영적 안녕감 증진, 가족 내 미해결 과제 통찰 및 통합을 목표로 중재하였다. 주로 집단 음악치료를 시행하였는데 딸, 아들, 출산을 앞둔 며느리, 손자와 손녀, 남동생, 이웃들이 참여하였다. 다양한 선곡과 치료방법을 적용하여 음악 안에서 내면을 표현하며 소통할 수 있도록 상호작용을 촉진하였다.

−8회기: 영적 안녕 상태의 임종을 목표로 환자의 선호곡(기독교 성가)을 중재하였다.

사례

해처럼 밝고 맑은 천상의 미소

호스피스 · 완화의료센터에서는 음악치료 시간에 앞서 대상 환자의 병력과 가정환경 등 전반적인 개인 정보와 대상자의 컨디션, 다른 요법치료 중재에 대한 반응, 기관이나 대상자의 요구사항 등을 안내받는다. K님은 고단한 인생 길을 걸어 오시다가 이제 막 다시 신앙생활을 시작한 환자이므로 음악치료를 통해 위로와 지지를 받고 영적인 돌봄까지도 이루어지면 좋겠다는 기관의 요청을 받았다. 왠지 모르게 평소와 달리 병실로 옮기는 발걸음이 무겁고 더뎌 10미터도 되지 않는 거리를 가는 짧은 시간 동안, 나는 그저 단지 통로가 됨을 되새겼다. 주어질 참된 평안과 기쁨을 기대하고 기도하며 병실로 들어서는 순간, 해처럼 밝고 맑은 눈부신 미소로 맞아 주시는 K님을 뵙고 기대에 대한 감사가 샘솟았다.

K님께 음악치료의 시행방법과 효과성 등을 간략히 설명한 후 선호곡을 여쭈었지만, 처녀 적 잠시 신앙생활을 했기 때문에 특별히 좋아하는 찬양이 없고, 사는 게 바빠서 음악에 취미를 둘 새도 없었기에 좋아하는 가요나 가수도 떠오르지 않는다고 하셨다. K님을 뵙자마자 떠오른 곡을 선물로 드려도 되겠냐고 여쭈었더니 고개를 끄덕이셔서 〈자매의 모습 속에 보이는〉과 〈날 구원하신 주 감사〉를 불러 드리자 "참 좋다! 선생님! 내가 무슨 호강이래?"라며 환히 웃으셨다. K님의 평안을 기도하는 마음으로 〈내 영혼의 그윽히 깊은 데서〉를 불러 드린 후, 마치는 인사 노래를 하려고 하는데 "선생님! 나 노래 하나 생각났어요. 그 뭐더라 기도 같은 노래가 있었는데, 제목이 뭔지는 잘 모르겠는데, 기도 노래가 있는데……."라고 하셨다. 치료사가 K님과 병실의 다른 대상자들에게 지금보다 열 배쯤 큰 목소리로 고음도 내며 불러야 하는 기독교 성가곡인데 불편하지 않으시겠냐고 여쭈었다. 다소 불편감을 느끼실지도 몰라 염려하였던 무교이신 환자도 흔쾌히 허락해 주셔서 〈주의 기도〉(A. H. Malotte)를 연주하였다. 비록 무반주로 빈틈이 많은 연주

였지만, 주기도문으로 예배를 완성하여 받으신 하늘의 뜻인 것 같아 참 감사했다. 또한 환호하며 손뼉을 쳐 주시는 등 기쁨이 충만한 대상자들의 반응을 보며 다시금 통로로 쓰임 받음에 감사했고, 우리에게 임할 큰 사랑을 기대하며 가벼운 걸음으로 다음 병실로 향할 수 있었다.

지금 여기에서 우리, 사랑한다고 말해 봐요~

딸, 아들, 출산을 앞둔 며느리와 함께 〈사랑하는 마음보다〉를 노래하며 가족 간의 사랑을 확인하고 표현하는 시간을 가졌다. 딸과 아들이 K님의 양옆에서 노래 가사의 지시대로 눈 마주침도 하고, 손도 꼭 잡아드리고, 안아 드리며, 사랑한다고 노래로 고백하기도 하였다. 만삭의 며느리는 남편 뒤에서 눈물을 훔치고 있었는데, K님이 며느리를 부르시더니 손을 꼭 잡고 "○○엄마야! 우리 집에 와 주어서 정말 고맙다. 너무 고맙고, 또 너무 미안해. 사랑한다."라고 말씀하셨고, 며느리도 K님께 뺨을 맞대어 안아 드리며 "아니에요. 어머니! 제가 더 감사하죠. 저도 사랑해요."라고 대답하였다. 치료사가 K님 앞으로 윈드차임을 가지고 가서 며느님을 사랑하시는 만큼 크고 아름답게 연주해달라고 하자, 미소를 지으시며 시원스레 연주하셨다.

직전 회기에 노래 가사 채우기(fill in the blank)를 했던 〈싹트네〉를 부른 후, 지금은 자녀들에게 어떤 감정이 돋아나길 원하시느냐고 여쭙자 '기쁨'이 넘쳐났으면 좋겠다고 하셨다. 다 함께 K님과 자녀들의 이름을 넣어 노래 부르며 서로를 격려하고 세션을 마무리하였다. 세션을 마친 후, 요법치료실로 찾아오신 K님의 아들이 음료를 건네시며 "덕분에 어머니한테 사랑한다고 얘기도 해 보고, 안아도 드렸네요. 감사합니다."라고 고개를 숙여 인사하였다.

사랑합니다. 우리는 이 짧은 문장 속에 존경과 감사 그리고 용서의 감정까지도 녹여 낼 수 있다. 그렇지만, 치료사인 나는 너무나 큰 사랑을 받았고 너무나 많이 사랑하는 아버지 생전에 단 한 번도 사랑한다고 말씀드려본 적이 없었다. 그것도 모자라 천국에 보내 드리고서도 아주 오랜 시간이 지나서야 그 사실을 깨닫게 되었기에, 우리 환자와 가족들이 나와 같은 후회를 하지 않길 바라는 간절함이 있다. 그 마음이 전해진 것 같아 참 감사한 시간이었다.

엄마가 딸에게, 딸이 엄마에게

K님과는 신앙의 성장을 위해 기독교 성가를 학습하거나 '계이름의 유래'를 나누고, 계이름의 숨은 뜻을 따라 기도문을 작성하는 시간도 가져 보았었다. K님은 호스피스 · 완화의료 병동에 와서 거짓말처럼 몸도 마음도 편안해졌고, 신앙도 확고해진 것 같아 감사하다고 하셨다. 단, 당신과 달리 자녀들은 아직 신앙이 없는 것이 속상하고, 다시 만나지 못하게 될까 봐 두렵다고 하셨

다. 또한 자녀들이 아버지를 용서하고 편안해졌으면 좋겠다고 하셔서 따님을 비롯한 가족들과 함께하는 시간을 가지기로 하였다.

계이름의 유래

구이도 다레초(Guido d'Arezzo, 995~1050)에 의해 창시
〈성 요한 찬미가(Ut queant laxis)〉의 라틴어 가사의 각 문장,
첫 음절에서 고안

도	Do	Dominus, 하나님
레	Re	Resonance, 울림 · 음성
미	Mi	Miracle, 기적
파	Fa	Familie, 가족 · 제자
솔	Sol	Solution, 구원 · 사랑
라	La	Labii, 입술
시	Si	Sanctus, 거룩
도	Do	Dominus, 하나님

무지개색의 공명실로폰을 침상 탁자 위에 올려놓고, 마음에 드는 색을 하나씩 선택하게 하였다. C1음부터 B7음까지 순서대로 지시하여 두 번 연주한 후에, 세 번째에는 C8음을 지시하였다. C1음부터 B7음의 연주와 C8음로 완성한 연주의 느낌을 나누었는데, C1음부터 B7음의 연주는 '불편하다, 짜증난다, 갑갑하다'는 반응을 보인 반면, C8음로 완성한 연주에는 '편안하다, 개운하다, 이제 살 것 같다'는 반응을 보였다. 음악 이론에서는 B7음에서 C8음으로 가는 과정을 '해결'이라고 하는데 불편감이 잘 해결된 것 같으시냐고 여쭙자 모두 고개를 끄덕이는 반응을 보였다. 계이름의 유래와 계이름의 숨은 뜻을 기록한 게시물을 보여 드리고 설명한 후, 주요 3화음을 연주하고 3화음의 구성음으로 기도문을 만드는 활동을 합심하여 진행하였다. 활동을 마친 후, K님께 마음의 소원을 연주해 보시라고 권유하자 C, F, G 음을 연주하셨다. 만약 하나님께 가족들이 구원받길 바라는 마음이시라면 직접 얘기해 주시면 좋겠다고 권유하자 따님을 향해 "○○야! 우리 이 다음에 꼭 천국에서 다시 만나자!"라고 하셨고, 따님이 알겠다고 대답하자 고운 미소를 보이셨다. 치료사가 공명실로폰으로 C장조 음계를 다시 한번 연주하며 B7음에서 잠시 멈추었다가 C8음을 연주하고, 거룩하신 하나님께로 가는 길이 참 힘겹고 불편하게도 느껴지지만 우리네 인생은 하나님께로 와서 다시 하나님께로 갈 때 비로소 모든 문제가 해결되고 참 평안으로 완성되는 것 같다고 하자 K님이 큰 소리로 "아멘"으로 화답하셨다.

딱히 좋아하는 노래는 없었어도 양희은의 시원한 목소리는 좋아하셨다는 K님을 대신하여 치료사가 〈엄마가 딸에게〉(K님과의 대화를 토대로 치료사가 개사) 1절을 부른 후, K님께 따님에게 더 해 주고 싶은 말씀이 있는지 여쭙자 "그냥 너무 고마워요. 아마 우리 딸은 다 용서했을 거야. 이제는 교회도 다닌다니까, 난 이제 뭐 더 바라는 거 없어요."라고 하셨다. 따님을 대신해 2절을 불러 드린 후, 따님에게 직접 가사를 낭독해 주시길 부탁드리자 치료사의 기타 연주와 허밍에 맞추어 차분하게 '용서할게요. 교과서처럼 살아볼게요. 성실하게, 엄마 따라 열심히 살게요. 엄마 딸이어서 행복해요. 건강하게 살게요. 엄마 정말 사랑해요.'라고 마음을 전해 주셨다. 곡을 마치자마자 따님이 다급하게 한 곡을 더 요청하셨다. 엄마에게 〈걱정 말아요 그대〉를 직접 불러 드리고 싶은데 노래에 자신이 없으니 치료사에게 함께 불러 달라고 도움을 청하셨다. 엄마를 위해 긴장된 표정으로 열심히 노래하시던 따님의 모습, 같은 병실의 환자와 가족들 모두 한마음으로 손뼉을 치시며 K님과 가족들을 지지하셨던 모습은 아주 오래도록 기억될 것 같다.

"우리 모두 천국에서 다시 만날 그날을 기대합니다."

임상에서 고려할 점

입원 후 컨디션이 급격히 저하되어 일반 병실에서는 만나 뵙지 못하였으나, 가족들의 요청으로 처음이자 마지막으로 임종실에서 중재한 환자가 있었다. 치료사가 입실하였을 때 어르신의 선호곡인 찬송가 250장 〈구주의 십자가 보혈로〉를 오케스트라 반주의 4성부 합창 음원을 틀어 놓고 가족들이 함께 부르고 계셨다. 환자의 호흡이 불규칙해질수록 오히려 더욱 큰 소리로 노래하며 간절함을 표현하시는 것 같아 환자의 상태에 따른 중재 방법과 효과를 안내해 드리고, 잠시 마음으로만 함께해 주시기를 부탁드렸다. 치료사가 단6도 하향 전조하고, 쉼표를 많이 활용하는 등 반주를 최대한 단순화하여 매우 느린 템포로 중재하자 환자의 호흡이 점차 안정되며 잠드셨다. 깊은 슬픔을 표현하거나 장례 일정을 의논하고 있던 가족들에게 환자의 잔존 청력에 대해 설명하고, 환자에게 사랑의 말을 전하는 의미 있는 시간을 가지기를 권유하였다. 임종실 환경에 적절한 음원을 전달하고, 요법치료실에서 퇴근 준비를 하던 내게 큰따님이 뛰어오셔서 팔을 잡아 이끄셨다. 좀 전에 잠드시면서 자연스레 임종하신 것 같다고, 편안하게 가실 수 있게 도와주셔서 감사하다고, 마지막을 함께해 주시면 좋겠다고……. 주치의 선생님의 사망 선고 후에 오열하던 환자의 여동생을 안아 드리고, 아주 짧은 만남이었지만 깊은 여운을 남긴 시간을 마무리하였다.

모든 임상현장에서 고려해야 할 점이지만 호스피스 · 완화의료에서는 환자의 에너지 수준을 보다 세밀하게 고려해야 한다. 단순화한 리듬 패턴으로 반주하며 환자의 호흡에 맞추어 템포를 조정하고, 환자가 편안하게 수용할 수 있는 음색과 음량에 적합한 음역을 찾아 공명(배음)을 조절할 수 있어야 한다. 그러나 음량의 경우, 무조건 절제하는 것이 정답은 아닌 듯하다. 한번은 치료사의 컨디션이 좋지 않아 음량을 줄이기가 어려워 양해를 구하고 평소보다 조금 큰 소리로 노래했던 경우가 있었다. 그런데 오히려 소리의 진동으로 두통이 사라진 것 같다고 하시며 계속 크게 불러 달라는 요청을 받은 적도 있기 때문이다. 1인실을 사용했던 환자였기 때문에 요청에 의한 중재가 가능하였지만, 다인실의 경우에는 같은 병실의 다른 환자들의 컨디션도 주목하며 조절해야 한다.

호스피스 · 완화의료 환자들은 얼마 남지 않은 소중한 시간 속에서 중요한 모순에 직면하기도 한다. 부정 · 분노 · 타협 · 우울의 단계를 거쳐 어렵사리 자신의 상태를 수용하고 그저 묵묵히 마지막을 기다리다가, 좀 더 정돈된 모습으로 아름답게 삶을 마무리하고 싶다는 마음이 생겨 충돌한다. 인간은 죽음 앞에서 두려움을 느끼지만 스스로에게 실존적인 질문을 하게 되는 철학적인 특성도 있기에 어떻게 보면 너무나 자연스러운 갈등이다. 호스피스 · 완화의료 환자들은 비록 주어진 시간이 매우 제한적인 불안정한 삶을 살고 있지만 죽음과 삶의 의미를 이해하며 의미 있게 마무리하기 위해서는 자신을 더 긍정적으로 변화시키려는 노력이 필요하다(Doing). 스스로 변화의 욕구를 파악하고 결정하며 실행할 수 있어야 한다. 그러나 그 이면에 노력해도 바꿀 수 없는 것들이 있음을 환자 스스로 깨달을 수 있어야 하며, 현재를 있는 그대로 수용해야 한다(Being). 다시 말하면, 병에 걸린 사실을 비롯한 과거는 변화시킬 수 없는 사실임을 인정해야 하지만, 남은 시간을 더 가치 있게 살아내기 위해 긍정적인 생각이나 태도로 변화시키는 일은 가능함을 인식해야 한다. 따라서 치료사는 환자가 이러한 양면을 균형 있게 발전시키고 유지하게 하여 의미 있는 삶을 완성할 수 있도록 도와주어야 한다. 환자의 심리적인 상태를 세밀하게 파악하여 적절히 개입하는 것은 치료사의 중요한 역할이요 과제이다.

음악치료가 호스피스 · 완화의료 현장에서 매우 효과적으로 적용되고 있는 외국의 경우와 달리 우리나라는 아직 전문적으로 시행되고 있는 경우가 많지 않다. 이는 음악치료에 대한 잘못된 인식과 여러 의료기관에서 비전문가에 의한 음악활동을 음악치료라고 명명하여 시행하는 것에서 기인하는 바가 크다. 호스피스 · 완화의료 환자들은 신체적으로나 심리적으로 매우 연약한 상태이므로 반드시 잘 훈련된 호스피스 · 완화의료 음악치료 전문가에 의한 과학적 접근이 필수적이다. 환자가 요청하신 노래를 준비하여 병실을 찾았을 때, 더 이상 그곳에 계시지 않는 경우가 결코 드문 일이 아니다. 호스피스 · 완화의료 환자들의 하루하루와 매 순간순간이 그 누구의 것과도 비교할 수 없는 너무 귀하고 소중한 시간임을 생각한다면, 호스피스 · 완화의료센터 소속 음악치료사의 전문성은 아무리 강조해도 지나치지 않을 것이다.

호스피스 · 완화의료 환자들은 그저 죽음을 기다리고 있는 것이 아니라 그들에게 주어진 마지막 삶을 의미 있게 완성하려고 치열하게 살아내고 있는 과정임을 잊지 말아야 한다.

8장
세대통합 음악치료

1. 세대통합 음악치료 개요

세대통합 프로그램(intergenerational program)은 활동 또는 학습 프로그램에 여러 세대가 함께 참여하는 방식뿐만 아니라 한 세대가 자신의 기술 및 재능을 다른 세대에게 제공하는 방식으로도 이루어질 수 있다(Belgrave, Darrow, Walworth, & Wlodarczyk, 2011). 이러한 세대통합 프로그램에서 음악은 교류를 위한 효과적인 매개체가 될 수 있다(Belgrave et al., 2011; Clair & Memmott, 2008/2009). 세대 간 교류는 노인의 삶의 질에 영향을 미치는 중요한 요인이라고 할 수 있는데(정순둘, 정세미, 김빛여울, 2016), 세대 간 교류는 서로에 대한 상호 이해를 토대로 노인뿐만 아니라 함께한 가족 및 타인 모두에게 도움이 되기 때문에 이를 위한 프로그램이 다양하게 이루어지고 있다.

1) 노인과 가족부양자가 함께하는 음악치료

가족 안에서 세대 간 교류로 노인과 성인 자녀 간 교류는 노인의 삶의 질에 큰 영향을 미친다. 치매 노인과 가족이 함께하는 음악치료는 의미 있는 상호작용과 의사소통을 발달시키는 방법으로 고려될 수 있다(Ridder, 2017/2018). 음악은 치매 노인과 보호자(caregiver[1]) 간의 상호작용을 허락하고 음악을 만들어 가는 과정은 여전히 손상되지 않은 기술들과 능력들을 개발하여 줌으로써 의미 있는 참여를 위한 기회를 제공한다(Clair & Memmott, 2008/2009). Gardner(1999)는 음악활동이 치매 노인과 가족부양자 간에 신체적 상호작용의 기회를 제공하고 정서적 친밀감을 회복할 수 있도록 도우며 긍정적인 기억들을 함께 나눌 수 있는 기회를 제공한다고 하였다. 이 연구에서는 치매 노인과 그 딸이 함께 참여하는 음악활동으로 노래 부르기, 음악감상, 악기연주, 동작, 춤을 사용하였는데, 노래 부르기에 있어 노래책을 이용하여 노래 선곡에 가족부양자가 참여할 수 있도록 하였고 노래의 가사를 함께 만드는 노래 만들기(song writing) 방법도 이용되었으며 악기연주에 있어 드럼 종류 외에 메탈로폰이 효과적으로 이용되었다. 고범석(2002)은 치매 노인과 주부양자인 성인 자녀가 함께 참여하는 교류적 음악활동이 노인과 주부양자 간 관계의 증진에 긍정적 영향을 줄 수 있음을 제시하였다. 이를 위해 노래 부르기, 동작, 리듬연주 활동이 주로 이루어졌으며 이외에 음악 구조 안에서의 신체적 접촉으로서 녹음된 음악을 감상하며 손을 잡거나 노래를 부르며 치매 노인의 팔이나 어깨를 주부양자가 주물러 드리는 활동이 적용되었다. 이인애(2009)는 치매 어머니와 함께 음악치료과정에 참여한 딸의 경험에 대한 현상학적 연구에서 가족 간 상호작용이 음악 안에서 효과적으로 이루어질 수 있음을 제시하였다. 음악 안에서의 만남을 위해 사용된 음악치료 기법으로는 음악의 형식에 맞춘 악기활동, 악기를 이용한 의사소통, 노래와 회상 등이 적용되었다.

노인과 가족부양자가 함께하는 음악치료에 있어 노인과 성인 자녀가 함께하는

---

1) caregiver는 보호자, 부양자, 간병인, 간호자, 돌봄제공자 등 맥락상 여러 가지로 번역되어 사용되고 있는데, 이 장에서는 맥락상 의미 전달에 보다 적절하다고 생각되는 용어를 선택하여 사용하였으며 기존의 문헌 인용 시 원문에서 사용된 용어를 가능한 유지하였다.

세대 간 교류 외에 주부양자로서 특히 배우자가 함께하는 음악치료의 효과에 대한 연구 또한 많이 이루어졌다. Clair, Tebb와 Bernstein(1993)은 중기 단계의 치매 노인과 배우자가 함께하는 음악활동을 통해 사회적 상호작용의 기회를 제공할 수 있었다고 제시하였는데, 이를 위한 음악활동으로 노래 부르기, 춤추기(dancing), 드럼 연주가 사용되었다. Hanser와 Clair(1995)는 의사소통 촉진을 목적으로 알츠하이머 치매 노인과 그 배우자가 함께 참여하는 음악활동 프로그램을 자세히 제시하였는데, 초기 단계의 알츠하이머 치매 노인과 그 배우자가 함께 참여하는 음악활동으로 스트레스 감소를 위한 음악감상, 노래 부르기, 즉흥연주, 음악감상과 토의가 포함되었고 말기 단계의 알츠하이머 치매 노인과 그 배우자가 함께 참여하는 음악활동에는 노래 부르기, 리듬악기연주가 포함되었다. 그리고 Clair와 Ebberts(1997)는 중증 치매 노인과 배우자가 함께 참여하는 음악활동이 의미 있는 상호작용과 정서적 친밀감을 느낄 수 있는 기회를 제공하여 삶의 질에 중요한 역할을 수행하였다고 제시하였는데, 신체적 접촉(touch)이 음악치료 중재로부터의 중요한 이익이었다고 하였다. 이를 위한 프로그램에는 대화, 노래 부르기, 춤추기, 드럼을 사용한 리듬연주가 포함되었다. 한정아(2005)는 뇌졸중 노인과 부양자인 배우자 사이의 긍정적 상호작용과 관계 향상에 음악치료활동이 도움이 될 수 있음을 제시하였는데, 노래를 사용한 활동, 악기연주, 음악감상 등의 활동이 적용되었다.

치료사가 제공하는 프로그램을 보호자가 적극적으로 활용하는 음악중재방법의 효과에 대한 연구도 이루어졌다. Hanser, Butterfield-Whitcomb, Kawata와 Collins(2011)는 집에서 가족부양자가 치매 노인에게 실시하는 음악 프로그램이 치매 노인의 기분 및 심리상태 증진과 가족부양자의 고통 감소 및 부양 만족도 증진에 미치는 효과를 알아보았는데, 치매 노인과 가족부양자가 인식하는 긴장이완, 안락함, 행복감을 증가시키는 데 효과적인 것으로 제시하였다. 이 프로그램의 적용 과정은 다음과 같다. 먼저, 선호 음악 선정을 위한 인터뷰를 위해 음악치료사가 참가자들의 집을 방문하였으며 이를 토대로 선호 음악과 지시가 포함된 CD가 만들어졌다. 이후 2시간의 훈련 세션을 통해 음악치료사가 치매 노인과 가족부양자(성인 자녀인 딸 또는 배우자)를 만나 이완(relaxation)에 적절한 음악 선곡에 대해 논의하고 음악 프로그램에 치매 노인이 함께 참여할 수 있는 방법을 제시하였다. 치매 노인과 가족부양자는 일주일에 세 번, 각 가정별로 제작된 CD를 함께 들으며 음악을 통한 스트레스 감소 프로그램 여덟 가지(음악감상과 토의, 음악과 동작, 음악과 긴장이완, 음악과 심상, 노래 부르기와 악기연주 등의 활동으로 구성됨) 중에 선택하여 수행하였다. 노인을 위한 재가 서비스(in-home service)의 필요성이 증대되고 있기 때문에 음악치료 영역이 가정 기반 중재(home-based treatment)로 확대될 가능성이 있으며 이를 통해 가족부양자를 위한 케어를 제공하여 치매 노인과 가족부양자 모두의 삶의 질을 향상시킬 수 있다고 연구자들은 제시하였다. Särkämö 등(2014)은 치매 노인의 보호자가 일상적인 돌봄(everyday care)의 일부로서 노래 부르기 또는 음악감상을 정기적으로 사용할 수 있도록 하는 코칭에 기반을 둔 음악중재의 효과를 알아보았다. 케어를 제공하는 보호자로 성인 자녀, 배우자, 형제자매, 간호사가 참여하였는데, 음악중재는 주 1회, 10주 동안의 집단 음악 코칭 프로그램이 기관에서 이루어졌으며 일상적인 음악활동이 이루어질 수 있도록 돕는 주별 과제가 제공되었다. 마지막 세션에서는 노래 CD를 제공하여 정기적으로 음악활동을 지속할 수 있도록 하였다. 치료적 효과로는 치매 노인의 전반적 인지기능, 지남력, 주의력 및 집행기능, 개인적인 장기 삽화기억이 유지 또는 증진되었을 뿐만 아니라 기분의 긍정적 변화가 있었다. 특히 노래 부르기 중재는 치매 노인 보호자의 정서적 안녕(well-being) 증진에 영향을 미쳤다.

호스피스·완화의료에서도 가족과 함께하는 음악치료 중재가 효과적으로 적용될 수 있다(Bradt & Dileo, 2010; Dvorak, 2011; Lindstrøm, 2017/2018). 호스피스 환자는 정서적 측면에서 가족과 함께 친밀감과 사랑을 나누고자 하는 욕구를 가지고 있다(용진선, 홍현자, 2004). Kim과 Dvorak(2018)은 음악치료가 호스피스 환자와 가족 간병인 간의 관계에 있어 정서적·신체적 친밀감을 높이는 데 효과적인 치료방법임을 제시하였다. 이 연구에서는 호스피스 환자와 함께 참여한 가족으로 성인 자녀, 배우자, 자매, 며느리가 포함되었으며 음악치료 중재로는 음악과 긴장이완, 음악감상, 음악을 토대로 한 인생회고가 사용되었다. 임종 돌봄에 있어서 Krout(2003)는 죽음이 임박한 호스피스 환자와 가족이 함께하는 음악치료 세션 사례들을 소개하면서 사랑하는 사람의 임종 직전에 가족들이 적극적으로 함께하여 위안의 시간을 가질 수 있도록 돕는 데 음악치료가 중요한 역할을 했음을 제시하였다. Clements-Cortes(2011)는 관계의 완결(relationship completion) 촉진을 목적으로 죽음을 앞둔 환자를 위한 음악치료 세션 사례들을 제시하였는데, 91세의 말기 암 환자 Bill과 그의 아내 Sarah가 함께한 음악치료 세션에서 노래감상을 통해 떠오른 감정과 생각을 함께 이야기 나누며 관계의 완결을 이룰 수 있었다고 기술하였다.

2) 노인과 지역사회 아동 및 청소년이 함께하는 음악치료

노인과 지역사회 아동 및 청소년이 함께 참여하는 세대통합 음악치료 프로그램은 세대 간 태도(attitude)와 상호작용, 노인의 심리사회적 안녕의 측면에서 효과적으로 적용될 수 있다(Belgrave et al., 2011). 또한 세대통합 음악 학습의 경험은 서로에 대한 고정관념 없이 서로 상호작용하는 방법을 배울 수 있는 기회를 제공한다(Beynon & Alfano, 2013).

Darrow, Johnson과 Ollenberger(1994)는 고등학생과 노인이 함께한 세대통합 합창이 세대 간 태도에 긍정적인 영향을 주었다고 제시하였는데, 이러한 세대통합 합창을 통해 고정관념 또는 편견을 버리고 부정적인 태도를 수정하며 의미 있는 관계를 맺어 개인적 성장을 위한 기회를 가질 수 있다. 그뿐만 아니라 음악적 레퍼토리의 확장 및 음악 기술의 발달과 같은 음악적 성장을 위한 기회를 가질 수 있다. Frego(1995)는 아동과 노인이 함께하는 세대통합 프로그램이 세대 간 인식과 이해를 도울 수 있다고 제시하였다. 세대별 합창 연습과 합동 연습, 그리고 합동 공연으로 이어지는 프로그램에 있어 프로그램 전반에 걸쳐 아동과 노인이 일대일로 짝을 이루어 서신을 주고받고 교류하는 활동이 포함되었다. Belgrave(2011)는 음악을 기반으로 한 세대통합 프로그램이 아동과 노인의 서로에 대한 태도에 긍정적인 영향을 주었다고 제시하였다. 노인의 심리사회적 안녕과 관련하여 노인의 성숙성 또는 자아존중감에 대해서는 유의미한 영향을 주지는 못한 것으로 나타났으나 프로그램이 진행됨에 따라 유용감을 더욱 느낀 것으로 나타났다. 프로그램은 노래 부르기, 구조화된 대화, 악기연주, 음악에 맞춰 동작하기로 구성되었는데, 노래 부르기와 악기연주는 대집단 세팅에서 이루어졌으며 구조화된 대화와 음악에 맞춰 동작하기는 아동과 노인이 한 명씩 짝을 이루어 참여하였다. 그리고 매 회기별 앉는 자리를 다르게 하여 아동과 노인 참가자 모두가 서로 상호작용할 수 있도록 하였다. De Vries(2012)는 아동과 함께 음악 만들기에 참여한 노인의 견해에 대한 현상학적 연구에서 세 가지 사례별로 심층 인터뷰를 시행하였는데, 그중에 한 사례로 초등학교 합창단의 피아노 반주자로 봉사해 온 75세의 Margaret이 합창단 일원인 8세의 Kylie에게 바이올린을 가르쳐 준 경험에 대한 내용 분석에서 고독감의 완화, 아동에 대한 긍정적 태도, 가치 있음과 존경받음, 상호관계가 확인되었다. Detmer와 Kern(2017)은 유아와 노인이 함께하는 세대통합 음악치료 프로그램의 계획 및 시행을 위한 임상 프로토콜을 제시하였는데, 세대 간 상호작용을 촉진하기 위한 악기연주 및 음악 만들기 활동과 함께 유아의 문해 기술(literacy skills) 향상을 위한 이야기책 노래 부르기와 읽어 주기 활동이 포함되었다. Belgrave와 Keown(2018)은 음악을 기반으로 한 세대통합 프로그램의 일환으로 노인 합창단과 아동 합창단이 함께 참여하는 프로젝트를 진행하였다. 두 그룹의 거주지가 물리적으로 멀리 떨어져 있었기 때문에 합동 공연을 하기 한 달 전부터 합창단 소개와 합동 공연 곡 연습 내용에 대한 비디오 녹화 자료를 공유하고 실제로 만나서 함께 음악치료 워크숍에 참여하는 공동작업을 통해 지속적으로 교류하는 과정이 이루어졌다. 이 프로젝트는 세대 간 태도 및 선입견 변화에 긍정적인 영향을 주었다.

또한 세대통합 음악 학습과 관련하여 Alfano(2009)는 노인기관이 아닌 고등학교 환경에서 청소년과 함께 노인이 악기연주를 배우는 세대통합 음악 학습의 경험이 미치는 영향에 대해 살펴보았다. 이러한 음악 학습에서의 세대 간 상호작용이 타인에 대한 이해와 수용, 보살핌, 존경, 감사라는 결과로 이어졌음이 제시되었다.

3) 노인과 지역사회 성인이 함께하는 음악치료

Clair와 Memmott(2008/2009)는 대학 오케스트라에 그 지역사회의 노인음악가들을 참여시킴으로써 청중들뿐만 아니라 연주가들에게 세대 간 공동체 경험을 제공한 사례를 제시하면서 음악이 지역사회에서 각 세대들이 상호작용할 수 있도록 더 많은 기회를 만들어 준다고 언급하였다. 그 결과, 노인들은 비생산적인 구성원이 아니라 지역사회 내에서 의미와 목적이 있는 위치를 얻게 되고 젊은이들은 경험이 풍부한 노인들과 함께하면서 많은 유익을 얻게 된다.

Bowers(1998)는 지역사회 노인과 대학생이 함께한 세대통합 합창이 세대 간 태도에 긍정적인 영향을 주었음을 제시하였다. 이 프로그램에는 합창 연습과 공연뿐만 아니라 세대 간 고정관념을 극복할 수 있는 기회를 제공하기 위해 유대(bonding)

활동이 포함되었는데, 고향, 가족, 좋아하는 음식·음악·활동 등에 대해 함께 나누었다. 그리고 Conway와 Hodgman(2008)은 대학교 합창단과 지역사회 합창단의 합동 합창의 경험에 대한 초점 집단(18~22세의 대학교 합창단 8명, 33~71세의 지역사회 합창단 8명) 인터뷰를 통해 합동 합창의 경험이 서로에 대한 이해에 도움이 되었음을 확인하였는데, 음악은 세대 간 의사소통과 이해를 심화시키는 통로가 될 수 있음을 강조하였다. Harris와 Caporella(2014)는 대학생, 초기 알츠하이머병 노인 및 경도인지장애(Mild Cognitive Impairment: MCI) 노인과 그들의 가족 구성원이 함께 참여한 세대통합 합창이 대학생의 알츠하이머병에 대한 부정적인 고정관념을 줄여주고 노인과 그들의 가족 구성원의 사회적 고립감을 감소시키는 데 도움이 되었다고 제시하였다. 이러한 목적을 달성하기 위해 세대 간 상호작용을 촉진할 수 있도록 합창 연습에 있어 모든 참여자가 서로의 얼굴을 바라볼 수 있도록 원형의 자리 배치를 고려하였고 대학생과 노인 및 그들의 가족 구성원이 짝을 이루어 서로의 옆에 앉을 수 있도록 하고 합창 연습 시작 전 서로 대화를 나누는 시간(15~20분)이 제공되었다.

4) 세대통합 음악치료 연구에서 사용된 측정도구

음악을 기반으로 한 세대통합 프로그램이 세대 간 태도와 상호작용, 심리사회적 안녕에 미치는 영향에 대한 연구들에서 프로그램 효과를 평가하기 위해서 양적·질적 평가 방법이 다양하게 사용되었다. 양적 평가 방법으로는 리커트 척도를 사용한 설문지 형식의 측정도구와 행동 관찰이 주로 이루어졌으며 질적 평가 방법으로는 인터뷰와 활동 내용에 대한 분석이 이루어졌다. 이 장에서는 여러 가지 측정도구들 중 양적 측정도구들에 초점을 두어 소개하고자 한다. 측정도구들을 통해 세대 간 태도와 상호작용, 심리사회적 안녕의 다양한 측면을 보다 구체적이고 체계적으로 이해하는 데 도움이 될 수 있을 것으로 사료된다.

기존의 연구에서 사용된 양적 측정도구로 타 세대에 대한 노인의 태도 측정에는 Age Group Evaluation and Description(AGED) Inventory(Knox, Gekoski, & Kelly, 1995)가 사용되었는데 양극을 이루는 대립되는 형용사 쌍 28개에 대해 리커트 7점 척도로 평가를 하게 된다. 이 도구는 노인에 대한 청소년 및 성인의 태도 측정에도 함께 사용되었다. 노인에 대한 아동의 태도 측정에는 Children's Attitudes Toward the Elderly(CATE; Jantz, Seefeldt, Galper, & Serock, 1976)의 의미분별척도(Semantic Differential Scale)가 사용되었다. 이 도구는 양극을 이루는 대립되는 형용사 쌍 10개에 대해 리커트 5점 척도로 평가하는 방식을 사용한다. 세대 간 상호작용 평가에 있어서는 Elder-Child Interaction Analysis(ECIA; Newman, Morris, & Streetman, 1999)가 사용되었는데 32가지 언어적 · 비언어적 상호작용을 평가한다. 호스피스 환자와 가족간병인 간에 친밀감을 측정하는 데 있어서는 Family Intimacy Observation Scale(FIOS; Kim & Dvorak, 2018)이 사용되었는데, Tolstedt와 Stokes(1983)의 친밀감 이론에서 제안하는 세 가지 차원, 즉 언어적, 정서적, 신체적 친밀감의 측면에서 호스피스 환자와 가족간병인 간에 관찰되는 친밀감 행동들을 평가하는 체크리스트 방식의 도구이다. 이를 통해 호스피스 환자와 가족 간에 관계의 질을 평가하고 친밀감의 변화를 평가할 수 있다. 노인 가족부양자의 심리사회적 안녕과 관련해서는 가족부양자의 심리적 스트레스를 평가하는데 Global Health Questionnaire(GHQ; Goldberg & Williams, 1988) 단축형이 사용되었다. 이 설문지는 리커트 4점 척도, 12문항으로 구성되어 있는데 불안, 우울, 사회적 기능 장애, 자신감의 손실과 관련된 문항들을 포함하고 있다. 부양부담의 평가에 있어서는 Zarit Burden Interview(ZBI; Bédard et al., 2001)가 사용되었는데, 리커트 5점 척도, 12개 항목으로 구성되어 있다. 또한 Caregiving Satisfaction Scale(Lawton, 1988)도 사용되었는데, 리커트 5점 척도, 5개 항목으로 구성되어 있다. 그리고 치매 노인 주부양자의 부양부담을 파악하는 데 권중돈(1994)이 개발한 부양부담 사정도구도 사용되었는데, 리커트 5점 척도, 28개 항목으로 구성되어 있다.

2. 세대통합 음악치료의 실제

노인과 가족부양자가 함께하는 음악치료의 적용에 있어 노인의 현재 기능상태가 우선적으로 고려되어야 한다. 특히 치매 노인의 경우 현재 언어적 · 비언어적 의사소통의 정도를 명확히 파악하여 적절한 교류가 이루어질 수 있는 중재를 계획하여 적용하여야 한다. 또한 환경적 측면에서 노인의 시설 입소 또는 재가 여부에 대해 고려할 필요가 있다. 시설에 입소한 치매 노인을 대상으로 한 기존의 연구(고범석, 2002; Clair & Ebberts, 1997)에서는 주 1회 또는 주 2회 세션이 이루어졌으나 실제적으로 가족부양자가 시설을 방문하는 일정에 따라 세션 일정이 유동적으로 변할 수 있어 프로그램의 시작 단계에서 이에 대한 조율이 필요하다. 재가 노인의 경우에는 치료사가 직접 시행하는 프로그램과 더불어 부양자가 집에서 음악을 정기적으로 사용할 수 있으므로 보다 지속적으로 오랜 기간 동안 참여가 이루어질 수 있다. 호스피스 노인 환자와 가족이 함께하는 음악치료의 경우 세션이 여러 번의 회기뿐만 아니라 단회기로도 진행될 수 있고 세션 시간이 상황에 따라 10~60분으로 다양할 수 있다(Kim & Dvorak, 2018).

노인과 가족 외 타인(지역사회 아동 및 청소년, 성인)이 함께하는 음악치료의 적용에 있어서는 세대통합 음악치료 세션만이 이루어지는 경우도 있으나 세대별 연습과 합동 연습, 그리고 합동 공연으로 이어지는 프로그램 구성이 적용되는 경우도 있으므로 프로그램의 계획 단계에서 이에 대한 전반적인 고려가 필요하다. 그리고 노인과 가족부양자의 관계와 달리 새로운 관계형성과 교류가 이루어지는 만큼 세대간 교류가 효과적으로 의미 있게 이루어질 수 있는 구조의 마련에 주의를 기울여야 한다. 환경적 측면에서 자리 배치나 노인과 아동 및 청소년이 일대일로 짝을 이루어 활동에 참여하는 구조적 배려가 세심히 이루어질 필요가 있다. 또한 서로에 대한 이해와 유대 강화를 위한 음악활동 외 사회적 활동의 추가적 적용도 고려될 필요가 있다.

다음에 제시되는 음악치료 프로그램의 예는 1회기 세션의 예를 제시하고 있으나 구조화된 음악중재의 예로 구체적 내용과 절차를 기술하고 있다. 음악적 선호에 대한 고려를 토대로 사용되는 음악 또는 악기의 변화를 통해 일련의 연속적인 프로그램의 적용에 활용될 수 있기를 기대한다.

1) 치매 노인과 가족부양자가 함께하는 음악치료 프로그램 I

■ **제목:** 악기연주를 통한 교류

■ **목적:** 정서적 친밀감 증진

■ **내용 및 절차**

(1) 노인과 가족부양자 모두에게 친숙한 노래(예: 〈아리랑〉)를 함께 부른다.

(2) 제시된 리듬으로 하나의 소고를 노인과 가족부양자가 함께 연주할 수 있도록 제시한다.

(3) 친숙한 노래를 함께 부르며 제시된 리듬으로 소고를 함께 연주한다.

(4) 노인과 가족부양자 중 한 명은 소고, 한 명은 탬버린을 연주하는 데 있어서 한 번씩 주고받으며 연주할 수 있도록 제시한다.

(5) 친숙한 노래에 제시된 방법으로 한 번씩 주고받으며 악기를 연주한다.

■ 소요시간: 30분

■ 준비물: 기타, 소고, 탬버린

■ 치료적 의미: 악기연주를 통한 음악적 교류의 경험은 정서적 친밀감을 경험할 수 있는 기회를 제공한다.

■ 기타: 구조화된 음악 구조 안에서 음악적 일치 및 역할 수행을 통해 상호작용이 긍정적으로 이루어질 수 있도록 음악 구조 마련에 주의를 기울일 필요가 있다.

2) 치매 노인과 가족부양자가 함께하는 음악치료 프로그램 II

■ 제목: 신체적 접촉을 통한 교류

■ 목적: 정서적 친밀감 증진

■ 내용 및 절차

(1) 노인과 가족부양자 모두에게 친숙한 노래(예: 〈아리랑〉)를 함께 부른다.

(2) 노래의 일정 부분에서 서로 손뼉을 마주칠 수 있도록 한다.

(3) 친숙한 노래를 함께 부르며 북을 연주하는 데 있어서 북채를 두 분이 함께 쥐고 연주할 수 있도록 한다.

(4) 6/8 또는 12/8 박자의 노래(예: 〈오빠생각〉, 〈천안삼거리〉)에 치료사의 제시에 맞춰 서로 손을 잡고 좌우로 움직일 수 있도록 한다.

(5) 6/8 또는 12/8 박자의 노래(예: 〈오빠생각〉, 〈천안삼거리〉)에 치료사의 제시에 맞춰 스카프를 쥔 손을 들어 좌우로 움직일 수 있도록 한다.

■ 소요시간: 30분

■ 준비물: 기타, 스카프, 북

■ 치료적 의미: 음악 구조 안에서 자연스럽게 이루어지는 신체적 접촉은 정서적

친밀감을 경험할 수 있는 기회를 제공한다.

■ 기타: 동작활동의 적용에 있어 특히 노인의 신체적 기능 상태를 고려하여 노래의 빠르기 및 적용시간을 상황에 맞게 조절할 필요가 있다.

3) 호스피스 노인 환자와 가족부양자가 함께하는 음악치료 프로그램

■ 제목: 음악감상과 음악 인생 회고

■ 목적: 스트레스 감소 및 정서적 위안

■ 내용 및 절차

(1) 심리적 안정을 유도하는 음악을 함께 감상한다.

(2) 음악감상과 함께 점진적 근육이완 방법을 적용하여 이완을 유도할 수 있 도록 한다.

(3) 노인과 가족부양자의 행복했던 경험에 대해 시기별로 함께 이야기 나누고 관련된 노래를 함께 불러 볼 수 있도록 한다.

(4) 이야기된 내용과 노래를 정리하며 이에 대한 감정과 생각을 함께 나눌 수 있도록 한다.

■ 소요시간: 15~30분

■ 준비물: 오디오 플레이어, 이야기된 내용을 적을 용지, 필기구

■ 치료적 의미: 음악과 점진적 근육이완 방법은 이완 유도에 효과적인 방법으로 심리적 안정에 도움이 되며 음악 인생 회고의 과정에서의 언어적 교류는 서로의 감정과 생각을 함께 공유하며 정서적 위안의 시간을 가질 수 있는 기회를 제공한다.

■ 기타: 음악 인생 회고 활동에서 인생 시기별 토의가 보다 효과적으로 이루어질 수 있도록 관련된 주제와 노래의 제시에 치료사가 적절한 도움을 제공할 필요가 있으며 음악 인생 회고 활동에서 언급된 음악을 CD에 담아 드리는 후속 작업도 고려할 필요가 있다.

4) 노인과 지역사회 아동이 함께하는 음악치료 프로그램

▣ 제목: 함께 만들어 가는 아름다운 울림!

▣ 목적: 세대 간 긍정적 상호작용 증진 및 노인의 심리사회적 안녕 증진

▣ 내용 및 절차

(1) 노인과 아동 모두에게 친숙한 노래(예: 〈고향의 봄〉, 〈에델바이스〉)를 함께 부른다.

(2) 리듬연주 집단과 화음연주 집단으로 나누어 악기를 연주할 수 있도록 제시한다.

(3) 치료사의 제시에 맞춰 집단별로 자신의 악기를 연주하여 본다.

(4) 친숙한 노래에 치료사의 제시에 따라 주어진 순서에서 집단별로 자신의 악기를 연주할 수 있도록 한다.

▣ 소요시간: 60분

▣ 준비물: 키보드, 리듬악기(마라카스, 탬버린, 우드블럭 등), 핸드차임

▣ 치료적 의미: 주어진 순서에서 악기를 함께 연주하는 활동은 긍정적 상호작용을 촉진하고 이를 통해 심리적 안정과 지지를 제공한다.

▣ 기타: 노인과 아동의 상호작용이 집단 단위의 상호작용뿐만 아니라 개별적 상호작용 또한 이루어질 수 있도록 세부적 내용을 고려할 필요가 있으며 특히 노인의 현재 신체적 · 인지적 기능 상태를 고려한 활동 구성 및 단계적 적용이 필요하다.

5) 노인과 지역사회 청소년이 함께하는 음악치료 프로그램

▣ 제목: 노래와 토의

▣ 목적: 세대 간 긍정적 상호작용 증진 및 노인의 심리사회적 안녕 증진

▣ 내용 및 절차

(1) 여행과 관련된 노래(예: 〈여행을 떠나요〉)를 함께 부른다.

(2) 여행 명소와 관련하여 전체적으로 함께 이야기를 나눈다.

(3) 노인과 청소년이 짝을 이룬 소집단별로 여행 명소를 가본 경험에 대하여 이야기 나누고 관련 내용으로 노래 가사를 만들어 본다.

(4) 여행 경험으로 가사 내용을 바꾼 노래를 함께 부른다.

(5) 활동 경험에 대한 소감을 이야기 나눈다.

▣ **소요시간**: 60분

▣ **준비물**: 키보드 또는 기타, 가사를 적을 용지, 필기구

▣ **치료적 의미**: 하나의 주제에 대해 세대 간 경험을 함께 나누는 경험은 세대 간 이해 및 긍정적 상호작용을 촉진한다.

▣ **기타**: 언어적 교류를 위한 주제의 선정에 있어 노인과 청소년 모두에게 공감이 될 수 있는 주제에 대한 고려가 필요하며 소집단별 활동 진행 전에 주제와 관련된 예를 구체적으로 제시하는 것 또한 상호작용 촉진에 도움이 될 수 있다.

3. 세대통합 음악치료 사례

사례 1 치매 노인과 가족부양자가 함께하는 음악치료 ♫

프로그램명: 치매 노인과 주부양자가 함께하는 음악치료[2)]

글: 음악치료사 고범석

기간: 2001년 10월 17일부터 6주 동안 주 1회 25분, 총 6회기

치료사 소개

음악치료사 고범석은 숙명여자대학교 음악치료대학원에서 석사학위를 받았고, 한세대학교 일반대학원 음악과 음악치료 박사과정을 수료하였다. 15년 이상 노인 음악치료 임상에서 음악치료사로 활동하고 있다.

참여자 소개

치매 노인(여, 75세)과 주부양자(여, 38세, 치매 노인의 딸)가 함께 참여하였는데, 치매 노인은 노인전문병원에 입원 중으로 일상생활 수행에 있어 도움이 필요하며 이야기를 반복적으로 하는 모습을 보였다. 또한 사회적 교류에 있어 어려움을 보이나

2) 이 사례는 2002년도 석사학위논문의 일부를 수정한 것임

언어적 의사소통은 가능한 상황이다. 주부양자는 직장에 다니고 있고 주 2회 정도 규칙적으로 병원을 방문하고 있다.

주요 내용

치매 노인과 주부양자가 함께 참여하는 교류적 음악활동 프로그램은 선행연구(Clair & Ebberts, 1997; Clair, Tebb, & Bernstein, 1993; Gardner, 1999; Hanser & Clair, 1995)를 토대로 크게 노래 부르기, 동작, 리듬연주의 활동으로 구성되었다. 노래 부르기 활동은 민요를 중심으로 트로트, 동요가 주로 사용되었으며 함께 노래를 부르며 강화로서 마라카스나 쉐이커와 같은 악기를 함께 연주할 수 있도록 하거나 손을 잡거나 손뼉을 마주치는 신체적 접촉을 함께 하였다. 또한 노래 가사의 일정 부분을 바꾸어 보는 노래 만들기(song writing) 방법도 함께 사용되었다. 동작활동은 노래의 리듬에 맞춰 함께 손을 잡고 위아래 또는 좌우로 움직일 수 있도록 하였고 리듬연주 활동은 노래의 규칙적인 리듬을 토대로 탬버린, 소고, 칼라벨, 핑거심벌즈와 같은 악기를 사용하여 함께 리듬에 맞춰 연주하거나 리듬의 일부분을 치료사와 나누어 연주할 수 있도록 하였다. 이 외에 음악 구조 안에서의 신체적 접촉으로서 녹음된 음악을 감상하며 손을 잡거나 노래를 부르며 치매 노인의 팔이나 어깨를 주부양자가 주물러 드리는 활동이 적용되었다.

진행과정

총 6회기의 세션은 매 세션마다 음악활동을 통해 언어적 의사표현을 통한 교류, 신체적 접촉을 통한 교류, 악기연주를 통한 음악적 교류가 이루어질 수 있도록 고려하여 적용하였는데, 3회기 세션에서는 두 분의 감정조절의 어려움으로 관련된 이야기를 서로 나누는 것으로 주로 이루어졌고 음악활동 자체는 두 분이 마음의 안정을 찾을 수 있도록 악기연주와 같은 활동적인 부분은 배제하고 〈아리랑〉노래 부르기와 〈잊혀진 계절〉 노래감상과 같은 수용적 활동이 진행되었다. 프로그램 평가에 있어 음악활동 안에서 이루어진 교류내용에 대한 분석과 함께 주부양자를 대상으로 사전, 사후로 부양부담 사정도구(권중돈, 1994)를 사용한 평가와 사후 인터뷰를 통해 부양부담의 구체적 내용, 음악활동 참여 소감, 그리고 음악활동 내용에 대한 견해를 파악하였다.

사례

음악활동 안에서 이루어진 교류내용

교류적 음악활동이 서로 의미 있는 상호작용을 할 수 있는 틀을 제공함으로써 주부양자와 치매 노인이 언어적 · 신체적으로뿐만 아니라 음악적으로 교류하는 모습을 확인할 수 있었다.

언어적 의사표현을 통한 교류에 있어 1회기 세션 초반에 어머니가 서운함을 표현한 부분에 대하여 주부양자는 차분하게 자세히 어머니에게 설명 드리는 모습을 보였다. 2회기에서는 어머니가 소화제를 달라는 반복적 요구에 지난 시간과 마찬가지로 차분하게 적절히 설명하여 드리는 모습을 보였다. 3회기에서는 계속해서 어머니가 고향집에 데려다 달라고 하며 서운함을 표현하자 주부양자는 지난 시간에 보였던 모습과는 달리 어머니와 이야기를 나누는 데 있어 감정조절의 어려움을 보이기도 하였다. 6회기에서는 배를 타 본 경험과 관련하여 어머니가 놀러 가서 타 보았다고 이야기한 데 있어 주부양자는 그 장소를 어머니에게 이야기해 드리는 교류의 모습을 보였다.

음악 구조 안에서의 신체적 접촉을 통한 교류에 있어 1회기에서 〈고향의 봄〉 노래에 맞춰 주부양자가 어머니의 팔을 주물러 드리는데, 노래가 끝난 이후에도 지속적으로 주물러 드리는 모습을 보였다. 2회기에서는 주부양자가 선호하는 〈사랑하는 날까지〉 노래에 손뼉을 마주치는 활동을 할 때 주부양자가 눈물을 흘리는 모습을 보이기도 하였다. 3회기에서는 주부양자가 어머니와 이야기를 나누는 과정에서 감정조절의 어려움을 보였는데 〈잊혀진 계절〉 노래를 눈을 감고 들으며 마음의 안정을 찾으려는 모습을 보였다. 그러나 노래를 들으며 어머니의 손을 잡는 데 있어서는 소극적인 모습을 보였다. 4회기에서 〈달〉 노래에 함께 손을 잡고 살짝 흔드는 데 있어 노래가 끝날 때까지 지속적인 참여가 이루어졌으며 5회기에서는 〈닐리리아〉 노래에 스카프를 함께 쥐고 팔을 위아래로 움직이는 데 있어 노래가 끝날 때까지 지속적인 참여가 이루어졌다.

규칙적인 노래의 리듬 위에서 함께 악기를 연주하는 음악적 교류에 있어 주부양자는 1회기에서는 〈찔레꽃〉 노래에 어머니와 함께 탬버린을 연주하는 데 있어 노래가 끝날 때까지 지속적으로 참여하는 모습을 보였다. 2회기에서는 어머님이 탬버린을 연주할 수 있도록 함께 손을 잡고 연주하는 데 적극적으로 참여하는 모습을 보였다. 4회기에서는 〈돌아와요 부산항에〉 노래에 어머니의 손을 잡고 함께 노래 리듬의 주어진 부분에서만 탬버린을 연주하는 데 있어 정확히 수행하는 모습을 노래가 끝날 때까지 지속적으로 보였다. 또한 〈도라지〉 노래에 두 분이 함께 핑거심벌즈를 연주하는 데 있어 적극적으로 핑거심벌즈를 부딪쳐 연주하는 모습을 보였다. 5회기에서 주부양자는 〈군밤타령〉 노래의 리듬 위에서 어머님의 손을 잡고 치료사와 한 번씩 주고받으며 탬버린을 연주하는 데 있어 노래가 끝날 때까지 지속적으로 참여하는 모습을 보였고 6회기에서는 어머님과 함께 소고채를 쥐고 치료사와 한 번씩 주고받으며 소고를 연주하는 데 있어 노래의 리듬에 맞춰 적극적으로 연주에 참여하는 모습을 보였다.

주부양자와의 인터뷰 내용

인터뷰에서 주부양자는 옛날의 어머니가 아니기 때문에 옛날의 어머니로 대하면 울화가 치밀곤 했는데 음악치료사와의 대화를 통해 환자로서 어머니와 이야기하는 방법을 배울 수 있어서 좋았다고 하였다. 이는 3회기 세션에서의 감정조절 어려움의 경험과 관련하여 음악치료사와 수용적 대처방법에 대하여 이야기를 나눈 것이 영향을 주었다고 할 수 있다. 음악활동 참여에 대한 소감으로 주부양자는 어머님이 거부하지 않고 협조하고 친숙하게 받아들였다는 점이 좋았고 즐거움과 더불어 어머니께 상당한 운동이 되어서 좋았으며 스킨십을 통해 정서적 안정감을 가질 수 있었다고 하였다. 음악활동 내용과 관련해서는 어머님께는 움직이는 활동이 제일 좋았다고 하였으며 주부양자에게는 선호하는 음악을 감상을 하며 손을 잡거나 어머님께 안마를 해 드리는 활동이 제일 좋았는데 부양자가 좋아하는 음악이기 때문에 기분이 좋아졌고 마음을 눈물, 표정 등으로 전달할 수 있는 좋은 기회였다고 이야기하였다. 주부양자와의 인터뷰를 통해 교류적 음악활동이 상호작용의 기회를 제공하여 노인–주부양자의 관계에 있어 정서적 친밀감과 일체감을 줄 수 있음을 알 수 있었다.

주부양자의 부양부담 변화

부양부담 사정도구(권중돈, 1994)를 통해 파악된 부양부담 점수의 비교에 있어 교류적 음악활동 참여 전후 노인–주부양자 관계의 부정적 변화와 심리적 부담 차원에서의 점수 변화는 〈표 8–1〉과 같다. 사전, 사후 두 가지 차원 모두 '0점' 이하로 부양부담 수준이 '낮다'고 할 수 있는데, 노인–주부양자 관계의 부정적 변화 차원에 있어서는 −0.137에서 −0.253으로 0.116만큼 감소하여 부양부담 수준이 더 낮아졌다고 할 수 있다. 심리적 부담 차원에서는 사전, 사후 모두 −0.167로 변화가 없었다.

표 8–1 부양부담의 변화

부양부담의 차원	사전검사	사후검사
노인–주부양자 관계의 부정적 변화	−0.137	−0.253
심리적 부담	−0.167	−0.167

임상에서 고려할 점

이 연구를 통해 치매 노인과 주부양자가 함께 참여하는 교류적 음악활동이 노인-주부양자 간 관계의 증진에 긍정적 영향을 미친다는 것을 확인할 수 있었다. 교류적 음악활동을 시행하는 데 있어 치매 노인이 선호하는 음악뿐만 아니라 주부양자가 선호하는 음악을 파악하여 효과적으로 활용할 필요가 있으며 임상상황에서 나타날 수 있는 대상자의 감정적 표출을 잘 다룰 수 있도록 고려할 필요가 있다.

사례 2 호스피스 환자와 배우자가 함께하는 음악치료: 부부관계 촉진

프로그램명: 마지막 노래를 당신과 함께

글: 음악치료사 주희정

기간: 2014년 11월 8일~2014년 12월 17일, 주 1회, 총 7회기

치료사 소개

음악치료사 주희정은 학부에서는 작곡을 전공하였으며, 한세대학교 심리상담대학원에서 음악심리치료 전공으로 수학 후 졸업하였다. 현재 안양 메트로 병원과 국립 중앙의료원 완화의료병동 음악치료사로 일하고 있다.

참여자 소개: 호스피스 환자 J (아내 K)

환자 J는 2012년 6월 30일 H대 병원에서 간경화로 3년간 치료받고 간암 판정을 받은 후 수술하였으나, 이후 6개월 만에 폐로 전이되었다. 폐 수술 2회, 색전술 4회 등을 실시하였고, 2014년 6월에는 항암치료를 하였으나 효과가 없었다. 또 복부와 림프절에도 전이된 것으로 진단되었으며, 2014년 11월 8일에 M병원 호스피스에 입원하였다.

주요 내용

마지막 남은 생을 음악활동을 통해 환자와 아내가 서로 못다한 이야기들을 나누고 행복한 시간과 사랑 나누기

활동내용: 노래하기, 아내와 악기 연주하며 사랑 고백하기, 서로에게 못 다한 이야기들 편지로 쓰기, 감상을 통한 서로의 감정 확인하기

진행과정

−1회기: 젊은 시절을 회상하며 그 시절 그때의 노래 부르기
−2회기: 아내와 함께 사랑을 주제로 노래하고 악기연주하기
−3회기: 부부가 서로 못 다한 사랑의 고백의 글을 편지 쓰기
−4~5회기: 우리 사랑 영원히 간직하기
−6회기: 환자의 아내 심리와 환자의 영적 안정을 위한 심리치료
−7회기: 환자의 영적 마무리

사례

첫 만남

치료사는 J와의 첫 만남에서 고개를 숙이고 있다가 치료사의 인사에 잠시 얼굴을 들어 치료사를 쳐다본 후에 다시 고개를 숙이며 모든 것을 체념한 듯한 J의 무뚝뚝한 표정을 보았다. "OO님은 정말 멋있게 생기셨네요!" 치료사는 환자의 외모를 칭찬하며 환자가 제일 멋있었던 시절을 회상시키면서 이야기를 풀어 나가자, J는 고개를 들며 치료사의 말에 조금씩 귀 기울이기 시작하다가 "지금은 아무것도 아니에요."라고 지금의 상황에서는 아무것도 아니라는 말을 하며 다시 고개를 숙였다. "지금 이런 노래가 생각이 나네요!" 치료사는 기타를 들고 한명숙의 〈노란 샤스 입은 사나이〉를 부르기 시작하였다. 노랫소리에 다시 고개 드는 J는 노래 부르는 치료사를 쳐다보면서 옛생각에 잠시 잠기는 모습을 보였다. 치료사가 노래 가사와 관련된 이야기를 다시 나누니 J 역시 젊은 시절 이야기를 하며 옛일을 회상하는 모습으로 기분 좋아지는 표정을 보였다. 다음 시간에 다시 보기로 약속하고 돌아 나오려니 환자는 환해진 얼굴로 손을 흔들어 보였다.

음악은 사랑을 타고

병실에 들어가니 J와 그의 아내가 밝은 미소로 기다렸다는 듯이 치료사를 반겼다. 치료사는 우클렐레 악기를 준비해 간 터라 아내와 J의 노래를 통한 사랑 고백을 유도하기 위하여 나훈아의 〈사랑〉을 함께 노래하고 가져간 악기를 소개하고 연주법을 알려 주니 J보다는 아내가 적극적으로 연주하며 "여보, 너무 재미있어요!" 한다. J와 아내는 서로 악기연주와 노래를 하며 서로의 실수에 "깔깔깔" 웃으며 행복해 보이는 웃음을 보였다. J와 아내는 서로 마주 보면서 박자를 맞추고 노래하는, 사랑 넘치는 시간을 만끽하였다.

그대여 잘 지내는가요?

"오늘은 서로에게 못 다한 이야기를 편지로 전하는 시간이에요!" 치료사가 하는 말에 조금 쑥스러워하는 모습이었으나 J와 아내는 이내 치료사가 준비한 편지지에 서로의 마음을 적어 나갔다. 치료사는 J와 아내가 편지 쓰는 동안 〈사랑〉 노래를 부르며 분위기를 만들어 주었고 편지를 다 쓴 후 음악을 배경 삼아 서로에게 읽어 주는 시간을 가졌다. J는 아내의 편지를 들으며 눈물을 흘리기 시작하였고 아내도 따라 울기 시작하였다. 치료사는 서로에게 읽지 못한 부분까지 읽어 주었고 J와 아내는 서로를 보듬으며 안아 주었다.

당신, 사랑하는 내 당신

병실에 들어서니 아내는 자리를 비우고 J가 치료사를 반겨 준다. "어서 오세요!" 치료사는 J에게 수고하는 아내를 위해 노래로 사랑의 마음을 전하자고 제의하였다. J는 "좋아요."라고 말하며 아내에게 불러 줄 노래를 치료사와 연습하였다. 잠시 자리를 비웠던 아내가 돌아왔다. 치료사의 반주에 J는 에그쉐이커를 들고 "당신, 사랑하는 내 당신~~~!" 하며 노래를 불렀다. 아내는 감동의 눈물을 흘렸다. 둘은 잠시 안아 주며 서로의 눈물을 닦아 주었다.

로맨틱한 시간들은 서로를 더 사랑하게 만든다

12월에 들어서면서 눈이 내리기 시작한다. 잠시 아내와 J는 눈 구경을 위해 담요로 몸을 꽁꽁 싸 매고 휠체어에 몸을 맡기고 치료사와 함께 창가 쪽으로 눈 구경을 위해 나갔다. J의 상태가 안 좋아지고 있어 아내도, J도 기분 전환이 필요하였다. 둘은 창밖의 눈을 보며 경치에 취해 있었고 치료사는 그런 두 사람의 마음을 잔잔하게 노래로 받쳐 주며 두 사람을 축복하였다.

그대 없이는 못 살아

J의 상태가 급격히 안 좋아졌다. 아내는 눈물을 흘리며 옆자리를 지키고 떠나지 않는다. 아내는 잠을 잘 수가 없다고 말을 하며 "자고 일어났을 때 남편이 떠나 갔을까 봐 잘 수가 없어요!" 한다. 치료사는 J보다 아내의 불안 심리가 더 걱정되어 아내와 대화하며 심리적 안정을 위해 위안이 될 만한 가사의 노래를 부르며 아내의 마음을 위로하였다.

안녕 내 사랑

J는 움직일 수도, 말을 할 수도 없는 모습으로 급격히 상태가 악화되었다. 아내는 J의 마지막 길을 자기가 마무리해 주고 싶다고 말하며 손수 환자를 샤워시켜 주고 싶다고 말하고는 J를 깨끗이 닦아 주고 그의 곁에서 치료사의 반주에 맞춰 사랑으로 노래를 한다.

"하늘 가는 밝은 길이……"

사례 3 노인복지관 이용 노인과 지역사회 아동이 함께하는 음악치료

프로그램명: 1–3세대 통합음악치료(노인과 지역사회 아동들을 위한 음악치료)

글: 음악치료사 이현정

기간: 2019년 7월(1일 2회기)

치료사 소개

음악치료사 이현정은 숙명여자대학교 음악치료대학원 석사 졸업 후, 다양한 대상 및 치료 영역에서 활발하게 음악치료사로 활동하고 있다. 특히 노인관련 분야에 있어서는 '호스피스 병동 노인 음악치료' '독거노인 여성음악치료' '초고령노인 우울감소 프로그램'뿐만 아니라 '노인과 함께하는 세대통합 프로그램' 등을 다양하게 진행함으로써 노인 음악치료에 있어서 대상의 영역을 보다 폭넓게 확장하며 의미 있는 음악치료의 적용을 위해 열심을 다 하고 있다. 항상 '음악으로 선한 영향력을 전하는 음악치료사'의 비전을 품고 음악치료에 임하는 이현정 음악치료사는 현재 더(the)좋음 뮤직컴퍼니 대표이자 대구 예람음악치료센터 소장으로서 지역의 음악치료 및 예술 치유의 발전과 확장에 힘쓰고 있다.

참여자 소개: 총 30명(노인 15명, 아동 15명)

–**지역 내 남여 초등학생 15명**: 여름방학을 맞이하여 노인복지관에서 주관하는 1–3세대 소통 프로그램에 참여하기를 지원한 초등학생 15명. 모든 학생은 이 프로그램에서 처음 만났으며, 이전에 음악치료활동을 경험해 본 적이 없다.

–**60~70대 노인 15명**: 노인복지관에 출석하시는 기관 이용자 어르신들로서, 방학

중 프로그램을 위한 사전모집 신청을 통해 참여하기를 지원한 어르신 15명. 치매 또는 인지장애를 진단받지 않은 일반 노인 대상이며, 참석자 중 2~3명 정도는 80세 이상의 초고령 노인분들이 포함되어 있다.

주요 내용

노인세대(1세대) 및 10대(3세대)들의 소통과 공감을 목적으로 한 치료적 음악활동을 적용하였으며, 대구 소재 노인복지관에서 단회기 방학 특강 프로그램(2회기)으로 진행되었다.

관계형성의 시간이 상대적으로 짧을 수밖에 없는 단회기의 세션인 만큼, 가사의 내용을 중점적으로 활용할 수 있는 곡을 사용하였다. 선호도가 높으면서도, 치료목적에 맞는 메시지를 효과적으로 전달하기 용이한 가사의 케이 팝(K-pop)을 선곡하였다. 1-3세대가 함께 아이돌 음악을 자연스럽게 접할 수 있도록 비오케스트라 악기합주과정을 구성함으로써 라포 형성 및 성공 경험을 불러일으킬 수 있도록 하였다. 이와 함께 60년대 가수의 대중가요를 배우며 색깔악보를 이용한 톤차임 등의 멜로디 악기를 집단이 함께 연주하는 과정을 통하여 1-3세대가 구조적인 음악활동을 경험함으로써 소리로 소통하고 화합을 도모할 수 있도록 유도하였다.

진행과정

- **도입**: 미리 선곡된 3세대 선호 음악(케이팝)의 구조를 보다 쉽게 파악할 수 있도록 템포 등을 조절한 편곡 음원을 사용하여 대상 간 라포 형성 및 친밀감 향상을 위한 동작활동 진행하기
- **전개**: 동작활동을 통하여 케이팝 음악의 구조를 충분히 파악한 후, 다양한 종류의 타악기 연주법 및 음색을 경험하기. 타악기의 음색 및 연주법에 따라 집단을 나누어 집단별 유대감을 형성하고, 그림악보를 통하여 소통을 위한 비오케스트라 악기 합주를 경험하기
- **정리**: 서정적인 분위기의 '1세대 선호 음악'을 선곡하여 함께 배워 보고, 멜로디 합주악보를 이용하여 톤차임 및 핸드벨 악기의 음색을 경험함으로써 합주를 통해 세대 간 긍정적 감정을 효과적으로 교류하고 공감하기

사례

70대 어르신과 10대들이 음악치료 수업을 함께 할 수 있을까요?

여름방학을 앞두고 있는 초여름의 어느 날, 노인 음악치료 수업으로 인연을 맺게 된 D복지관 담당선생님께서 오랜만에 연락을 주셨다. 노인복지관 수업 당시 무기력했던 어르신들이 음악치료 수업에서 어느 때보다도 적극적으로 참여하시고, 음악 안에서 건강한 변화를 보이는 모습을 볼 때면 치료사인 내가 오히려 에너지를 받고 오는 수업이었기에 오랜만에 연락을 주신 복지관 선생님이 더더욱 반갑기도 하였다. 선생님은 어르신들과 함께 하는 음악치료 수업이 너무 좋았는데 혹시 이런 치료 프로그램이 아이들과 함께 하는 수업으로도 가능할지에 대하여 문의를 하셨다. "70대 어르신과 10대들이 음악치료 수업을 함께 할 수 있을까요?" 선생님은 질문을 하시면서도 이 활동이 과연 가능할까 하는 의문과 걱정의 뉘앙스를 함께 담아 질문하신 듯 했지만 나는 잠시도 주저하지 않고 "그럼요~ 당연히 가능합니다."라고 말했다. 노인 대상으로만 진행되는 것이 아닌, 음악적 선호도가 너무 다른 1–3세대가 함께 음악을 한다는 것!! 어쩌면 소통과 공감이라는 이름과 멀게 느껴질 수 있을지도 모르겠다. 하지만 내가 선생님께 주저하지 않고 말씀드릴 수 있었던 이유는 오히려 음악이 도구가 되어 줄 때, 음악이 보다 더 치료적으로 적용될 때 어떤 프로그램보다도 1–3세대를 매우 자연스럽고도 의미 있게 소통할 수 있도록 도와줄 수 있을 것이라 믿었기 때문이다. 그만큼 이번 세션은 준비하는 과정부터 매 순간이 흥미롭고 기대되는 시간들이었다.

첫 만남의 어색함을 시원하게 날려 버린 우리들의 뿜뿜!!!

여름방학이 시작된 첫날 나는 설레는 마음으로 복지관 강당에 들어섰다. 새로운 대상들과 함께 하는 음악치료 수업은 언제나 설렘이 가득이지만 이번 수업은 긴장의 끈을 한시도 놓을 수 없는 세션이기도 하였다. 이날 참여하는 대상자는 30명이라는 적지 않은 대집단의 인원이기도 하고, 몇몇 친분이 있으신 어르신들을 제외하면 연령대가 다른 두 세대가 대부분 오늘 처음 이곳에서 만나게 될 것이므로 낯설고 어색한 분위기를 면밀하게 파악하여 세션을 진행해야 하기 때문이다. 아니나 다를까 쭈뼛쭈뼛 강당 안으로 들어온 학생들은 이 낯선 상황을 어찌해야 할지 몰라 당황하는 기색이 역력했다. 어르신들은 세션 시작 한참 전부터 자리에서 학생들을 기다리고 계시다가 손주뻘의 학생들이 들어오니 누구라 할 것 없이 반갑게 맞이해 주시고 인사말도 건네고 해 주시는데, 뒤늦게 하나둘씩 자리에 착석하는 초등학생들은 그저 "네" "아니요" 등의 단답형이 전부였다. 어르신들의 환대도, 새로운 친구들도, 심지어 새로운 악기들까지도 하나같이 낯설고 어색한 듯 얼어붙은 표정으로 앞만 바라보고 있었다. 아이들도 어색한 마음에 괜시리 어른들 앞에서 퉁명스럽게 툭툭 내던지듯 대답해 버리고, 어르신들도 민망한 마음에 "허허" 웃음만 짓고 계신 상황이었다. 음악의 힘이 절실하게 필요한 순간이었다. 오늘의 세션을 위해 내가 야심차게 준비한 곡 모모랜드의 〈뿜뿜〉이 그 힘을 발휘할 순간이었다. 10대들이 노인세대와 가장 쉽게 소통할 수 있는 방법은 바로 그들의 문화와 음악을 노인세대들에게 소개하고 전하는 것!! 노인세대들이 평소 접하지 못하는 케이팝을 함께 배우는 것과 동시에 10대들의 공감대를 동시에 불러일으킬 수 있는 특유의 댄스 모티브를 노래 가사를 통하여 조금씩 표현할 수 있도록 했더니 어느새 학생들은 노래를 흥얼거리며 "마마마마이 러버~" "뿜뿜!!"을 외치기 시작하였다. 나는 이 분위기가 단지 학생들만의 전유물이 되지 않도록 곧바로 몇 개의 댄스 모티브를 선정하고 학생들로 하여금 옆에 계신 짝꿍 어르신들에게 동작을 알려 줄 수 있도록 유도하였다. 어르신들이 자연스럽게 동작을 함께 표현할 수 있도록 템포를 조금 느리게 편곡한 음원을 준비하여 1–3세대가 두 명씩 짝을 지어 모티브를 배우고 함께 표현해 봄으로써 동작활동이 진행될 수 있도록 하였다. 이 순간부터 이제 노래 가사 속에서의 "러버" "터치" "뿜뿜"은 단지 그저 아이돌 음악의 가사에만 머무르고 있지 않았다. 손자뻘 되는 아이들에게 어르신들은 "마마마마이 러버~" 하시며 사랑의 눈빛과 손가락 하트를 발사하셨고, 우리 할머니 할아버지라고 생각하며 하이파이브로 사랑의 "터치"를 함께 외치는 아이들!!! 어색해하던 아이들은 어느새 목소리 높여 함께 노래하고 있었고, 어르신들은 빠르고 변화무쌍한 다음 세대들의 문화를 조금씩 이해하며 함께 사랑의 뿜뿜을 외치는 순간!! 첫 만남의 어색함은 시원하게 날라 가고 모두가 함께 음악 하나로 '우리'를 경험하고 있었다.

마음을 합하여 소리로 하나 되기

동작활동을 통해 충분히 워밍업과 라포 형성이 된 후라 그런지 합주를 위한 여러 가지 타악기의 연주법을 간단히 소개하고 다양한 음색을 경험하는 과정에서 학생들과 어르신들은 놀랍도록 편안하고 가까운 사이가 되어 있었다. 치료사가 합주를 위해 악기를 나누어 준 이후에도 자연스럽게 학생들과 어르신들은 서로의 악기연주법을 의논하고, 조언하고, 마음을 합하여 소리로 하나가 되었다. 비오케스트라 악기합주활동에서는 이전에 사용했던 편곡음원이 아닌 원곡 템포 그대로의 음원으로 연주하였는데 1시간이 채 안 된 짧은 시간 동안에 어느새 어르신들도 모모랜드가 너무 친근해지셨는지 정확한 박자와 타이밍을 놓치지 않고 "뿜뿜"을 외치고 계셨다. 이따금 연주 중 그림악보의 순서를 놓치는 경우가 있을 때면 옆에 앉은 짝꿍 학생이 손짓이나 제스처로 연주 시점을 알려 주기도 하고, 연주 순서를 헷갈려하시는 어르신의 손을 꼭 잡고 함께 기다리다가 연주 시점에서 함께 연주를 하기도 하고, 성공적으로 악기합주가 끝난 후에는 "우리 팀 소리가 최고로 멋지구만!" 하시면서 짝꿍 학생과 하이파이브로 자축하는 등 그야말로 호흡이 척척 맞았다. 10대와 70대가 함께 하는 "뿜뿜"과 "그뤠잇"의 외침이라니!! 음악의 힘은 정말이지 '그뤠잇' 그 자체이며 음악이 정말 다 했다!! 외칠 수 밖에 없는 순간이었다.

세션의 후반부 활동으로는 학생들이 평소 접하기 힘든 1세대들의 곡을 선곡하여 핸드벨과 톤차임으로 선율의 아름다움을 함께 느껴 볼 수 있도록 진행했다. 나훈아의 〈사랑〉을 선곡하여 함께 노래를 감상하는데 학생들 중 나훈아를 아는 친구가 15명 중 단 한 명도 없었다. 어르신들을 비롯한 선생님들과 모든 기성세대는 충격에 빠지고 말았다. 하지만 그것이 우리의 소통에 큰 문제가 되지는 않았다. "보고 또 보고 또 쳐다봐도 싫지 않은 내 사랑아" "비 내리는 여름날엔 내 가슴은 우산이 되고" 노래 가사를 분석하는 동안 학생들은 "우와~ 아름답다" "아~~ 가사가 감동이에요."라며 그들이 알지 못했던 또 다른 아름다움과 서정성을 함께 느끼고 공감해 보는 시간이 되었다.

음악 안에서 우리들의 가능성은 무한대

학생들이 나훈아를 당연히 알 거라고 생각한 나 또한 세션 후 많은 반성을 해 보게 되었다. 기성세대의 입장에서 볼 때 참으로 내 기준에서 다른 세대를 보고 있을 때가 많았구나…… 어르신들 또한 젊은 세대들의 음악은 낯설고 어려우니 그저 박수라도 함께 치면 그것으로 만족한다 생각하셨을지도 모르겠다. 어쩌면 학생들도 할아버지 할머니들이 모모랜드를 전혀 알 필요도 없으며 우리들만의 것이라고 생각하며, 어른들의 환대가 때로는 부담으로 느껴지며 서로가 각자의 자리만 바라보고 있었을지도 모르겠다. 그런 의미에서 이번 세션은 1세대와 3세대 모두에게 더욱 귀하고 값진 시간이 되었을 것이다. 노인 대상 세션을 하게 되면 어르신들이 참 자주 하시는 말씀 중 하나가 "우린 그런 거 몰라." "우리같이 나이 많은 사람들이 당연히 모르지." 등의 말씀이다. 그렇지만 함께 음악치료 수업을 통해 다양한 음악적 경험을 하신 후에는 "선생님 덕분에 내가 이런 것도 할 줄 알고" "이런 어려워 보이는 악기도 해 보니까 되는구나, 허허" 하시며 몰랐던 가능성을 발견하시는 경우가 있다. 오늘 어르신들이 이토록 자신 있게 모모랜드 노래를 부를 수 있을 거라고 누가 생각이나 하셨을까? 불과 몇 시간 전에는 눈 맞춤도 제대로 하지 못했던 친구들이 음악 수업을 마친 후, 다음 프로그램인 요리 프로그램실로 이동하면서 어르신들과 함께 짝을 지어 손을 잡고 나가는 모습을 보면서 가슴이 뭉클해졌다. 사실, 13년차 음악치료사로써 단회기 세션에 대한 회의와 단회기 세션의 음악치료적 효과성에 대한 의구심을 가질 때가 종종 있었다. 그러나 1-3세대 통합음악치료에서와 같이 음악의 힘은 회기의 중요성에만 국한되어 있는 것이 아니라는 것을 확인할 수 있게 된다. 치료적으로 잘 적용된 음악적 경험이 대상들에게 얼마나 영향력 있게 전해지느냐에 따라 음악 안에서 우리 안에 있는 무한대의 가능성을 발견하고 예상치 못한 감동을 고스란히 느낄 수 있는 순간이 된다는 것. 이번 세션 또한 음악과 함께했던 우리들의 시간이 소통과 공감을 위한 더없이 귀하고 감사했던 순간으로 기억될 것이다.

임상에서 고려해야 할 점

- **1~2회기 정도의 단회기 세션에서의 유의점:** 1-3세대 통합음악치료 세션과 같은 단회기 세션에서는 대상들이 짧은 시간 동안에 치료목적을 효과적으로 경험할 수 있어야 하므로 세션의 구조와 전체 흐름의 방향성을 특히나 더욱 면밀하게 파악하고 준비해야 할 필요가 있었다. 보통 일반적인 세션에서와는 다르게 대상에 대한 진단평가의 회기 수를 둘 수 없는 상황이며, 음악적 선호도나 개인특성 또한 직접 현장에서 파악하고 진행해야 하는 부분들이 많았기 때문이다. 이번 세션을 준비하는 동안에도 미리 기관담당자와 전체 세션의 방향성이나 흐름과 관련하여 지속적으로 의논하고 소통하였으며, 세션의 준비과정 동안 기관담당자의 협조를 받아 대상자의 특성이나 세션 장소의 특이점 등을 충분히 파악하고 고려하여 수업 당일 세션 진행에서의 돌발상황을 최소화할 수 있도록 노력하였다.
- **곡 선곡 및 편곡에서의 유의점:** 케이팝 음악을 선곡할 때 가장 어려웠던 점은 10대들에게 가장 사랑받고 인지도가 높은 곡들 중에서도 치료적으로 사용될 수 있는 명확한 구조를 가진 곡을 선별하는 과정이었다. 노인이 케이팝 음악을 접하

는 과정에 있어서 거부감이 없이 자연스럽게 받아들일 수 있으면서도 성공 경험을 제공할 수 있도록 템포, 가사, 동작 등의 과정을 충분히 조절할 수 있는 유동적인 구조를 가진 음악을 선곡하는 과정이 무엇보다 중요할 것이다.

–**가사를 이용한 노래 만들기 활동 적용에의 가능성**: 이번 세션에서는 짧은 시간 동안 자신의 내면을 표현하고 교류하는 과정이 자칫 무리일 수도 있다 판단하여 주로 동작활동과 악기연주 위주의 활동을 진행하였으나, 초반 라포 형성이 충분히 효과적으로 이루어질 수 있다면 단회기 세션에서도 노래 만들기와 같은 노래심리치료의 적용도 충분히 가능할 수 있었을 것으로 보인다. 함께 가사를 만들어 보고, 자신만의 이야기를 음악으로 만들어 내는 과정을 통하여 각 세대가 표현하고자 하는 다양한 측면들을 함께 나눌 수 있으므로 더욱 의미 있고 흥미로운 세션을 기대해 볼 수도 있을 것이다.

사례 4 주야간보호센터 이용 노인, 지역사회 아동, 기관 직원이 함께하는 음악치료

프로그램명: 노인을 위한 세대통합 음악치료

글: 음악치료사 김동문

기간: 2017년 1월~2017년 12월, 월 1회

치료사 소개

음악치료사 김동문은 살렘교회 담임목사이며, 노인복지시설 북부노인주간보호센터와 아동복지시설 살렘푸른학당을 운영하는 사회복지사이며, 음악치료사(한세대 석사, 박사과정)로서 해빌리지융합치유연구소를 운영하면서 다양한 분야와 다양한 세대를 대상으로 음악치료 프로그램을 진행하고 있다. 또한 세대통합 음악치료를 넘어 공동체 음악치료에 대한 사회적 필요성을 인식하여 지역사회에서 다양한 공동체 음악치료를 시도하고 있다.

참여자 소개

이 프로그램에 참여한 그룹 중 첫째 그룹은 인지장애와 뇌졸중, 기타 노인성질환 등으로 인하여 노인장기요양보험공단으로부터 노인장기요양등급을 받아 노인주야

간보호센터를 이용하고 있는 65~99세의 남녀 노인들이다. 둘째 그룹은 지역아동센터에서 방과후돌봄서비스를 제공받고 있는 초등학교 1~6학년에 재학 중인 남녀 아동들이다. 셋째 그룹은 노인들과 아동들을 케어하는 직원들이다. 이 두 기관을 이용하는 노인들과 아동들은 마당을 사이에 두고 서로 독립된 공간에서 이용자들의 특성에 맞는 다양한 프로그램을 제공받고 있는데, 음악치료 프로그램 안에서 서비스 제공자와 서비스 이용자들의 통합과 세대와 세대 간의 통합을 이루고 있다.

주요 내용

노인장기요양등급을 받은 노인들은 다양한 진단명을 가지고 있을지라도 노인에게서 나타나는 신체적 · 인지적 · 정서적 사회적 기능들이 일상생활 영위에 어려움을 겪을 정도로 약화되어 있는 것이 공통적인 현상이다. 아동들은 부모의 맞벌이와 경제적 어려움 등으로 사회적 돌봄 서비스를 필요로 하는 아동들이다. 이 두 기관 이용자들의 공통점은 부양자 및 양육자들의 충분한 돌봄 경험 부족에서 오는 부적 정서와 핵가족화로 인해 발생된 세대 간의 단절로 인한 사회적 상호작용에 어려움을 겪고 있다. 또한 직원들은 이용자들을 돌보는 과정에서 신체적 · 감정적 노동의 강도가 강해 늘 소진의 위험에 직면해 있다.

따라서 본 프로그램의 주요 목표는 다음과 같다.

첫째, 노인과 아동, 이들을 케어하는 직원들이 음악 안에서 정서수정과 사회적 상호작용을 유발시키는 과정 속에서 세대통합을 경험하면서 상호지지 세력이 되게 하는 것이다.

둘째, 노인에게는 노래와 악기연주와 춤을 추는 과정에서 신체의 상하지 근육운동 활동과 인지활동을 지원하는 것이다.

셋째, 아동들에게는 할아버지와 할머니들을 위해 노래와 율동을 준비하고 발표하는 과정을 통해 사회적 상호작용과 사회기술 증진이 이루어지게 하는 것과 동시에 부모-노인세대와 함께 하는 음악활동 경험을 통해서 공동체성을 함양시키는 것이다.

진행과정

음악치료 프로그램 내용

1) 인지기능 유지와 증진을 위한 노래 부르며 연주하기

(1) 3대가 함께 부를 수 있는 동요 사용

사용노래: 〈고향의 봄〉, 〈고향 땅〉, 〈퐁당퐁당〉, 〈작은 별〉, 〈오빠생각〉, 〈엄마야 누나야〉, 〈꽃밭에서〉, 〈반달〉, 〈섬집아기〉, 〈과수원길〉, 〈옹달샘〉, 〈등대지기〉

(2) 사용악기: 키보드, 기타, 톤차임, 공명실로폰, 리듬악기류

2) 신체기능 유지와 증진을 위한 신체활동하기

(1) 아동들은 댄스곡에 맞춰 율동하기, 노인들은 가요에 맞추어 리듬악기연주하기와 춤추기

(2) 사용악기: 키보드, 기타, 리듬악기류, MP3

3) 직원들에게 음악적 역할 부여하기

(1) 동요에 나오는 코드 수만큼 노인들과 아동들을 조로 나누고, 직원 각자에게 하나의 코드를 맡겨 각자의 순서에 사인을 주게 한다.

(2) 노인들과 아이들은 직원의 사인에 맞추어 연주하면서 노래를 부르게 하는 가운데 세대 간 사회적 상호작용을 하게 한다.

(3) 노인들이 신체활동을 잘할 수 있도록 돕거나 낙상사고 방지를 하게 한다.

사례

라포 형성

음악치료사와 보조치료사가 기타와 키보드로 헬로송을 부를 동안 아동들이 프로그램실에 들어오면서 노래를 따라 부르게 하였다. 그러자 아동들 특유의 에너지가 발산되면서 노인들의 표정도 밝아지고 박수 소리도 커지기 시작하였다. 이것은 이벤트적 요소와 '낯설게 하기'라는 문학적 요소를 가미한 의도적인 연출이었다.

대체로 노인들은 스무 명이 앉아 있어도 적막감과 우울감이 느껴진다. 그러나 아이들이 두 세 명만 들어와도 전체 분위기가 밝아지면서 생기가 돌며, 이것은 노인들의 정서수정에 도움이 된다. 노인을 위한 프로그램은 무엇보다 밝고 긍정적인 분위기를 조성하는 것이 중요하다.

사회적 상호작용을 위한 세대통합 연주

동요들은 주로 3~4개의 코드로 이루어져 있다. 그래서 코드 수만큼 조로 나누고 코드별로 색깔을 부여하여 코드에 익숙하지 못한 조장도 자신감을 가지고 조원들에게 쉽게 사인을 줄 수 있게 하였다. 노인들과 아이들은 조장에게 집중하면서 조장의 사인에 따라 자신의 악기를 연주하면서 노래를 불렀다. 즉, 치료사와 직원과 노인들과 아이들이 음악 안에서 세대통합을 이루어 충분한 사회적 상호작용을 할 수 있었다.

일반적으로 아동들과 치매 노인들은 함께 어울릴 수 있는 공통분모를 찾기가 힘들다. 그러나 음악 안에서는 각자의 역할을 수행함과 동시에 상호작용을 하게 된다. 또한 직원들은 음악치료사가 프로그램을 진행할 때, 뒤에서 관찰하고 평가하거나 무신경한 모습으로 있기 쉬운 경향이 있다. 그러나 직원들에게 음악치료사의 보조치료사 혹은 협력자 역할을 하게 해 주면 서비스 제공자와 이용자 간의 소통이 보다 원활해지고 사회적 상호작용이 활발해지면서 보다 긴밀한 연대감이 형성된다.

다중적 목표 설정과 달성

노인주간보호센터를 이용하는 노인들은 인지장애 진단이 아닌 다른 진단명으로 요양등급을 받았을지라도 대부분 인지장애증상과 우울감 및 감정조절을 잘 못해서 문제행동을 하는 경우가 많다. 그럴 때는 문제행동을 제어하고자 하는 직원들과 노인들 간 긴장과 갈등이 자주 발생한다. 특히 인지장애가 있는 노인들은 자신의 감정에 충실하여 문제행동을 하는 경향이 많다. 그럴 경우 물리적인 힘으로는 통제하기가 힘들고, 물리적 통제는 신체적 상해로 이어지는 부작용이 일어나기 쉽다.

그런데 음악활동 안에서 상호작용을 하는 동안 서로가 지지 세력이 되어 주고 집중하면서 직원들의 음악적 지시에 따라 연주하고자 하는 모습을 보여 주었고, 그 과정 속에서 신체적 · 인지적 · 정서적 활동이 활발하게 이루어지는 모습을 보여 주었다. 신체적으로는 악기연주과정과 노래 안에서 춤을 추는 것을 통해 상하지의 대 · 소근육 운동 활동이 이루어졌고, 인지적으로는 집중력 발휘와 회상활동이 이루어졌으며, 정서적으로는 우울감 해소와 스트레스 해소가 이루어지는 것을 볼 수 있었다.

이를 통해 음악치료사가 음악의 힘을 적절히 활용할 때, 노인 상호 간, 아동 상호 간, 노인과 아동 간, 아동-노인과 직원 간 협조와 협력과 지지와 소통을 하면서 사회적 상호작용이 이루어졌다.

대체로 치료적용계획서를 작성할 때의 기본은 하나의 목표를 설정하여 그 목표를 달성하는 것에 초점을 맞추지만, 치료사가 현장에서 경험하는 것은 음악은 참여자들의 다중적 반응, 즉 신체적 · 인지적 · 정서적 반응을 동시에 촉발시킨다는 것이다. 이것이 다른 전문 치료분야와 달리 음악치료가 가진 장점이면서 강점이라고 할 수 있다.

임상에서 고려할 점

–세대통합 음악치료의 논리적 근거 마련: 음악치료 역시 분야별 · 대상별 치료적 접근이 전문화되어 있다. 반면, 인간의 문제는 '나'의 문제임과 동시에 '너'의 문제이며 '우리'의 문제라고 할 수 있고, 신체적 문제이면서 인지적 문제이고 심리사회적 문제이다. 그런 점에서 노인문제는 곧 우리 모든 세대의 문제라고 할 수 있고, 노인문제를 해결하기 위해서는 세대통합 접근이 반드시 필요하다. 그래서 사회복지학에서 세대통합은 사회복지의 중요한 주제 중의 하나로 자리매김되어 있다. 이것은 음악치료사가 노인 음악치료를 시행할 때도 노인들만의 음악치료가 아니라, 할 수 있는 한 세대통합 음악치료를 시행해야 할 논리적 근거가 될 수 있다.

–모든 세대가 공감할 수 있는 음악 사용: 현실적으로, 세대 간의 문화적 욕구와 선호도는 뚜렷하다. 이것은 음악적 욕구와 선호도 역시 마찬가지이다. 그러나 인간에게는 세대 간 혹은 인종 간의 차이에 상관없이 공동선에 대한 관념이 있는 것처럼 음악 역시 세대와 인종을 초월하여 함께 공감하고 공유할 수 있는 음악이 있다. 오래된 동요가 바로 그런 음악이다.

실제로 중증 인지장애 환자도 어린 시절 많이 불렀던 동요가 나오면 따라서 부르는 모습을 보게 된다. 또 아이들은 설령 모르는 동요일지라도 동요의 음악적 특성상 빨리 익힐 수 있다. 가요의 경우에도 어른들이 부르기 쉬운 노래는 아이들도 잘 부를 수 있다. 예를 들면, 〈내 나이가 어때서〉 같은 노래는 아이들도 쉽게 따라 부른다.

그런 점에서 음악치료사는 노인을 위한 음악치료 프로그램을 진행할 때도 할 수 있는 한 세대통합을 시도하되, 이를 위해서 프로그램에 참여하는 모든 세대가 공감할 수 있는 음악을 찾아내고 활용할 필요가 있다.

−**보조치료사 및 협력자로서의 기관 직원:** 일반적으로, 음악치료사가 음악치료 프로그램을 진행할 때, 기관의 직원들은 관찰자 혹은 평가자 혹은 분석가가 되거나 방관자가 되기 쉽다. 그럴 경우, 그것이 프로그램 참여자들에게뿐만 아니라 치료사에게도 부정적인 영향을 미친다. 또 참여자들은 자신을 돌봐 주는 사람과 보다 친밀한 관계를 맺고 싶어 하고 보다 많은 것을 공유하고 싶어 하는 욕구를 가지고 있다.

그런 점을 고려하여, 음악치료사는 할 수 있는 한 기관의 직원들도 참여시킬 필요가 있다. 이를 위해 치료사는 직원들을 보조치료사 혹은 협력자의 역할을 할 수 있도록 동기부여를 하고 쉬운 방법을 가르쳐 주는 것이 좋다. 이것은 세대통합 음악치료 프로그램이 음악적으로 단순하고 쉬우며 흥미로울 필요, 즉 이용자 중심의 맞춤형 음악치료 접근이 필요함을 시사해 준다. 이를 위해 음악치료사는 자신이 전경이 되기보다는 직원들과 이용자들이 전경이 되게 하고 자신은 배경이 되어 주는 지혜가 필요하다.

결론: 전망과 도전

이미 노인복지시설이나 여가시설에서는 음악을 많이 사용하고 있다. 이것은 만국 공용어라고 하는 음악이 민족을 초월하고 세대를 초월하는 힘이 있기 때문이며, 인간에게 미치는 치료적 효과가 크다는 것을 모두가 인정하고 있는 증거라고 할 수 있다. 또 세대통합의 중요성이 그 어느 때보다도 절박하게 요청되는 시대 상황에서 세대통합 음악치료가 시대적 요구에 잘 부응할 수 있는 중요한 방법이 될 수 있다.

그런데 사회복지 · 의료 · 교육 현장 등에서 음악치료사와 해당 기관 직원들이 협업 형태로 진행되는 사례는 많지 않은 것이 현실이다. 여기서 하게 되는 질문이 있다. 음악치료는 음악치료사만의 전유물인가? 지금 현대 사회는 공생이냐 공멸이냐를 놓고 많은 논의가 이루어지고 있으며, 그와 더불어 지속 가능한 사회를 위한 대안적 방법론들을 찾고자 많은 노력을 하고 있다. 특히 요즘은 많은 사람들이 융합 혹은 복합, 공동체라는 말을 많이 사용하고 있으며, 예전에는 별개의 분야였고 별개로 사업을 진행하던 것들이 융합이라는 이름으로 한 분야를 이루어 함께 협력하고 있다.

그런 점에서 음악치료 역시도 음악이 지닌 특징과 장점을 최대한 활용하여 세대를 통합하는 방법을 많이 모색해야 할 것이다. 또한 열린 마음으로 타 분야와도 연대할 뿐만 아니라, 기관의 직원들도 보조치료사 내지는 협력자로 삼을 수 있을 때, 세대통합 음악치료는 보다 잘 이루어질 수 있고 보다 크게 치료적 효과가 나타날 것이며, 시대의 요구에 보다 적극적으로 부응하는 전문분야로 자리매김될 수 있을 것이다.

노인들과 아이들과 직원들이 함께 악기를 연주하면서 동요를 부르고 있는 모습: 음악 안에서 사회적 상호작용을 통한 세대통합

직원들이 음악치료사의 보조치료사가 되어 노인들과 함께 프로그램을 진행하고 있는 모습

지역아동센터 아동들이 노인들을 위해 춤을 추고, 노인들은 박수를 치며 즐거워하는 모습

리듬악기도 연주하고 춤도 추는 가운데 상하지 근육운동을 하게 되는 모습

〈부록 1〉 임상에서 자주 선곡되는 선호 노래

대중가요						
번호	음반 발매 연도	곡명	가수	작사가	작곡가	친숙도
1	1925 (1923)	희망가 (이풍진세월)	채규엽 (박채선 · 이류색)	임학찬	제레미아 잉갈스	***
2	1929	강남달 (낙화유수)	이정숙	김서정	김서정	**
3	1932	황성옛터 (황성의 적)	이애리수	왕평	전수린	***
4	1934	처녀총각	강홍식	범 오	김준영	**
5	1934	노들강변	박부용	신불출	문호월	***
6	1945 (1935)	태평가 (태평연)	이은주 (선우일선)	이은주 (강남월)	정사인 (정사인)	***
7	1935	목포의 눈물	이난영	문일석	손목인	***
8	1954 (1936)	대한팔경 (조선팔경가)	황금심 (선우일선)	왕평	형석기	**
9	1937	짝사랑	고복수	박영호	손목인	***
10	1938	애수의 소야곡	남인수	이부풍	박시춘	***
11	1938	눈물젖은 두만강 [눈물저즌 두만강]	김정구	김용호	이시우	***
12	1938	알뜰한 당신	황금심	조명암	전수린	**
13	1938	나는 열일곱 살이에요 [나는 열일곱 살]	박단마	이부풍	전수린	***
14	1965 (1939)	갑돌이와 갑순이 (온돌야화)	최숙자 · 김세레나 (이병한 · 함석초)	김다인	전기현	***
15	1939	십오야 (십오야타령)	이화자	조명암	낙랑인	**
16	1939	홍도야 울지 마라 [홍도야 우지 마라]	김영춘	이서구	김준영	***
17	1939	감격시대	남인수	강해인	박시춘	**
18	1940	꿈꾸는 백마강	이인권	조명암	임근식	**
19	1940	번지 없는 주막 [번지업는주막]	백년설	박영호	이재호	***

20	1940	나그네 설움 [나그네설음]	백년설	조경환	이재호	***
21	1940	바다의 교향시	김정구	조명암	손목인	**
22	1941	대지의 항구	백년설	남해림	이재호	***
23	1941	선창	고운봉	조명암	김해송	***
24	1942	꽃마차	진방남	반야월	이재호	**
25	1942	찔레꽃 [찔네꽃]	백난아	김영일	김교성	***
26	1942	낙화유수	남인수	조명암	이봉룡	***
27	1960 (1947)	청춘의 꿈	김용만 (김용대)	추미림	김용대	**
28	1952 (1948)	고향초	장세정 (송민도)	조명암	박시춘	**
29	1949	신라의 달밤	현인	유호	박시춘	***
30	1949	럭키 서울 [럭키-서울]	현인	유호	박시춘	**
31	1949	비 내리는 고모령 [비나리는고모령]	현인	유호	박시춘	***
32	1949	낭랑 18세 [낭낭 십팔세]	백난아	유호	박시춘	***
33	1949	베사메무쵸 [베싸메무–쵸(남국의 처녀)]	현인	현동주	멕시코	**
34	1950	서울야곡	현인	유 호	현동주	**
35	1950	울고 넘는 박달재	박재홍	반야월	김교성	***
36	1952	아내의 노래	심연옥	유 호	손목인	**
37	1953	굳세어라 금순아	현인	강사랑	박시춘	***
38	1953	물방아 도는 내력	박재홍	손로원	이재호	**
39	1954	봄날은 간다	백설희	손로원	박시춘	**
40	1954	이별의 부산정거장	남인수	유호	박시춘	***
41	1954	홍콩아가씨 (향항아가씨)	금사향	손로원	이재호	**
42	1955	나 하나의 사랑	송민도	손석우	손석우	***
43	1955	도라지맘보	심연옥	나화랑	나화랑	*

44	1955	청춘고백	남인수	손석우	박시춘	**
45	1955	추억의 소야곡 [추억에 소야곡]	남인수	한산도	백영호	**
46	1955	물새우는 강언덕	백설희	손석우	박시춘	***
47	1955	방랑시인 김삿갓	명국환	김문응	전오승	**
48	1956	청포도 사랑	도미	이화촌	나화랑	**
49	1956	비의 탱고	도미	임동천	나화랑	*
50	1956	비내리는 호남선 [비나리는 호남선]	손인호	손로원	박춘석	***
51	1956	앵두나무 처녀	김정애	천 봉	한복남	**
52	1956	아리랑 목동	박단마	강사랑	박춘석	***
53	1956	오동동타령	황정자	야인초	한복남	***
54	1956	꿈속의 사랑	현인	손석우	중국	**
55	1956	청실홍실	송민도 · 안다성	조남사	손석우	***
56	1957	닐리리맘보 [닐늬리맘보]	김정애	탁소연	나화랑	***
57	1958	개나리 처녀	최숙자	천지엽	김화영	**
58	1958	검은 장갑	손시향	손석우	손석우	**
59	1958	만리포 사랑	박경원	반야월	김교성	**
60	1959	꿈이여 다시 한번	현인	조남사	이인권	**
61	1959	처녀 뱃사공	황정자	윤부길	한복남	***
62	1959	유정천리	박재홍	반야월	김부해	***
63	1959	열아홉 순정	이미자	반야월	나화랑	***
64	1959	대전 블루스 [대전 부루-스]	안정애	최치수	김부해	***
65	1959	님(창살 없는 감옥)	박재란	차경철	한복남	**
66	1959	기타부기 [키타부기]	윤일로	이재현	이재현	**
67	1959	하이킹의 노래	도미	이부풍	박시춘	*
68	1960	무너진 사랑탑	남인수	반야월	나화랑	**
69	1960	푸른 날개	박재란	정성수	전오승	**
70	1961	꽃중의 꽃	박정심	서일수	황문평	**

71	1961	노란 샤쓰의 사나이 [노오란 샤쓰의 사나이]	한명숙	손석우	손석우	***
72	1962	외나무 다리	최무룡	반야월	이인권	*
73	1963	호반의 벤치 [호반의 벤취]	권혜경	이보라	황문평	**
74	1963	빨간 구두 아가씨	남일해	하중희	김인배	***
75	1964	사랑이 메아리칠 때	안다성	서인경	박춘석	*
76	1964	내 이름은 소녀	조애희	하중희	김인배	**
77	1979 (1964)	행복이란 (임이여 나의 곁에)	조경수 (표기 김지미 노래 김영자)	이준례 (월견초)	이준례 (유금춘)	**
78	1964	동백 아가씨	이미자	한산도	백영호	***
79	1964	빨간 마후라	쟈니브라더스	한운사	황문평	**
80	1964	밀짚모자 목장아가씨	박재란	전우	박춘석	*
81	1965	산 너머 남촌에는	박재란	김동환	김동현	**
82	1965	진주조개잡이	박재란	전우	하와이	**
83	1966	갈대의 순정	박일남	오민우	오민우	***
84	1966	하숙생	최희준	김석야	김호길	**
85	1966	아빠의 청춘	오기택	반야월	손목인	**
86	1966	키다리 미스터 김	이금희	황우루	황우루	**
87	1967	섬마을 선생님	이미자	이경재	박춘석	***
88	1967	살짜기 옵서예	패티김	김영수	최창권	*
89	1967	돌아가는 삼각지	배호	이인선	배상태	***
90	1967	마음이 고와야지	남진	정두수	박춘석	**
91	1967	울릉도 트위스트	이씨스터즈	황우루	황우루	**
92	1967	가슴 아프게	남진	정두수	박춘석	***
93	1967	사랑을 하면 예뻐져요	봉봉 사중창단	황우루	황우루	**
94	1967	코스모스 피어있는 길	김상희	하중희	김강섭	***
95	1967	청춘을 돌려다오	신행일	최치수 (월견초)	신세영	**
96	1968	꽃집 아가씨	봉봉 사중창단	지웅	홍현걸	**
97	1968	새타령	김세레나	진선미	김부해	**

98	1968	커피 한 잔	펄시스터즈	신중현	신중현	**
99	1968	마포종점	은방울자매	정두수	박춘석	**
100	1968	처녀농군	최정자	황우루	황우루	**
101	1969	꽃타령	김세레나	박헌봉	박귀희	*
102	1969	사랑은 눈물의 씨앗	나훈아	남국인	김영광	***
103	1969	부모	유주용	김소월	서영은	**
104	1969	사랑의 송가	한명숙	세고석	전오승	**
105	1969	서울의 찬가	패티김	길옥윤	길옥윤	***
106	1969	너와 나의 고향	나훈아	정진성	정진성	***
107	1969	월남에서 돌아온 김상사	김추자	신중현	신중현	**
108	1972 (1969)	비둘기집	이석 (투에이스)	전우	김기웅	**
109	1972 (1970)	돌아와요 부산항에 (돌아와요 충무항에)	조용필 (김해일)	황선우 (김성술)	황선우	***
110	1970	사랑이란 두 글자	패티김	길옥윤	길옥윤	**
111	1970	소양강 처녀	김태희	반야월	이호	***
112	1970	바다가 육지라면	조미미	정귀문	이인권	**
113	1971	꽃동네 새동네	정훈희	윤혁민	최창권	***
114	1971	가을편지	최양숙	고은	김민기	*
115	1971	사랑해	라나에로스포	오경운	변혁	***
116	1971	머나먼 고향	나훈아	박정웅	박정웅	**
117	1971	조개껍질 묶어 (라라라)	윤형주	윤형주	윤형주	**
118	1976 (1971)	정	조용필 (방주연)	조남사	김학송	*
119	1971	두 개의 작은 별	윤형주	윤형주	독일	**
120	1972	님과 함께 [임과 함께]	남진	고향	남국인	***
121	1972	고향역	나훈아	임종수	임종수	**
122	1972	달타령	김부자	신선지	오영원	***
123	1972	당신의 마음	방주연	김지평	김학송	**
124	1972	목장길 따라	김세환	이장희	체코슬로바키아	**

125	1972	정든 그 노래	전석환	전석환	전석환	**
126	1972	짝사랑	바블껌 (릴리시스터즈)	김욱	이현섭	**
127	1972	모닥불	박인희	박건호	박인희	**
128	1972	여고시절	이수미	김영광	김영광	**
129	1973	이별	패티김	길옥윤	길옥윤	***
130	1973	봄이 오면	장미화	전우중	네덜란드	*
131	1973	좋은 걸 어떡해 [좋은걸 어떻게 해]	김세환	이장희	이장희	**
132	1973	안녕하세요	장미화	여대영	여대영	**
133	1973	편지	어니언스	김미선	임창제	*
134	1973	당신의 모든 것을	ONE PLUS ONE	박헌룡	박헌룡	*
135	1974	그대없이는 못살아	패티김	길옥윤	길옥윤	***
136	1974	내곁에 있어주	이수미	박건호	김영광	**
137	1974	무인도	김추자	이종택	이봉조	*
138	1974	사랑하는 마음	김세환	송창식	송창식	**
139	1974	봄이 오는 길	박인희	김기웅	김기웅	**
140	1974	즐거운 여름	서수남 · 하청일	서수남	서수남	**
141	1975	밤배	둘다섯	오세복	이두진	**
142	1975	여고졸업반	김인순	장제훈	정민섭	**
143	1975	당신은 모르실거야	혜은이	길옥윤	길옥윤	**
144	1975	오동잎	최헌	안치행	안치행	***
145	1975	해뜰날	송대관	송대관	신대성	***
146	1976	친구야 친구	박상규	전우	이복윤	**
147	1976	즐거운 아리랑	김상희	하중희	김강섭	*
148	1977	감수광	혜은이	길옥윤	길옥윤	***
149	1977	가는 세월	서유석	김광정	김광정	**
150	1977	노래하는 곳에	윤항기	엄진	미국	**
151	1978	그때 그 사람	심수봉	심수봉	심수봉	**
152	1978	나성에 가면	세샘트리오	길옥윤	길옥윤	**
153	1979	장미	사월과 오월	김미선	이정선	**
154	1979	제 3 한강교	혜은이	길옥윤	길옥윤	**

155	1979	사랑은 나비인가 봐	현철 (벌떼들)	박성훈	박성훈	***
156	1980	나는 행복합니다	윤항기	윤항기	윤항기	**
157	1981	강원도아리랑	조용필	강원도민요	강원도민요	**
158	1981	사랑이여	유심초	최용식	최용식	**
159	1982	독도는 우리 땅	정광태	박인호	박인호	***
160	1982	앉으나 서나 당신 생각	현철 (현철과 벌떼들)	김양화	현철	***
161	1982	잊혀진 계절	이용	박건호	이범희	**
162	1983	가을을 남기고 간 사랑	패티김	박춘석	박춘석	*
163	1983	사랑	나훈아	나훈아	나훈아	**
164	1983	사랑하는 그대에게	유심초	남화용	남화용	*
165	1983	아! 대한민국	정수라	박건호	김재일	**
166	1983	18세 순이	나훈아	나훈아	나훈아	**
167	1984	사랑의 미로	최진희	지명길	김희갑	**
168	1984	인생은 미완성	이진관	김지평	이진관	**
169	1985	비 내리는 영동교	주현미	정은이	남국인	**
170	1985	여행을 떠나요	조용필	하지영	조용필	*
171	1985	허공	조용필	정욱	정풍송	***
172	1985	그 겨울의 찻집	조용필	양인자	김희갑	*
173	1987	남행열차	김수희	정혜경	김진룡	***
174	1987	내 마음 별과 같이	현철	주일청	임택수	**
175	1987	사랑밖엔 난몰라	심수봉	심수봉	심수봉	*
176	1987	터	신형원	한돌	한돌	*
177	1988	그대 그리고 나	소리새	정현우	정현우	*
178	1988	봉선화 연정	현철	김동찬	박현진	***
179	1988	화개장터	조영남	김한길	조영남	**
180	1989	만남	노사연	박신	최대석	***
181	1989	사랑으로	해바라기	이주호	이주호	**
182	1989	사랑의 거리	문희옥	정은이	남국인	**
183	1989	얄미운 사람	김지애	전영록	전영록	**
184	1989	짝사랑	주현미	이호섭	김영광	**

185	1990	사랑에 푹 빠졌나 봐	현철	김동찬	박현진	**
186	1990	서울탱고	방실이	소산	방기남	**
187	1990	애모	김수희	유영건	유영건	**
188	1990	영영	나훈아	나훈아	나훈아	*
189	1990	홀로아리랑	서유석	한돌	한돌	**
190	1991	다함께 차차차	설운도	김병걸	이호섭	***
191	1994	숨어 우는 바람소리	이정옥	김지평	김욱	*
192	1997	백만송이 장미	심수봉	심수봉	러시아	*
193	1997	사랑의 트위스트	설운도	이수진	설운도	**
194	1997	사랑을 위하여	김종환	김종환	김종환	**
195	1998	네 박자	송대관	김동찬	박현진	***
196	1998	사랑의 이름표	현철	김동찬	현철	***
197	1998	인생	김성환	조운파	손정우	**
198	1999	꽃을 든 남자	최석준	김정호	김정호	**
199	1999	누이	설운도	이수진	설운도	**
200	2003	사랑의 밧줄	김용임	김상길	박성훈	*
201	2003	유행가	송대관	이정심	최정환	*
202	2004	당신이 최고야	이창용	온누리	박현진	*
203	2004	동반자	태진아	이루	태진아	**
204	2005	무조건	박상철	한솔	박현진	**
205	2006	내사랑 그대여	김용임	정의송	정의송	*
206	2007	황진이	박상철	한솔	박현진	*
207	2007	좋은세상	윤수자	정재훈	정주희	*
208	2008	오래 오래	송대관	송애린	허건웅	**
209	2008	안동역에서	진성	김병걸	최강산	**
210	2009	사랑하고 싶어요	현숙 · 추가열	현숙	추가열	*
211	2009	천년지기	유진표	정동진	김정호	*
212	2009	행복해요	추가열	추가열	추가열	*
213	2011	내인생에 박수	현숙	정현숙	조만호	*
214	2012	내 나이가 어때서	오승근	박무부	정기수	***

215	2013	아모르 파티	김연자	이건우 · 신철	윤일상	*
216	2014	묻지마세요	김성환	미소라	이충재	*
217	2014	참 좋다	양희은	박호명	박호명	*
218	2014	통일바보	조영남	조영남	조영남	*
219	2015	바램	노사연	김종환	김종환	*
220	2015	보약같은 친구	진시몬	진시몬	진시몬	*
221	2017 (2016)	오늘이 젊은날 (나이야 가라)	김용임	류원광 외 3인	류원광 · 손연성	*
222	2019	자네	나훈아	나훈아	나훈아	*

※ (　　)는 최초음반의 제목과 가수

※ [　　]는 원곡 제목 맞춤법

※ 선호하지만 난이도가 높아 감상곡으로 활용되는 노래는 목록에서 제외함
(예: 〈10월의 어느 멋진 날에〉, 〈향수〉 등)

※ 음악의 심미감을 높이고 긍정적 경험을 유도하기 위해 원곡 가수의 재발매된 음반이나 같은 시기에 활동한 다른 가수의 음반을 사용할 수 있음

※ 친숙도 구분(1절 기준)

*** 곡조가 친숙하고 가사 의존도가 낮은 노래

** 곡조가 친숙하지만 가사 의존도가 높은 노래

* 학습이 필요한 노래

※ 제시된 정보는 음반, 저작권협회, 논문, 단행본, 기사 등의 다면적 검토를 통해 정확도를 높이고자 함

가곡						
번호	작곡/수록 연도	곡명	수록집	작시	작곡	친숙도
1	1920(작곡) 1925(작시)	봉숭아(봉선화)		김형준	홍난파	***
2	1920년대 말/	산들바람		정인섭	현제명	**
3	1922/1927	동무생각(思友)	가곡집 附 박태준 작곡집	이은상	박태준	***
4	1931/	봄이 오면		김동환	김동진	***
5	/1931	나물 캐는 처녀	현제명작곡집 제1집	현제명	현제명	**

6	1932/1934	바위고개(바우고개)	이홍렬작곡집	이서향	이홍렬	**
7	/1933	희망의 나라로	현제명작곡집 제2집	현제명	현제명	**
8	/1933	봄처녀	제1집 조선가요작곡집	이은상	홍난파	***
9	/1933	성불사의 밤	제1집 조선가요작곡집	이은상	홍난파	**
10	/1933	그집앞	현제명작곡집 제2집	이은상	현제명	**
11	1933/	선구자		윤해영	조두남	***
12	/1936	사공의 노래	특선가요곡집	함효영	홍난파	***
13	1936/	아! 가을인가		윤복진	나운영	**
14	/1939	어머니의 마음	가정가요집 제1집	양주동	이홍렬	***
15	1946/1962	그네	금수현가곡집 그네	김말봉	금수현	**
16	1951(작곡) 1968(작시)	기다리는 마음		김민부	장일남	**
17	1952/1972	보리밭	윤용하작곡집 보리밭	박화목	윤용하	***
18	1961/2010	그리운 금강산	최영섭가곡집 (중권 70곡)	한상억	최영섭	**
19	1962(작곡) 1932(작시)	별		이병기	이수인	*
20	1964(편곡) 1925(작시)	엄마야 누나야		김소월	김광수	***
21	1967(작곡) 1963(작시)	비목		한명희	장일남	**
22	1967/	얼굴		심봉석	신귀복	**
23	1973/1974	청산에 살리라	김연준 가곡 100곡집 제3집	김연준	김연준	**
24	1974/1978	목련화	김동진가곡집 목련화	조영식	김동진	**
25	1976/	사랑	사랑은 오래 참고	고린도전서 13장 4-5절	정두영	***

동 요						
번호	작곡/수록 연도	곡명	수록집	작시	작곡	친숙도
1	1924/1926	반달	윤극영 동요작곡집 제1집 반달	윤극영	윤극영	***
2	1924/1926	설날	윤극영 동요작곡집 제1집 반달	윤극영	윤극영	***
3	1924/1926	고드름	윤극영 동요작곡집 제1집 반달	유지영	윤극영	***
4	1927/1929	고향의 봄	조선동요백곡집 상편	이원수	홍난파	***
5	1927/1929	퐁당퐁당	조선동요백곡집 상편	윤석중	홍난파	***
6	/1929	낮에 나온 반달	조선동요백곡집 상편	윤석중	홍난파	**
7	1930(작곡) 1925(작시)	오빠생각	개벽	최순애	박태준	***
8	/1931	가을	현제명 작곡집 제1집	백남석	현제명	***
9	/1933	무지개	조선동요백곡집 하편	박희각	홍난파	**
10	1936/1937	산바람 강바람	박태현 동요집 제1집	윤석중	박태현	***
11	/1946	우리나라 꽃	해방공간 악보집	박종오	함이영	***
12	/1947	우리의 소원	한국방송라디오 드라마주제곡	안석주	안병원	***
13	/1948	눈꽃송이	일맥동요곡집	서덕출	박재훈	**
14	1950(작곡) 1946(작시)	섬집 아기		한인현	이흥렬	***
15	/1955	나뭇잎 배	KBS방송동요선정	박홍근	윤용하	**
16	/1957	과꽃	권길상 동요곡집2 과꽃	어효선	권길상	**

17	1972/1984	과수원길	김공선 동요 작곡집 과수원길	박화목	김공선	***
18	1974/	겨울바람		백순진	백순진	**

의식의 노래

번호	작곡 연도	곡명		작사	작곡	친숙도
1	1950	광복절 노래		정인보	윤용하	**
2	1950	삼일절 노래		정인보	박태현	**
3	1950	개천절 노래		정인보	김성태	*
4	1951	6 · 25의 노래		박두진	김동진	**
5	1957	현충일 노래		조지훈	임원식	*

민 요

번호	곡명	지역명	작사	작곡	친숙도
1	아리랑	경기도민요	미상	김영환편곡	***
2	풍년가	경기도민요	구자하	미상	**
3	군밤타령	경기도민요	미상	전수린	**
4	뱃노래(뱃놀이)	경기도민요	미상	미상	**
5	도라지타령	경기도민요	미상	미상	***
6	늴리리야	경기도민요	미상	미상	***
7	강원도아리랑	강원도민요	미상	미상	**
8	진도아리랑	전라도민요	미상	미상	***
9	밀양아리랑	경상도민요	미상	미상	***
10	쾌지나 칭칭 나네	경상도민요	미상	미상	**
11	옹헤야	경상도민요	미상	미상	**
12	너영나영	제주도민요	미상	미상	**

외국민요

번호	곡명	지역명	작(개)사	작(편)곡	친숙도
1	올드 랭 사인 (작별/석별의 정/애국가)	스코틀랜드	로버트번스 (강소천)	윌리엄쉴드	***
2	고요한 밤 거룩한 밤	오스트리아	요제프모어 (찬송가)	프란츠 그루버	***
3	즐거운 나의 집	영국	존하워드페인 (김재인)	헨리 비숍	**

4	소나무	독일	에른스트 안슈츠 (강소천)	멜키어 프랭크	**
5	들장미	독일	볼프강괴테 (이현구)	하인리히 베르너	**
6	산타루치아	이탈리아	엔리코 코소비치 (현제명)	테오도로 코트라우	*
7	징글벨	미국	제임스 피어폰트 (안병원)	제임스 피어폰트	***
8	매기의 추억	미국	조지 존슨 (김인식)	제임스 버터필드	***
9	희망의 속삭임	미국	앨리스호손 (전형국)	앨리스 호손	**
10	클레멘타인	미국	헨리 톰슨 (박태원)	퍼시 몬트로즈	***
11	대니보이 (아! 목동아)	아일랜드	프레드릭 웨덜리 (현제명)	미상	*
12	바다로 가자	이탈리아	아니엘로 할리파노 (현제명)	데 마르티노 프라티	*
13	연가	뉴질랜드	파라이레 토모아나 (이명원)	파라이레 토모아나	**
14	등대지기	영국	짐머만 (유경손)	미상	**
15	기러기	미국	포스터 (윤석중)	포스터	**
16	에델바이스	미국	해머스타인 (지명길)	리차드 로저스	***

〈부록 2〉 노인 선호 음악 Q & A

1. 노인이 선호하는 음악 유형 및 장르:

대중가요 / 국악 / 종교음악 / 클래식, 팝송

김경혜(2001)는 60세 이상 노인 501명을 대상으로 음악 선호도를 조사하였는데, 노인들이 가장 좋아하는 음악의 유형은 대중가요(67.3%)였으며, 다음으로 국악(17.2%), 종교음악(7.6%), 클래식 성악곡(4.6%), 클래식 기악곡(3.0%), 외국 팝송(0.4%) 순으로 나타났다. 그리고 백승은(2011)은 65세 이상 노인 1,199명을 대상으로 선호하는 노래를 조사하였는데, 노래 장르에 있어 트로트(71.3%)를 가장 선호하였으며, 다음으로 포크(8.2%), 발라드(6.7%), 민요(5.9%), 가곡(4.9%) 순으로 나타났다. 연구 결과에서 주목할 점은 대중가요에 대한 높은 선호도와 더불어 선호 음악 유형 및 장르가 다양하다는 점이다. 지난 시절 삶의 다양한 경험과 함께 시대별 다양한 음악 유형 및 장르를 경험하며 친숙해지고 이에 대한 선호가 다양하게 형성될 수 있다. 이전의 음악경험과 함께 노인의 음악 선호도에 영향을 미치는 주요 변인으로 성별, 연령, 교육수준을 고려할 수 있는데(김경혜, 2001), 이와 같은 여러 변인들에 대한 고려가 임상에서 적절한 음악을 선곡하는 데 필요하다.

2. 선호 음악의 시기:

20~30대의 젊었던 시절에 듣던 음악과 60대 이후 최근 음악

김경혜(2001)의 연구에서 현재 좋아하고 있는 곡들을 좋아하게 된 시기에 대한 질문에 20대(32.1%)가 가장 높은 응답률을 보였으며, 다음으로 30대(19.2%)와 60대 이후(12.8%)가 높은 응답률을 보였다. 이는 20~30대의 젊었던 시절에 듣던 음악과 60대 이후 최근 음악이 현재 주로 좋아하는 음악임을 제시하는 것으로 임상에서 적절한 음악을 선곡하는 데 있어 하나의 지표가 될 수 있다. 이 시기는 노인의 회고 절정기에 대한 연구들의 결과와 일치하는데, 전 생애에 걸친 자전적 기억의 회상률을 비교해 보았을 때, 최근 1년 이내의 기억 외에 청소년기에서 성인 입문기까지가 회

고의 절정기를 이루고 있었다(김애순, 2012). 청소년기에서 성인 입문기까지의 시기는 인생에서의 격동의 시기로 개인의 삶에 중요한 영향을 미치는데, 이 시기의 경험은 깊은 정서적 개입으로 보다 심도 깊게 처리되어 더 잘 기억될 수 있다(김애순, 2012).

3. 선호 노래의 예

음악적 선호는 다양하게 나타날 수 있기 때문에 임상에서 적절한 음악을 선곡하기 위해서는 대상자의 음악 선호에 대한 직접적 조사를 토대로 선곡을 하는 것이 필요하다. 이와 아울러 선호 음악에 대한 기초자료로서 관련 설문조사 결과를 참조하는 것이 큰 도움이 될 수 있다. 백승은(2011)의 연구에서 설문조사를 통해 수집된 노인 선호 노래(총 432곡)와 국내 대표적인 전통가요 TV 프로그램인 〈가요무대〉에서 2015년 30주년을 맞아 선정한 국민의 노래 100곡(선정기준: 30년간 방송된 24,000여 곡 중에서 최다 방송곡 상위 100곡을 선정) 등을 기초자료로 활용할 수 있다. 주의할 점은 임상에서 대상자의 현재 기능 및 필요에 맞춰 음악을 사용하여야 하므로 사용할 곡의 적절성을 주의 깊게 검토하여 사용하여야 한다는 점이다. 예를 들어, 최근 곡에 대한 일반 노인과 치매 노인의 음악 선호가 다를 수 있다는 점을 고려하여야 한다.

〈표 1〉 백승은(2011)의 연구에서 수집된 노인 선호 노래의 예

[가장 좋아하는 노래의 제목에 대한 설문에서 12명(1%) 이상이 중복 제시한 15곡]

	곡목 (발표연도)	가수	작사가	작곡가
1	울고 넘는 박달재 (1948)	박재홍	반야월	김교성
2	섬마을 선생님 (1967)	이미자	이경재	박춘석
3	소양강 처녀 (1969)	김태희	반야월	이호
4	찔레꽃 (1943)	백난아	김영일	김교성
5	고장 난 벽시계 (2005)	나훈아	윤중민	박성훈
6	목포의 눈물 (1935)	이난영	문일석	손목인
7	만남 (1989)	노사연	박신	최태석
8	유리벽 사랑 (2007)	박진도	곽남배	신일동

9	여자의 일생 (1968)	이미자	한산도	백영호
10	동백 아가씨 (1964)	이미자	한산도	백영호
11	봄날은 간다 (1953)	백설희	손로원	박시춘
12	시계바늘 (2008)	신유	신웅	신웅
13	눈물 젖은 두만강 (1938)	김정구	김용호	이시우
14	가고파 (1933)		이은상 (작시)	김동진
15	아리랑			

〈표 2〉 〈가요무대〉에서 2015년 30주년을 맞아 선정한 국민의 노래 100곡 중 TOP 10

	곡목 (발표연도)	가수	작사가	작곡가
1	찔레꽃 (1943)	백난아	김영일	김교성
2	비 내리는 고모령 (1949)	현인	호동아	박시춘
3	꿈에 본 내 고향 (1954)	한정무	박두환	김기태
4	울고 넘는 박달재 (1948)	박재홍	반야월	김교성
5	나그네 설움 (1940)	백년설	조경환	이재호
6	처녀 뱃사공 (1953)	황정자	윤부길	한복남
7	번지 없는 주막 (1940)	백년설	추미림	이재호
8	불효자는 웁니다 (1940)	진방남	김영일	이재호
9	선창 (1941)	고운봉	조명암	김해송
10	애수의 소야곡 (1938)	남인수	이노홍	박시춘

참고문헌

김경혜(2001). **노인의 음악선호도 조사 연구**. 숙명여자대학교 대학원 석사학위논문.

김애순(2012). **장 · 노년심리학**. 서울: 시그마프레스.

백승은(2011). **노인들이 선호하는 노래의 분석 연구**. 이화여자대학교 대학원 석사학위논문.

〈부록 3〉 노인 음악치료에서 사용되는 악기들

악기연주는 적극적인 참여를 유도하는 음악 경험 중의 하나이다(정현주, 2005). 다양한 음악활동(노래 부르기, 악기연주, 동작)에 대한 치매 노인의 선호도 조사 연구(이인용, 2000)에 따르면 활동에서 나타난 행동의 반응과 참여 지속 시간을 측정한 결과, 노래 부르기나 동작활동보다 악기연주활동에서 유의미하게 높은 참여 지속 시간을 나타냈다. 이 연구에서는 여러 가지 악기가 다양하게 사용되었는데(〈표 3〉 참조), 사용 빈도와 관련하여 노인분들이 소고와 우드블럭의 음색을 좋아하여 활동에 자주 사용하였다고 연구자는 제시하였다. 치매 노인을 위한 음악치료 국내 연구들에서 다양한 타악기가 사용되었으며 그중 소고와 에그쉐이커의 사용 빈도가 가장 높았다(송명훈, 2010). 노인을 위한 악기연주 중심 음악치료의 효과에 대한 최근 연구들(박진솔, 2017; 박혜신, 2014)에서도 다양한 악기가 사용되었다(〈표 3〉 참조).

실제 임상에서 음악활동을 위한 악기 선택에 있어 대상, 목적, 이전의 음악 경험 및 선호도를 고려하게 되는데, 노인 음악치료 활동에서 특히 고려할 점으로는 대상자의 존엄을 고려하여 아동용 악기 사용에 주의를 기울일 필요가 있다는 것이다. 충분한 미적 경험을 위해서도 전문악기를 적절히 사용하는 것이 추천된다.

〈표 3〉 노인 음악치료에서 사용되는 악기들의 예

저자(연도)	사용된 악기 목록
박진솔(2017)	톤차임, 핸드벨, 마라카스, 롤리팝드럼, 오션드럼, 레인스틱, 에그쉐이커, 과일쉐이커, 우드블럭, 카바사, 탬버린
박혜신(2014)	소고, 우드블럭, 쉐이커, 마라카스, 카바사, 트라이앵글, 귀로, 패들드럼, 카우벨, 실로폰, 아고고벨, 탬버린, 차임, 핸드벨
이인용(2000)	옴니코드, 톤차임, 5음 피콜로 우드블럭, 소고, 장구, 북, 징, 중국북, 드젬벡, 투톤 우드블럭, 마라카스, 탬버린, 귀로, 트라이앵글, 슬레이벨, 징글 핸드벨, 메탈벨, 캐스터네츠, 오션드럼, 레인스틱, 과일쉐이커, 에그쉐이커, 패들드럼, 징글스틱, 치키타스

참고문헌

박진솔(2017). 구조화된 악기연주활동이 양로시설 노인의 주관적 행복감 향상 및 우울감 감소에 미치는 영향. 명지대학교 대학원 석사학위논문.

박혜신(2014). 악기 활동 중심의 음악치료가 노인 요양기관에 거주하는 노인들의 우울감과 사회생활 기술에 미치는 영향. 한세대학교 대학원 석사학위논문.

송명훈(2010). 타악기 연주 방법에 따른 치매 노인의 반응 비교 연구: 진동촉각을 중심으로. 명지대학교 대학원 석사학위논문.

이인용(2000). 치매 노인의 음악활동에 대한 선호도 연구: 노래부르기, 악기연주, 동작 중심으로. 이화여자대학교 대학원 석사학위논문.

정현주(2005). 음악치료학의 이해와 적용. 서울: 이화여자대학교출판부.

〈부록 4〉 노인관련 기관 사이트

기관명	사이트 주소
국민건강보험공단 노인장기요양보험	http://www.longtermcare.or.kr/
노인간호학회	http://www.gnursing.or.kr/
대한 파킨슨병 및 이상운동질환 학회	http://www.kmds.or.kr/
대한노인신경의학회	http://www.ksgn.or.kr/
대한노인정신의학회	http://www.kagp.or.kr/
대한뇌신경재활학회	http://www.ksnr.or.kr/
대한뇌졸중학회	http://www.stroke.or.kr/
대한치매학회	http://www.dementia.or.kr/
중앙치매센터	http://www.nid.or.kr/
치매안심센터	http://ansim.nid.or.kr/
한국노년학회	http://www.tkgs.or.kr/
한국노인복지학회	http://www.koreawa.or.kr/
한국재가노인복지협회	http://www.kacold.or.kr/
한국치매가족협회	http://www.alzza.or.kr/
한국치매협회	http://www.silverweb.or.kr/
한국호스피스·완화의료학회	http://www.hospicecare.or.kr/

참고문헌

1장

권중돈(2004). **노인복지론**. 서울: 학지사.

안영선(1993). **노인에 대한 국민 학생인식연구**. 전남대학교 대학원 석사학위논문.

윤진(1985). **성인 노인심리학**. 서울: 중앙적성출판사.

이은희(2013). **신노인복지론**. 서울: 학지사.

임승연(2001). **노인정에서의 노인여가 활성화 방안에 관한 연구(강남구 지역을 중심으로)**. 단국대학교 대학원 석사학위논문.

Atchley, R. C. (1971). Retirement and leisure participation. Continuity or Crisis? *The Gerontologise, 11*(1), 13-17.

Atchley, R. C. (2000). *Social forces and aging: An introduction to social gerontology* (9th ed.). California: Wordsworth.

Beaver, M. L. (1983). *Human service practice with eldery*. Englewood Cliffs, NJ: Prentice-Hall.

Bornstein, R. (1980). Cognitive and psycho-social development in the older adults. In C. S. Schuster & S. S. Ashburn (Eds.), *The process of human development: A holistic approach* (pp. 825-842). Boston: Little, Brown & Co.

Breen, L. B. (1960). The aging individual. In C. Tibbits (Ed.), *Handbook of social gerontology* (pp. 145-162). Chicago: University of Chicago Press.

Bromley, D. B. (1992). **노인 심리학**. (김정후 역). 서울: 성원사. (원저는 1990년에 출판).

Butler, R. N., & Lewis, M. I. (1977). *Aging and mental health* (2nd ed.). Saint Louis: The C. V. Mosby.

Clark, M., & Anderson, B. (1976). *Culture and aging*. Sprinfield, IL: Charles C. Thomas.

Cowgill, D. O., & Holmes, L. D. (1972). *Growing old: The process of disengagement*. New

York: Basic Books.

Erikson, E. H. (1963). *Childhood and society* (2nd ed.). New York: W. W. Norton & Co.

Hampton, J. K., Jr. (1991). *The biology of human aging.* Dubuque, LA: William C. Brown Publishers.

Havighurst, R. J. (1972). *Developmental task an education* (3rd ed.). New York: David McKay.

Havighurst, R. J., & Albrecht, R. (1953). *Older people.* New York: Longmans, Green & Co.

Henry, W. E. (1961). The theory of intrinsic disengagement. In P. F. Hansen (Ed.), *Age with a future* (pp. 415-418). Openhagen: Munksgaard.

Homans, G. C. (1961). *Social behavior: Its elementary forms.* New York: Harcourt Brace Javanovich.

Kuypers, J. A., & Bengtson, V. L. (1973). Social breakdown and competence: A model of normal aging. *Human Development, 16,* 181-201.

Miller, S. J. (1965). The social dilemma of the aging leisure participant. In A. M. Rose & W. A. Peterson (Eds.), *Older people and their social world* (pp. 72-92). Philadelphia: F. A. Davis.

Peck, R. (1968). Empowerment: Purpose and practice principle in social work. *Social Work with Groups, 14*(2), 7-21.

Riley, M. W. (1980). Social gerontology and the age stratification of society. In J. S. Quadagno (Ed.), *Aging, the individual and society* (pp. 87-102). New York: St. Martin's Press.

Riley, M. W., & Foner, A. (1968). *Aging and Society, Vol. 1: An inventory of research findings.* New York: Russel Sage Foundation.

Rose, A. M. (1965). The sunculture of the aging: A framework in social gerontology. In A. M. Rose & W. A. Peterson (Eds.), *Older people and their social world.* Philadelphia, N. J.: F. A. Davis Co.

Shock, N. W. (1977). Biologival theory of aging. In J. E. Birren & K. W. Schaie (Eds.), *Handbook of the pathology of aging* (pp. 103-115). New York: Van Nostrand Reinhold.

2장

국립암센터(2018). **호스피스 · 완화의료 서비스유형.** http://hospice.cancer.go.kr/organ/organintro.do.

김남희(2007). **입소노인의 수면의 질, 일상생활수행능력 및 우울과의 관계.** 중앙대학교 대학원 박사학위논문.

김창환, 김미영, 문제헌, 임비오(2014). 파킨슨 환자들의 질병등급척도가 보행시 하지의 근육활동에 미치는 영향. **한국운동역학회지, 24**(3), 287-293.

대한치매학회 신경행동연구회(2017). **치매의 신경행동증상.** 서울: 대한의학서적.

대한파킨슨병 및 이상운동질환학회(2015). **파킨슨병 101가지 이야기.** 서울: 법문에듀케이션.

박민선, 조비룡, 양동원, 김상윤(2002). 한국판 7분 치매 선별 검사의 타당도 연구. **가정의학회지, 23**(6), 729-738.

박종환, 김희철(1996). 간이 정신상태 검사의 개요. **대한정신약물학회지, 7**(1), 13-31.

박지환 외(2012). **일상생활활동, 생활환경과 여가활동.** 서울: 현문사.

이은희(2013). **신노인복지론.** 서울: 학지사.

최선아(2017). **뇌졸중, 치매, 파킨슨병 바로 알기.** 서울: 메디안북.

최성혜, 나덕렬, 이병화, 함동석, 정지향, 윤수진, 유경희, 하층건, 안일우, 치매연구회(2001). 한국판 Expanded Clinical Dementia Rating. **대한신경과학회지, 19**, 585-591.

Bowlby, J. (1961). Processes of mourning. *International Journal of Psychoanalysis, 42*(4-5), 317-340.

Corr, C. A., Nabe, C. M., & Corr, D. M. (1997). *Death and dying, life and living* (2nd ed.). Pacific Grove: Books/Cole.

Fleming, K. C., Evans, J. M., Weber, D. C., & Chukta, D. S. (1995). Practical functional assessment of elderly persons, a primary care approach. *Mayo Clinic Proceedings Symposium on Geriatrics, 70*(9), 890-910.

Grant, I., & Adams, K. M. (2009). *The neuropsychology of dementia. Neuropsychological assessment of neuropsychiatric disorder*. New York: Oxford University Press.

Kevin, J. B., Sandy, Z., Kathryn, R. Z., & Teresa, M. S. (2005). Testing functional performance in people with parkin's disease. *Physical Therapy, 85*(2), 134-141.

Kübler-Ross, E. (1969). *On death and dying*. New York: Macmillan.

Reisberg, B., Ferris, S. H., De Leon, M. J., & Crook, T. (1982). The Glibal Deterioration Scale for assessment of primary degenerative dementia. *American Journal of*

Psychiatry, 139, 1136-1139.

Spector, W. D., Katz, S., Murphy, J. B., & Fulton, J. P. (1987). The hierarchical relationship between activities of daily living and instrumental activities of daily living. *Journal of Chronic Disability, 40*, 481-489.

William, J. W., Lisa, M. S., & Anthony, E. L. (2006). **파킨슨병: 환자와 가족을 위한 완벽 가이드**. (송진숙, 송영호 공역). 서울: 지식의 풍경. (원저는 2001년에 출판).

3장

김기엽(2013). **여가활동이 노인의 생활만족도에 미치는 영향에 관한 연구: 노래부르기를 중심으로**. 가천대학교 대학원 석사학위논문.

김두연, 양은아(2013). 음악치료 프로그램이 경도인지장애 노인의 기분상태 및 무력감에 미치는 영향. **한국음악치료학회, 15**(2), 73-94.

김유정(2018). **초고령 재가노인의 우울감 완화를 위한 노래부르기 사례**. 이화여자대학교 대학원 석사학위논문.

김은아(2020). **구조화된 악기연주 활동이 요양시설 노인의 자기존중감과 사회적 역량에 미치는 영향**. 명지대학교 대학원 석사학위논문.

김현정, 정재원(2013). 국악을 이용한 집단 음악치료가 경도치매노인의 우울 및 삶의 질에 미치는 영향. **예술심리치료연구, 9**(3), 19-38.

김희정(2020). **악기연주 중심의 그룹음악치료가 주간보호시설 노인의 무력감 및 사회적 지지에 미치는 영향**. 성신여자대학교 대학원 석사학위논문.

신미희, 강경선(2016). MIDI 건반을 활용한 치료적 악기연주자 뇌졸중 편마비 노인환자의 손기능에 미치는 영향. **재활심리연구, 23**(1), 123-136.

신보영, 황은영(2015). 시각적 전략을 적용한 음악활동이 치매노인의 인지기능 재활에 미치는 영향. **예술심리치료연구, 11**(2), 41-62.

안영희(2012). 음악, 동작치료 프로그램이 만성질환 노인의 스트레스와 우울증에 미치는 영향. **한국무용과학회지, 28**, 69-81.

안영희(2013). **노인만성질환자의 심리적 안녕을 위한 노래부르기 음악치료 프로그램의 구성과 효과**. 동아대학교 대학원 박사학위논문.

위아름(2016). 노인의 정서관련 변인에 대한 음악치료효과 메타분석. **한국음악치료학회지, 18**(2), 99-117.

윤영지(2008). 악기연주를 사용한 인지 훈련이 치매 환자의 인지기능에 미치는 효과. **한국음악치료학회, 10**(1), 35-50.

이예솜, 황은영(2019). 노래중심 음악활동이 노인의 지역공동체 의식과 사회적 안녕감에 미치는 영향. **예술심리치료연구, 15**(2), 101-120.

임영미(2002). 율동적 동작이 치매노인의 신체기능 및 정서상태에 미치는 효과. **한국노년학, 21**(3), 197-211.

조용란, 이인수(2012). 음악놀이 치료프로그램이 노인의 우울에 미치는 영향. **예술심리치료연구, 8**(2), 101-123.

최애나, 김윤희, 정광조(2010). 음악치료활동이 주간보호 노인의 인지기능과 우울에 미치는 영향. **예술심리치료연구, 6**(1), 103-121.

한수진(2017). 75세 이상 노인이 지각하는 노래부르기의 혜택과 삶의 질. **인간행동과 음악연구, 14**(1), 63-84.

홍영규, 강영실(2009). 음악프로그램이 치매노인의 인지기능과 문제행동에 미치는 효과. **노인간호학회지, 11**(1), 5-15.

American Music Therapy Association(AMTA) (2012). *What is music therapy?* http://www.musictherapy.or.kr/about/quotes/

Ashida, S. (2000). The effect of reminiscence music therapy session on changes in depression symptoms in elderly person with dementia. *Journal of Music Therapy, 37*(3), 170-182.

Bright, R. (1992). Music therapy in the management of dementia. In G. M. Jones & B. M. Miesen (Eds.), *Caregiving in dementia: Research and applications* (pp. 162-180). New York: Routledge.

Brontons, M., & Koger, S. M. (2000). The impact of music therapy on language functions in dementia. *Journal of Music Therapy, 37*(3), 183-195.

Brotons, M., Koger, S. M., & Pickett-Cooper, P. (1996). Music and Dementias: A Review of Literature. *Journal of Music Therapy, 34*(4), 204-245.

Brontons, M., & Marti, P. (2003). Music therapy with Alzheimer's patients and their families: A pilot project. *Journal of Music Therapy, 40*(2), 138-150.

Brontons, M., & Pickett-Cooper, P. (1994). Preferences of Alzheimer's disease patient for music activities: Singing, instruments, dance/movement. games, and composition/improvisation. *Journal of Music Therapy, 31*(3), 220-233.

Bruscia, K. E. (1989). *Defining music therapy* (2nd ed.). Cilsum, NK: Barcelona.

Clair, A. A., & Bernstein, B. (1993). The preference for vibrotactile versus auditory stimuli in severely regressed person with dementia of the Alzheimer's type compared with dementia due to ethanol abuse. *Music Therapy Perspectives, 11*(1), 24-27.

Clair, A. A., & Ebberts, A. (1997). The effects of music therapy on interactions between family caregivers and their care receivers with late stage dementia. *Journal of Music Therapy, 34*(3), 148-164.

Ebberts, A. (1994). *A comparison of the effects movement with music, singing and drumming on duration of engagement in care home residents who have late stage dementia.* Unpublished master thesis, Universiy of Kansas, Lawrence.

Fitzgerald-Cloutier, M. L. (1993). The use of music therapy to decrease wandering: An alternative to restraints. *Music Therapy Perspectives, 11*, 32-36.

Flower, P. J., & Murphy, J. W. (2001). Talking about music: Interviews with older adults their education, preference, activities and reflection. *Update: Applications of Research in Music Education, 20*(1), 26-32.

Gfeller, K. (2002). Music as a communication. In M. H. Thaut & R. G. Unkefer (Eds.), *Music therapy in the treatment of adults with mental disorders: Theoretical bases and clinical interventions* (pp. 42-59). St. Louis, MO: MMB Music.

Gibbons, A. C. (1982). Musical aptitude profile scores in a non-institutionalized elderly population. *Journal of Research in Music Education, 30*(1), 23-29.

Gotell, E., Brown, S., & Ekman, S. L. (2000). Caregiver-assisted music events in psychogeriatric care. *Journal of Psychiatric and Mental Health Nursing, 7*(2), 119-125.

Groene, R. (2001). The effect of presentation and accompaniment style on attentional and responsive behaviors of participants with dementia diagnoses. *Journal of Music Therapy, 38*(1), 36-50.

Haneishi, E. (2001). Effects of a music therapy voice protocol on speech intelligibility, vocal acoustic measures and mood of individuals with Parkinson's disease. *Journal of Music Therapy, 38*(4), 273-290.

Hanser, S. S. (1990). A music therapy strategy for depressed older adults in the community. *Journal of Applied Gerontology, 9*(3), 282-298.

Hodges, D. A. (1980). *Handbook of music psychology.* Silver Spring, MD: National Association for Music Therapy.

Lepp, M., Ringsberg, K. C., Holm, A. K., & Sellerjsjo, G. (2003). Dementia involving patients and their caregivers in a drama programme: The care-givers' experiences.

Journal of Clinical Nursing, 12(6), 873-881.

Malone, A. B. (1996). The effect of live music on the distress pediatric patients receiving intravenous starts, venipunctures, injections, and heel stick. *Journal of Music Therapy, 23*(1), 19-33.

Olderog Millard, K. A., & Smith, J. M. (1989). The influence of group singing therapy on the behavior of Alzheimer's disease patients. *Journal of Music Therapy, 26*(2), 58-70.

Palo-Benegtsson, L., Winblad, B., & Ekman, S. L. (1998). Social dancing: A way to support intellectual, emotional and motor functions in persons with dementia. *Journal of Psychiatric and Mental Health Nursing, 5*(6), 545-554.

Plach, T. (1980). The creative use of music in group therapy. Springfield, IL: Charles, C. Thomas.

Prickett, C., & Moore, R. (1991). The use of music to aid memory of Alzheimer's patients. *Journal of Music Therapy, 28*(2), 101-110.

Radocy, R., & Boyle, J. D. (2003). *Psychological foundations of musical behavior* (4th ed.). Springfield, IL: Charles C. Thomas.

Reigler, J. (1980). Comparison of a reality orientation program for geriatric patients with and without music. *Journal of music therapy, 17,* 26-33.

Ridder, H. M., & Aldridge, D. (2005). Individual music therapy for person with frontotemporal dementia: Singing dialogue. *Nordic Journal of Music Therapy, 14*(2), 91-106.

Standley, J. (1992). Meta-analysis of research in music and medical treatment: Effect size as a basis for comparison across multiple dependent and independent variables. In R. Spinge & R. Droh (Eds.), *Music medicine* (pp. 364-378). St. Louis, MO: MMB Music.

Thaut, M. (2002). Neuropsychological process in music perception and their relevance in music therapy. In M. H. Thaut & R. G. Unkefer (Eds.), *Music therapy in the treatment of adults with mental disorders: Theoretical bases and clinical interventions* (pp. 2-32). St. louis, MO: MMB Music.

Wheeler, B. L., Shultis, C. L., & Polen, D. W. (2015). **음악치료 전공자를 위한 임상훈련 가이드**. (김영신, 김은주 공역). 서울: 학지사. (원저는 2005년에 출판).

Whitehead-Pleaux, A. M., Baryza, M. J., & Sheridan, R. L. (2006). The effects of music therapy on pediatric patients' pain and anxiety during donor site dressing change. *Journal of Music Therapy, 43*(2), 136-153.

World Federation of Music Therapy(WFMT) (2011). *What is music therapy?* http://www,musictherapyworld.net/WFMT/About_WFMT.html.

5장

강연욱(1999). 치매의 신경심리학적평가. **대한신경과학회지, 17**(1), 6-9.

공은희, 박명화(2015). 음악요법이 치매의 초조행동에 미치는 효과: 체계적 문헌고찰과 메타분석. **성인간호학회지, 27**(1), 106-116.

공인주, 황희영, 심규영, 전현숙, 심효진, 정다혜, 진하현, 김경옥, 김훈주(2014). 오류배제학습을 병행한 시간차 회상훈련이 경도 치매노인의 집중력과 기억력에 미치는 영향. **대한고령친화산업학회지, 6**(2), 25-34.

권수지(2017). **음악치료사의 주력 임상 대상에 따른 음악치료 목적과 중재 적용 현황조사.** 숙명여자대학교 대학원 석사학위논문.

권정인(2010). **노인 대상 음악치료의 국내 석사학위논문 연구동향 분석(1998-2009): 석사논문분석연구.** 성신여자대학교 대학원 석사학위논문.

김근홍, 윤종철(2017). **알기 쉬운 치매의 이해.** 서울: 도서출판 fides.

김미애(2003). **노래부르기가 초기 치매환자의 단어회상에 미치는 효과.** 숙명여자대학교 대학원 석사학위논문.

김민성(2016). **국악치료를 통한 치매노인의 표현력 향상에 관한 연구: 통속민요 중심으로.** 중앙대학교 대학원 석사학위논문.

김부영(1998). **치매노인의 음악요법 효과에 관한 연구.** 한양대학교 대학원 석사학위논문.

김석훈, 윤혜영(2013). 시설노인을 위한 음악치료프로그램 분석. **한국재활음악치료학회지, 1**(2), 1-24.

김영리(2012). **집단미술치료가 치매노인의 신체, 인지, 정서에 미치는 효과.** 한서대학교 대학원 박사학위논문.

김영애(2002). **중증 치매 노인의 음악활동에 대한 참여도 연구: 사례연구를 중심으로.** 이화여자대학교 대학원 석사학위논문.

김정아(2003). **치매노인의 집중력 향상을 위한 Rhythm-based Music Therapy.** 이화여자대학교 대학원 석사학위논문.

김정아(2005). **창의적 동작중심의 음악치료활동이 성인후기 치매환자의 신체표현능력과 감정 상태에 미치는 영향.** 명지대학교 대학원 석사학위논문.

김정온(2016). **국악치료가 경증치매노인의 긍정적 자기표현과 사회성에 미치는 효과.** 중앙대학교 대학원 석사학위논문.

김현정, 정재원(2013). 국악을 이용한 집단음악치료가 경도치매노인의 우울 및 삶의 질에 미치는 영향. **예술심리치료연구, 9**(3), 19-38.

김현주(2014). **감각 훈련을 활용한 음악활동이 치매노인의 인지기능과 일상생활동작 증진에 미치는 영향**. 숙명여자대학교 대학원 석사학위논문.

김혜경, 최재성(2017). 치매노인에 대한 음악치료 국내 연구동향 분석. **한국융합예술치료교육학회, 3**(2), 31-48.

남무영(2017). **노래중심의 음악치료가 주간보호센터 치매노인의 스트레스와 삶의 질에 미치는 영향**. 대전대학교 대학원 석사학위논문.

대한신경과학회(2015). 신경과 증상 및 질병. http://www.neuro.or.kr/bbs/?code=general&mode=view&number=13385에서 2015년 6월 10일 검색

대한신경과학회(2019). 신경과 증상 및 질병. http://new.neuro.or.kr/public/?sn=2&sn2=2에 2019년 7월 15일 검색

대한치매학회(2006). **치매-임상적 접근**. 서울: 아카데미아.

대한치매학회(2011). **치매-임상적 접근(2판)**. 경기: 아카데미아.

대한치매학회(2019). 99가지 치매이야기. http://www.dementia.or.kr/general/bbs/index.php? code=story&category=&gubun=&page=3&number=1036&mode=view&keyfield=&key=. 2019년 7월 15일 검색

문서란(2015). **노래활동이 뇌의 주의집중도와 뇌 활성량 변화에 미치는 영향**. 숙명여자대학교 대학원 박사학위논문.

박동화(2018). **노래 감상이 치매노인의 어휘산출과 자기표현에 미치는 영향**. 숙명여자대학교 대학원 석사학위논문.

박종희(2007). **노래 부르기 활동이 치매노인의 기억력 및 의사소통능력 향상에 미치는 효과**. 대구대학교 대학원 석사학위논문.

반선화, 전성숙(2012). 경증 알츠하이머형 치매노인에 대한 시간차회상훈련의 효과. **성인간호학회지, 24**(4), 398-405.

백승은(2011). **노인들이 선호하는 노래의 분석 연구**. 이화여자대학교 대학원 석사학위논문.

신보영, 황은영(2015). 시각적 지원 전략을 적용한 음악활동이 치매노인의 인지 기능 재활에 미치는 영향. **예술심리치료연구, 11**(2), 41-62.

안정희(2015). **음악치료프로그램이 요양시설 치매노인의 인지기능, 우울감, 자기표현에 미치는 영향**. 수원대학교 대학원 석사학위논문.

안지영(2009). **치료적 노래활동이 치매노인의 자기표현과 의사소통능력 향상에 미치는 영향**. 숙명여자대학교 대학원 석사학위논문.

왕유진(2017). 치매노인을 대상으로 한 음악치료 프로그램 효과에 대한 체계적 문헌고찰. 명지대학교 대학원 석사학위논문.

우지원(2010). 치매노인을 위한 음악치료 연구 조사 및 활동정리. 서울장신대학교 대학원 석사학위논문.

윤영지(2007). 악기 연주를 사용한 인지 훈련이 치매 환자의 인지기능에 미치는 효과. 숙명여자대학교 대학원 석사학위논문.

이경희(2019). 집단음악치료 프로그램이 노인성 치매환자의 자아긍지와 자기효능감 향상에 미치는 효과. 계명대학교 대학원 석사학위논문.

이남원(2014). 선율 중심 인지재활 프로그램이 경증 알츠하이머 치매노인의 단기기억력에 미치는 효과. 이화여자대학교 대학원 석사학위논문.

이도희(2015). 중증치매환자의 행동심리증상 완화를 위한 다감각 자극 중심 음악활동. 이화여자대학교 대학원 석사학위논문.

이미정(2008). 회상을 유도한 노래 활동이 치매노인의 인지와 우울에 미치는 효과. 숙명여자대학교 대학원 석사학위논문.

이석범, 김기웅(2009). 알츠하이머병에 대한 비약물적 개입. *J Korean Med Assoc, 52*(11), 1069-1076.

이숙영(2008). 노래 부르기를 통한 경증치매노인의 자기표현 향상에 관한 연구. 이화여자대학교 대학원 석사학위논문.

이영(2007). 치매 노인의 단기 기억력 증진을 위한 리듬활동 연구. 이화여자대학교 대학원 석사학위논문.

이일경(2009). 악기연주 중심의 음악치료가 치매 노인의 우울과 '행동 및 심리증상(BPSD)'에 미치는 영향. 성신여자대학교 대학원 석사학위논문.

이정진(2007). 노래회상을 통한 치매노인의 인지재활. 명지대학교 대학원 석사학위논문.

이준우, 손덕순(2010). 정신보건사회복지론(개정판). 경기: 서현사.

조민해(2019). 타악기를 활용한 음악치료가 치매노인의 인지기능에 미치는 영향. 경기대학교 대학원 석사학위논문.

조상필(2016). 민요를 활용한 경증치매 노인의 인지기능에 미치는 영향 연구: 노인요양시설을 중심으로. 중앙대학교 대학원 석사학위논문.

조아람(2015). 음악치료 프로그램이 치매노인에게 미치는 효과에 대한 메타분석. 숙명여자대학교 대학원 석사학위논문.

조아람, 김영신(2015). 음악치료 프로그램이 치매노인에게 미치는 효과에 대한 메타분석. 한국음악치료학회지, 17(2), 57-79.

조연진, 고범석(2017). 치매 환자의 인지재활 음악치료 효과에 대한 체계적 문헌고찰 및 메타분석. **한국음악치료학회지, 19**(1), 117-149.

주민애, 박혜영(2017). 국악장단을 이용한 음악치료가 치매노인의 상지기능 향상에 미치는 영향. **한국콘텐츠학회논문지, 17**(1), 222-232.

중앙치매센터(2018). **대한민국 치매현황 2018.**

최낙원(2018). **치매의 모든 것.** 서울: 범문에듀케이션.

최병철(2006). **음악치료학(2판).** 서울: 학지사.

최병철, 문지영, 문서란, 양은아, 김성애, 여정윤(2015). **음악치료학(3판).** 서울: 학지사.

최수(2019). **음악치료가 경도치매노인의 우울증상 향상에 미치는 효과 연구: 전통민요 부르기.** 중앙대학교 대학원 석사학위논문.

최애나, 류기광(2007). 집단음악치료가 치매노인의 인지기능, 우울정서, 삶의 질 및 정신행동증상에 미치는 효과. **특수교육재활과학연구, 46**(3), 143-174.

하정아, 이순화(2007). 경증 치매노인을 위한 음악치료 프로그램에 관한 연구. **대한음악치료학회지, 6**(2), 46-63.

한설희(2004). 치매의 행동심리증상의 개관. **대한치매학회지, 3,** 1-4.

현재연(2006). **국외 노인 음악치료 연구에서 치료 목표 및 음악치료활동 형태 분석: 1977년부터 2005년도까지.** 이화여자대학교 대학원 석사학위논문.

홍영규, 강영실(2009). 음악프로그램이 치매노인의 인지기능과 문제행동에 미치는 효과. **노인간호학회지, 11**(1), 5-15.

홍인실(2008). **노인의 인지기능과 우울증에 미치는 음악치료의 개선 효과.** 제주대학교 대학원 박사학위논문.

Allen, D. M. (1977). Music Therapy with Geriatric Patients. *British Journal of Music Therapy, 8*(3), 2-6.

Ashida, S. (2000). The Effect of Reminiscence Music Therapy Sessions on Changes in Depressive Symptoms in Elderly Persons with Dementia. *Journal of Music Therapy, 37*(3), 170-182.

Baird, A., & Thompson, W. F. (2018). When music compensates language: A case study of severe aphasia in dementia and the use of music by a spousal caregiver. *Aphasiology, 33*(4), 449-465.

Belgrave, M. (2009). The effect of expressive and instrumental touch on the behavior states of older adults with late-stage dementia of the Alzheimer's type and on music therapist's perceived rapport. *Journal of Music Therapy, 46*(2), 132-146.

Berlyne, D. (1971). *Aesthetics and psychology*. New York: Appleton century Crofts.

Bright, R. (1972). *Music in geriatric care*. New York: St. Martin's Press.

Bright, R. (1981). Music and the management of grief reactions. In I. M. Burnside (Ed.), *Nursing and the aged* (2nd ed., pp. 137-142). NY: McGraw-Hill.

Brooke, V. (1989). How elders adjust. *Geriatric Nursing, 10*(2), 66-68.

Brotons, M., & Koger, S. M. (2000). The impact of music therapy on language functioning in dementia. *Journal of Music Therapy, 37*(3), 183-195.

Brotons, M., Koger, S. M., & Pickett-Cooper, P. (1997). Music and dementias: A review of literature. *Journal of Music Therapy, 34*(4), 204-245.

Brotons, M., & Pickett-Copper, P. (1996). The effects of music therapy intervention on agitation behaviors of Alzheimer's disease patients. *Journal of music therapy, 33*(1), 2-18.

Burns, A., Jacoby, R., & Levy, R. (1990). Psychiatric phenomena in Alzheimer's disease. III: Disorders of mood. *Br J Psychiatry, 157*(1), 81-86.

Carruth, E. K. (1997). The effects of singing and the spaced retrieval technique on improving face-name recognition in nursing home residents with memory loss. *Journal of Music Therapy, 34*(3), 165-186.

Casby, J., & Holm, M. (1994). The effect of music on repetitive disruptive vocalizations of persons with dementia. *A Journal of Occupation Therapy, 48*(10), 883-889.

Cevasco, A. M. (2003). Comparison of different methods for eliciting exercise-to-music for clients with Alzheimer's disease. *Journal of Music Therapy, 40*(1), 41-56.

Cevasco, A. M., & Grant, R. E. (2006). Value of musical instruments used by the therapists to elicit responses from individual in various stages of Alzheimer's disease. *Journal of Music Therapy, 43*(3), 226-246.

Chang, Y. S., Chu, H., Yang, C. Y., Tsai, J. C., Chung, M. H., Liao, Y. M., Megan F. L., & Chou, K. R. (2015). The efficacy of music therapy for people with dementia: A meta analysis of randomised controlled trials. *Journal of Clinical Nursing, 24*(23-24), 3425-3440.

Cheung, S. K. (2012). The effects of the music-with-movement intervention on the Cognitive functions of people with moderate dementia. The Hong Kong Polytechnic University, Doctoral dissertation.

Christie, M. E. (1995). The influence of a highly participatory peer on motivating group behaviors of lower functioning persons who have probable Alzheimer's type dementia: A feasibility study. *Music Therapy Perspectives, 13*(2), 87-90.

Cooper, J. (1991). Songs that soothe. *New Zealand nursing Journal, 84*(3), 22-23.

Cummings, J. L., Miller, B., Hill, M. A., & Neshkes, R. (1987). Neuropsychiatric aspects of multi-infarct dementia and dementia of the Alzheimer type. *Arch Neurol, 44*(4), 389-393.

Dassa, A., & Amir, D. (2014). The role of singing familiar songs in encouraging conversation among people with middle to late stage Alzheimer's disease. *Journal of Music Therapy, 51*(2), 131-153.

Ferretti, L., McCurry, S. M., Logsdon, R., Gibbons, L., & Teri, L. (2001). Anxiety and Alzheimer's disease. *J Geriatr Psychiatry Neurol, 14*(1), 52-58.

Finkel, S. I. (2000). Introduction to behavioral and psychological symptoms of dementia (BPSD). *International Journal of Geriatric Psychiatry, 15,* S2-S4.

Fitzgerald-Cloutier, M. L. (1993). The use of music therapy to decrease wandering: An alternative to restrains. *Music Therapy Perspectives, 11,* 32-35.

Gerdner, L. A. (1997). An individualized music intervention for agitation. *Journal of the American Psychiatric Nurses Association, 3*(6), 177-184.

Gerdner, L. A., & Swanson, E. A. (1993). Effects of individualized music on confused and agitated elderly patients. *Archives of Psychiatric Nursing, 7*(5), 284-291.

Goddaer, J., & Abraham, I. L. (1994). Effects of relaxing music on agitation during meals among nursing home residents with severe cognitive impairment. *Archives Psychiatric Nursing, 8*(3), 150-158.

Heeyoun, K. C. (2018). The Effects of Music Therapy-Singing Group on Quality of Life and Affect of Persons With Dementia: A Randomized Controlled Trial. *Clinical Trial Article, 5*, 1-13.

Jennings, B., & Vance, D. (2002). The short-term effects of music therapy on different types of agitation in adults with Alzheimer's. *Activities, Adaptation & Aging 26*(4), 27-33.

Koger, S. M., Chapin, K., & Brotons, M. (1999). Is Music therapy an effective intervention for dementia? A meta-analytic review of literature. *Journal of Music Therapy, 36*(1), 2-15.

Kverno, K. S., Black, B. S., Nolan, M. T., & Rabins, P. V. (2009). Research on treating neuropsychiatric symptoms of advanced dementia with non-pharmacological strategies, 1998-2008: A systematic literature review. *International psychogeriatrics, 21*(5), 825-843.

Landes, A. M., Sperry, S. D., Strauss, M. E., & Geldmacher, D. S. (2001). Apathy in Alzheimer's disease. *J Am Geriatr Soc, 49*(12), 1700-1707.

Lazarus, L., Newton, N., Cohler, B., Lesser, J., & Schweon, C. (1987). Frequency and presentation of depressive symptoms to patient with primary degenerative dementia. *American Journal of Psychiatry, 144,* 41-45.

Li, H. C., Wang, H. H., Lu, C. Y., Chen, T. B., Lin, Y. H., & Lee, I. (2019). The effect of music therapy on reducing depression in people with dementia: A systematic review and meta-analysis. *Geriatric Nursing, 40*(5), 510-516.

Lipe, A. W. (1991). Using music therapy to enhance the quality of life in a client with Alzheimer's dementia: A case study. *Music Therapy Perspectives, 9*(1), 102-105.

Lord, T. R., & Garner, J. E. (1993). Effects of music on Alzheimer patients. *Perceptual and Motor Skills, 76*(2), 451-455.

McCloskey, L. J. (1985). Music and the frail elderly. *Activities, Adaptation & Aging, 7*(2), 73-75.

McDermott, O., Crellin, N., Ridder, H. M., & Orrell, M. (2013). Music therapy in dementia: A narrative synthesis systematic review. *International Journal of Geriatric Psychiatry, 28*(8), 781-794.

Mendez, M. F., Martin, R. J., Smyth, K. A., & Whitehouse, P. J. (1990). Psychiatric symptoms associated with Alzheimer's disease. *Journal of Neuropsychiatry Clinical Neuroscience, 2*(1), 28-33.

Millard, K. O., & Smith, J. M. (1989). The influence of group singing therapy on the behavior of Alzheimer's disease patients. *Journal of Music Therapy, 26*(2), 58-70.

Moussard, A., Bigand, E., Belleville, S., & Peretz, I. (2012). Music as an aid to learn new verbal information in Alzheimer's disease. *Music Perception, 29*(5), 521-531.

Olderog Millard, K. A., & Smith, J. M. (1989). The influence of group singing therapy on the behavior of Alzheimer's disease patients. *Journal of music therapy, 26*(2), 58-70.

Pollack, N. J., & Namazi, K. H. (1992). The effect of music participation on the social behavior of Alzheimer's disease patients. *Journal of Music Therapy, 29*(1), 54-67.

Prickett, C. A., & Moore, R. S.(1991). The use of music to aid memory of Alzheimer's patients. *Journal of Music Therapy, 28,* 101-110.

Rabins, P. (1994). Noncognitive symptoms in Alzheimer disease. In R. D. Terry, R. Katzman, & K. L. Bick (eds), *Alzheimer disease*. New York: Raven Press.

Raglio, A., Bellelli, G., Traficante, D., Gianotti, M., Ubezio, M. C., Villani, D., & Trabucchi, M. (2008). Efficacy of music therapy in the treatment of behavioral and psychiatric symptoms of dementia. *Alzheimer Disease & Associated Disorders, 22*(2), 158-162.

Rossato-Bennett, M. (2014. 8. 25.). 그 노래를 기억하세요? [동영상]www.ebs.co.kr/replay/show?prodId=112658&lectId=10244407에서 2014년 8월 26일 검색

Rossen, E. K., & Knafl, K. A. (2003). Older women's response to residential relocation: Description of transition styles. *Qualitative Health Research, 13*(1), 20-36.

Sambandham, M., & Schim, V. (1995). Music as a nursing intervention for residents with Alzheimer's disease in long-term care. *Geriatr Nurs, 16*(2), 79-83.

Shapiro, A. (1969). A pilot program in music therapy with residents of a home for the aged. *The Gerontologist, 9*(2), 128-133.

Sherratt, K., Thornton, A., & Hatton, C. (2004). Music interventions for people with dementia: A review of the literature. *Aging & Mental Health, 8*(1), 3-12.

Shiltz, D. L., Lineweaver, T. T., Brimmer, T., Cairns, A. C., Halcomb, D. S., Juett, J., Beer, L., Hay, D. P., & Plewes, J. (2018). "Music first": An alternative or adjunct to psychotropic medications for the behavioral and psychological symptoms of dementia. *GeroPsych: The Journal of Gerontopsychology and Geriatric Psychiatry, 31*(1), 17-30.

Shinosaki, K., Nishikawa, T., & Takeda, M. (2000). Neurological basis of behavioral and psychological symptoms in dementia of the Alzheimer type. *Psychiatry and Clinical Neuroscience, 54,* 611-620.

Smith, G. H. (1986). A comparison of the effects of three treatment interventions on cognitive functioning of Alzheimer's patients. *Music Therapy, 64,* 41-56.

Smith-Marchese, K. (1994). The effects of participatory music on the reality orientation and sociability of Alzheimer's residents in a long-term-care setting. *Activities, Adaptation & Aging, 18*(2), 41-55.

Sole, C., Brotons, M., Galati, A., & De Castro, M. (2014). Effects of Group Music

Therapy on Quality of Life, Affect, and Participation on People with Varying Levels of Dementia. *Journal of Music Therapy, 51*(1), 103-125.

Sung, H. C., & Chang, A. M. (2005). Use of preferred music to decrease agitated behaviours in older people with dementia: A review of the literature. *Journal of Clinical Nursing, 14*(9), 1133-1140.

Svansdottir, H., & Snaedal, J. (2006). Music therapy in moderate and severe dementia of Alzheimer's type: A case-control study. *International psychogeriatrics, 18*(4), 613-621.

Takahashi, T., & Matsushita, H. (2006). Long-term effects of music therapy on elderly with moderate/severe dementia. *Journal of Music Therapy, 43*(4), 317-333.

Teng, E., Marshall, G. A., & Cummings, J. L. (2010). Neuropsychiatric features of dementia. In B. L. Miller & B. F. Boeve (Ed.), *The behavioral neurology of dementia*. NewYork: Cambridge.

Ueda, T., Suzukamo, Y., Sato, M., & Izumi, S. I. (2013). Effects of music therapy on behavioral and psychological symptoms of dementia: A systematic review and meta-analysis. *Ageing Research Reviews, 12*(2), 628-641.

Unkefer, R. F. (1990). *Music therapy in the treatment of adults with mental disorders*. New York: Schirmer Books.

Van der Steen, J. T., van Soest-Poortvliet, M. C., van der Wouden, J. C., Bruinsma, M. S., Scholten, R. J., & Vink, A. C. (2017). Music-based therapeutic interventions for people with dementia. *Cochrane Database of Systematic Reviews, 5*, CD003477.

Vasionyte, I., & Madison, G. (2013). Musical intervention for patients with dementia: A meta-analysis. *Journal of Clinical Nursing, 22*(9-10), 1203-1216.

Wall, M., & Duffy, A. (2010). The effects of music therapy for older people with dementia. *British Journal of Nursing, 19*(2), 108-113.

Whitcomb. J. B. (1989). Thanks for the memory. *American Journal of Alzheimer's Care and Related Disorders and Research, 4*(4), 22-33.

Ziv, N., Granot, A., Hai, S., Dassa, A., & Haimov, I. (2007). The effect of background music on behavior in Alzheimer's patients. *Journal of Music Therapy, 44*(4), 329-343.

6장

권정인(2010). **노인 대상 음악치료의 국내 석사학위논문 연구동향 분석(1998~2009년): 석사논문 분석연구**. 성신여자대학교 대학원 석사학위논문.

김윤정(2013). 패턴화된 감각 증진(Patterned Sensory Enhancement) 기법이 뇌졸중 편마비 환자의 상지 기능 향상에 미치는 영향. 성신여자대학교 대학원 석사학위논문.

김태연(2008). 리듬청각자극(Rhythmic Auditory Stimulation)이 편마비 환자들의 보행에 미치는 영향. 성신여자대학교 대학원 석사학위논문.

대한신경과학회(2012). 신경학(2판). 서울: 범문에듀케이션.

박소리(2019). 파킨슨병 환자의 그룹 가창 활동 참여 경험. 이화여자대학교 대학원 석사학위논문.

손수진(2013). 신경학적 질환자를 위한 음악치료 연구 메타분석. 숙명여자대학교 대학원 석사학위논문.

서채강(2016). 오르프 음악치료가 파킨슨 노인 환자들의 고독과 우울 및 사회적 유대감과 삶의 질에 미치는 효과. 원광대학교 대학원 석사학위논문.

신미희, 강경선(2016). MIDI 건반을 활용한 치료적 악기연주가 뇌졸중 편마비 노인환자의 손 기능에 미치는 영향. 재활심리연구, 23(1), 123-136.

양혜경(2010). 음악치료 프로그램이 뇌졸중노인의 우울증 감소와 자아존중감 증진에 미치는 효과성 연구. 노인복지연구, 49, 127-143.

원혜경(2003). Rhythmic Auditory Stimulation(RAS)이 뇌졸중 환자의 보행개선에 미치는 영향. 이화여자대학교 대학원 석사학위논문.

이주영(1999). 음악의 리듬이 뇌졸중 환자의 균형적 보행에 미치는 영향. 한국음악치료학회지, 1(1), 79-92.

장지윤(2005). 노인 뇌졸중 환자의 우울증상에 대한 노래심리치료의 효과. 이화여자대학교 대학원 석사학위논문.

정가은(2006). 치료적 음악활동이 좌측 편마비 환자의 편측무시 감소에 미치는 영향. 한국음악치료학회지, 8(1), 13-36.

정용라(2015). 노래 가사 토의가 뇌졸중 환자의 우울 및 재활동기에 미치는 효과. 인간행동과 음악연구, 12(1), 43-64.

정유미(2017). 합창 중재 프로그램이 파킨슨병 환자의 음성 개선 및 음성 만족도에 미치는 영향. 이화여자대학교 대학원 석사학위논문.

정현주(2005). 음악치료학의 이해와 적용. 서울: 이화여자대학교 출판부.

최성주(2007). 리코더 연주를 통한 뇌졸중 노력성 폐활량과 호흡 효율성 향상 연구. 인간행동과 음악연구, 4(1), 31-46.

최옥경, 임주혁, 김성렬(2002). 치료적 음악활동이 파킨슨 환자의 운동성과 정서에 미치는 효과. 한국음악치료학회지, 4(2), 1-17.

최하은(2018). 드럼 연주 중재를 통한 파킨슨병 내담자의 상지 운동 조절력 변화 사례. 이화여자대학교 대학원 석사학위논문.

한은영(2015). **구조화된 노래활동을 통한 파킨슨병 내담자의 음성의 질 향상과 우울 감소에 관한 사례**. 이화여자대학교 대학원 석사학위논문.

허고은, 문소영(2016). 치료적 가창훈련이 뇌졸중 노인 환자의 음성 질과 우울에 미치는 영향. **한국음악치료학회지, 18**(2), 139-163.

홍도경(2005). MIT(Melodic Intonation Therapy) 중심의 음악활동을 이용한 실어증을 가진 뇌졸중 노인의 음절 수 증가에 대한 사례 연구. **인간행동과 음악연구, 2**(2), 57-67.

Abiru, M. (2014). Musical Neglect Training (MNT). In M. H. Thaut & V. Hoemberg (Eds.), *Handbook of neurologic music therapy* (pp. 270-278). Oxford: Oxford University Press.

Bodak, R., Malhotra, P., Bernardi, N. F., Cocchini, G., & Stewart, L. (2014). Reducing chronic visuo-spatial neglect following right hemisphere stroke through instrument playing. *Frontiers in Human Neuroscience, 8,* 413. doi: 10.3389/fnhum.2014.00413

Calabrò, R. S., Naro, A., Filoni, S., Pullia, M., Billeri, L., Tomasello, P., ... Bramanti, P. (2019). Walking to your right music: A randomized controlled trial on the novel use of treadmill plus music in Parkinson's disease. *Journal of NeuroEngineering and Rehabilitation, 16,* 68. doi: 10.1186/s12984-019-0533-9

Clair, A. A., & Memmott, J. (2009). **노인음악치료**(제2판). (노인음악치료연구회 역). 서울: 시그마프레스. (원저는 2008년에 출판).

Elefant, C., Baker, F. A., Lotan, M., Lagesen, S. K., & Skeie, G. O. (2012). The effect of group music therapy on mood, speech, and singing in individuals with Parkinson's disease: A feasibility study. *Journal of Music Therapy, 49*(3), 278-302.

Haneishi, E. (2001). Effects of a music therapy voice protocol on speech intelligibility, vocal acoustic measures, and mood of individuals with Parkinson's disease. *Journal of Music Therapy, 38*(4), 273-290.

Hausdorff, J. M., Lowenthal, J., Herman, T., Gruendlinger, L., Peretz, C., & Giladi, N. (2007). Rhythmic auditory stimulation modulates gait variability in Parkinson's disease. *European Journal of Neuroscience, 26*(8), 2369-2375.

Kim, S. J. (2010). Music therapy protocol development to enhance swalling training for stroke patients with dysphagia. *Journal of Music Therapy, 47*(2), 102-119.

Poćwierz-Marciniak, I., & Bidzan, M. (2017). The influence of music therapy on quality of life after a stroke. *Health Psychology Report, 5*(2), 173-185.

Stegemöller, E. L., Radig, H., Hibbing, P., Wingate, J., & Sapienza, C. (2017). Effects of singing on voice, respiratory control and quality of life in persons with Parkinson's disease. *Disability and Rehabilitation, 39*(6), 594-600.

Street, A. J., Fachner, J., & Magee, W. L. (2019). Upper limb rehabilitation in chronic stroke using neurologic music therapy: Two contrasting case studies to inform on treatment delivery and patient suitability. *Nordic Journal of Music Therapy, 28*(5), 382-404.

Thaut, C. P. (2014). Patterned Sensory Enhancement (PSE). In M. H. Thaut & V. Hoemberg (Eds.), *Handbook of neurologic music therapy* (pp. 106-115). Oxford: Oxford University Press.

Thaut, M. H. (2005). *Rhythm, music, and the brain: Scientific foundutions and clinical applications*. New York: Routledge.

Thaut, M. H., Gardiner, J. C., Holmberg, D., Horwitz, J., Kent, L., Andrews, G.,...McIntosh, G. R. (2009). Neurologic music therapy improves executive function and emotional adjustment in traumatic brain injury rehabilitation. *Annals of the New York Academy of Sciences, 1169*(1), 406-416.

Thaut, M. H., Leins, A. K., Rice, R. R., Argstatter, H., Kenyon, G. P., McIntosh, G. C.,...Fetter, M. (2007). Rhythmic auditory stimulation improves gait more than NDT/Bobath training in near-ambulatory patients early poststroke: A single-blind, randomized trial. *Neurorehabilitation and Neural Repair*, *21*(5), 455-459.

Thaut, M. H., McIntosh, G. C., & Rice, R. R. (1997). Rhythmic facilitation of gait training in hemiparetic stroke rehabilitation. *Journal of the Neurological Sciences*, *151*(2), 207-212.

Thaut, M. H., McIntosh, G. C., Rice, R. R., Miller, R. A., Rathbun, J., & Brault, J. M. (1996). Rhythmic auditory stimulation in gait training for Parkinson's disease patients. *Movement Disorders*, *11*(2), 193-200.

Thaut, M. H., McIntosh, K. W., McIntosh, G. C., & Hoemberg, V. (2001). Auditory rhythmicity enhances movement and speech motor control in patients with Parkinson's disease. *Functional Neurology*, *16*(2), 163-172.

Thaut, M. H., Thaut, C. P., & McIntosh, K. (2014). Melodic Intonation Therapy (MIT). In M. H. Thaut & V. Hoemberg (Eds.), *Handbook of neurologic music therapy* (pp. 140-145). Oxford: Oxford University Press.

Yoo, J. (2009). The role of therapeutic instrumental music performance in hemiparetic arm rehabilitation. *Music Therapy Perspectives, 27*(1), 16-24.

7장

국립국어원(2005). "2004년 신어" 보고서 발간. http://www.korean.go.kr/front/board/boardStandardView.do?board_id=4&mn_id=17&b_seq=285에서 검색.

국립암센터 중앙호스피스센터(2019). **호스피스 · 완화의료 서비스유형**. http://hospice.cancer.go.kr/hospice/hospiceServiceType.do에서 검색

김동정(2009). **갈바리 의원**. 한국학중앙연구원-디지털강릉문화대전. http://gangneung.grandculture.net/Contents?local=gangneung&dataType=01&contents_id=GC00300025에서 검색.

김은정(2015). **호스피스 말기암 환자를 위한 음악치료 프로토콜 개발 및 효과검증**. 한세대학교 대학원 박사학위논문.

김은정(2018). 한국의 호스피스 음악치료. **한국호스피스완화의료학회지, 21**(4), 109-114.

보건복지부(2020). **호스피스 · 완화의료 및 임종과정에 있는 환자의 연명의료결정에 관한 법률(약칭: 연명의료 결정법)**. 국가법률정보센터. http://www.law.go.kr/법령/호스피스 · 완화의료및임종과정에있는환자의연명의료결정에관한법률에서 검색.

보건복지부, 국립암센터(2012). **완화의료팀원을 위한 호스피스완화의료 개론**(개정1판). 서울: 국립암센터.

보건복지부, 국립암센터(2020). **호스피스 · 완화의료 전문인력 표준교육 교재(2020년 개정판)**. http://hospice.cancer.go.kr/pain/archivesView.do?brd_no=97178에서 검색.

Dileo, C. (1999). Songs for living: The use of songs in the treatment of oncology patients. In C Dileo (Ed.), *Music therapy and medicine: Theoretical and clinical applications.* Silver Spring, MD: American Music Therapy Association, Inc.

Doka, K. J. (2016). *Grief is a journey: Finding your path through loss.* New York, NY: Simon and Schuster, Inc.

Hilliard, R. E. (2005). Music therapy in hospice and palliative care: A review of the empirical data. *Evidence-based Complementary and Alternative Medicine, 2*(2), 173-178.

Kübler-Ross, E., & Kessler, D. (2014). *On death and dying* (reprint ed.). New York, NY: Scribner. (original work published in 1969)

Kübler-Ross, E., & Kessler, D. (2014). *On grief and grieving: Finding the meaning of grief through the five stages of loss* (reprint ed.). New York, NY: Scribner. (original work published in 2005)

Lewis, M. J. (2007). *Medicine and care of the dying: A modern history.* New York, NY: Oxford University Press.

Olver, C. (2015. April 21.). Resurrecting the concept of 'Dying well': Conference paper on Dame Cicely Saunders's archives. In *Archives of Dame Cicely Saunders(1918~2005): Cataloguing the papers of the modern hospice pioneer.* Kings' College London Archives. https://cicelysaundersarchive.wordpress.com/에서 검색.

Mellzack, R., & Wall, P. D. (1965). Pain mechanisms: A new theory. *Science, 150*(3699), 971-979.

National Hospice and Palliative Care Organization (2016). *History of hospice care.* https://www.nhpco.org/history-hospice-care에서 검색.

Niebuhr, R. (1986). Epilogue: A view of life from th sidelines, In R. Mc. Brown (Ed.), *The essential Reinhold Niebuhr: Selected essays and addresses* (pp. 250-257). Yale University Press.

Saunders, D. C. (1976). Care of the dying—1. The problem of euthanasia. *Nursing Times, 72*, 1003-1005.

University College London (2009). *An introduction to pain pathways and mechanisms.* https://www.ucl.ac.uk/anaesthesia/StudentsandTrainees/IntrotoPain PathwaysandMechanisms에서 검색.

World Health Organization (2014). *Strengthening of palliative care as a component of integrated treatment throughout the life course.* Sixty-seventh World Health Assembly provisional agenda item 15.5(A67/31) (4 Apr 2014)

Worldwide Palliative Care Alliance (2014). *Global atlas of palliative care at the end of life.* London: Worldwide Palliative Care Alliance.

8장

고범석(2002). **치매노인 주부양자의 부양부담 감소를 위한 교류적 음악활동 프로그램 연구.** 숙명여자대학교 대학원 석사학위논문.

권중돈(1994). **한국 치매노인 가족의 부양부담 사정에 관한 연구.** 연세대학교 대학원 박사학위논문.

용진선, 홍현자(2004). 호스피스 환자의 돌봄 요구와 가족이 인지하는 환자의 돌봄 요구 비교: Q 방법론. **한국호스피스 · 완화의료학회지, 7**(2), 153-168.

이인애(2009). **치매어머니와 함께 음악치료과정에 참여하는 딸의 경험: 시설위탁을 결심하고.** 이화여자대학교 대학원 석사학위논문.

정순둘, 정세미, 김빛여울(2016). 세대 내, 세대 간 교류가 여성노인과 남성노인의 삶의 질에 미치는 영향: 세대 내 교류의 조절효과를 중심으로. **사회복지연구, 47**(2), 253-280.

한정아(2005). **뇌졸중 노인부부의 상호작용 촉진을 위한 음악치료활동 사례연구.** 이화여자대학교 대학원 석사학위논문.

Alfano, C. J. (2009). *Senior's participation in an intergenerational music learning program* (Doctoral dissertation). Retrieved from https://escholarship.mcgill.ca/concern/theses/t148fm809

Bédard, M., Molloy, D. W., Squire, L., Dubois, S., Lever, J. A., & O'Donnell, M. (2001). The Zarit Burden Interview: A new short version and screening version. *The Gerontologist, 41*(5), 652-657.

Belgrave, M. (2011). The effect of a music therapy intergenerational program on children and older adults' intergenerational interactions, cross-age attitudes, and older adults' psychosocial well-being. *Journal of Music Therapy, 48*(4), 486.

Belgrave, M., Darrow, A. A., Walworth, D., & Wlodarczyk, N. (2011). *Music therapy and geriatric populations: A handbook for practicing music therapists and healthcare professionals.* Silver Spring, MD: American Music Therapy Association.

Belgrave, M. J., & Keown, D. J. (2018). Examining cross-age experiences in a distance-based intergenerational music project: Comfort and expectations in collaborating with opposite generation through "virtual" exchanges. *Frontiers in Medicine, 5,* 214. doi:10.3389/fmed.2018.00214

Beynon, C., & Alfano, C. J. (2013). Intergenerational music learning in community and schools. In K. K. Veblen, D. J. Elliott, S. J. Messenger, & M. Silverman (Eds.), *Community music today* (pp. 121-132). Lanham, MD: Rowman & Littlefield Education.

Bowers, J. (1998). Effects of an intergenerational choir for community-based seniors and college students on age-related attitudes. *Journal of Music Therapy, 35*(1), 2-18.

Bradt, J., & Dileo, C. (2010). Music therapy for end-of-life care. *Cochrane Database of*

Systematic Reviews, 1, Art. No.:CD007169. doi:10.1002/14651858.CD007169.pub2

Clair, A. A. (2002). The effects of music therapy on engagement in family caregiver and care receiver couples with dementia. *American Journal of Alzheimer's Disease & Other Dementias®, 17*(5), 286-290.

Clair, A. A., & Ebberts, A. G. (1997). The effects of music therapy on interactions between family caregivers and their care receivers with late stage dementia. *Journal of Music Therapy, 34*(3), 148-164.

Clair, A. A., & Memmott, J. (2009). **노인음악치료**(제2판). (노인음악치료연구회 역). 서울: 시그마프레스. (원저는 2008년에 출판).

Clair, A. A., Tebb, S., & Bernstein, B. (1993). The effects of a socialization and music therapy intervention on self-esteem and loneliness in spouse caregivers of those diagnosed with dementia of the Alzheimer type: A pilot study. *American Journal of Alzheimer's Care and Related Disorders & Research, 8*(1), 24-32.

Clements-Cortes, A. (2011). Portraits of music therapy in facilitating relationship completion at the end of life. *Music and Medicine, 3*(1), 31-39.

Conway, C., & Hodgman, T. M. (2008). College and community choir member experiences in a collaborative intergenerational performance project. *Journal of Research in Music Education, 56*(3), 220-237.

Darrow, A. A., Johnson, C. M., & Ollenberger, T. (1994). The effect of participation in an intergenerational choir on teens' and older persons' cross-age attitudes. *Journal of Music Therapy, 31*(2), 119-134.

De Vries, P. (2012). Intergenerational music making: A phenomenological study of three older Australians making music with children. *Journal of Research in Music Education, 59*(4), 339-356.

Detmer, M., & Kern, P. (2017). Young and old together: Implementing an intergenerational music therapy program. *Imagine, 8*(1), 60-65.

Dvorak, A. L. (2011). *Music therapy support groups for cancer patients and caregivers* (Doctoral dissertation). Retrieved from https://doi.org/10.17077/etd.3zbutejc

Frego, R. J. D. (1995). Uniting the generations with music programs. *Music Educators Journal, 81*(6), 17-55.

Gardner, C. I. (1999). *Music therapy: Enhancing communication between family caregivers and their loved ones with dimentia* (Doctoral dissertation). Available from ProQuest

Dissertations and Theses database. (UMI No. 9935635)

Goldberg, D. P., & Williams, P. (1988). *The user's guide to the General Health Questionnaire*. Windsor, UK: NFER-Nelson.

Hanser, S. B., Butterfield-Whitcomb, J., Kawata, M., & Collins, B. E. (2011). Home-based music strategies with individuals who have dementia and their family caregivers. *Journal of Music Therapy, 48*(1), 2-27.

Hanser, S. B., & Clair, A. A. (1995). Retrieving the losses of Alzheimer's disease for patients and care-givers with the aid of music. In T. Wigram, R. West, & B. Saperston (Eds.), *The art and science of music therapy: A handbook* (pp. 342-360). Chur, Switzerland: Harwood Academic Publishers.

Harris, P. B., & Caporella, C. A. (2014). An intergenerational choir formed to lessen Alzheimer's disease stigma in college students and decrease the social isolation of people with Alzheimer's disease and their family members: A pilot study. *American Journal of Alzheimer's Disease & Other Dementias®, 29*(3), 270-281.

Jantz, R., Seefeldt, C., Galper, A., & Serock, K. (1976). *Test manual: The CATE, children's attitudes toward the elderly.* College Park, MA; University of Maryland, Center on Aging and the University of Maryland, College of Education.

Kim, B., & Dvorak, A. L. (2018). Music therapy and intimacy behaviors of hospice family caregivers in South Korea: A randomized crossover clinical trial. *Nordic Journal of Music Therapy, 27*(3), 218-234.

Knox, V. J., Gekoski, W. L., & Kelly, L. E. (1995). The Age Group Evaluation and Description (AGED) inventory: A new instrument for assessing stereotypes of and attitudes toward age groups. *International Journal of Aging & Human Development, 40*(1), 31-55.

Krout, R. E. (2003). Music therapy with imminently dying hospice patients and their families: Facilitating release near the time of death. *American Journal of Hospice and Palliative Medicine, 20*(2), 129-134.

Lawton, M. P. (1988). Scales to measure competence in everyday activities. *Psychopharmacology Bulletin, 74*, 609-614.

Lindstrøm, S. M. (2018). 죽음을 앞둔 가족원과 함께 하는 가족: 완화 돌봄에서 전인적 음악치료 접근. S. L. Jacobsen & G. Thompson 편저, **가족과 함께 하는 음악치료: 치료적 접근과 이론적 조망** (김경숙, 김은주, 황은영 공역) (pp. 335-354). 경기: 교육과학사. (원저는

2017년에 출판).

Newman, S., Morris, G. A., & Streetman, H. (1999). Elder-child interaction analysis: An observation instrument for classrooms involving older adults as mentors, tutors, or resource persons. *Child & Youth Services, 20*(1/2), 129-145.

Ridder, H. M. (2018). 보호에서의 파트너: 음악치료에 대한 심리 사회적인 접근과 치매. S. L. Jacobsen & G. Thompson 편저, **가족과 함께 하는 음악치료: 치료적 접근과 이론적 조망** (김경숙, 김은주, 황은영 공역) (pp. 309-333). 경기: 교육과학사. (원저는 2017년에 출판).

Särkämö, T., Tervaniemi, M., Laitinen, S., Numminen, A., Kurki, M., Johnson, J. K., & Rantanen, P. (2014). Cognitive, emotional, and social benefits of regular musical activities in early dementia: Randomized controlled study. *The Gerontologist, 54*(4), 634-650.

Tolstedt, B. E., & Stokes, J. P. (1983). Relation of verbal, affective, and physical intimacy to marital satisfaction. *Journal of Counseling Psychology*, *30*(4), 573-580.

찾아보기

인명

내용

저자소개

■ **황은영**(Hwang Eun Young)

숙명여자대학교 음악치료학과 박사

현 숙명여자대학교 음악치료대학원 조교수

한국음악치료학회 이사

〈저서 및 역서〉

가족과 함께 하는 음악치료(공역, 교육과학사, 2018)

음악과 인간행동(공저, 학지사, 2019)

〈논문〉

가족노래만들기 활동이 입양가족의 가족응집력, 가족적응력, 부부 의사소통에 미치는 영향(공동, 예술심리치료연구, 2019)

음악치료사가 지각하는 국내 커뮤니티 음악치료의 인식 및 실행 현황 조사연구(공동, 교육치료연구, 2019)

호스피스 · 완화의료 환자를 대상으로 한 국내 · 외 음악치료 연구 메타분석(공동, 한국음악치료학회지, 2019)

■ **문서란**(Moon Seo Ran)

숙명여자대학교 음악치료학 박사

현 숙명여자대학교 음악치료대학원 초빙교수

삼성노블카운티 음악치료사

〈저서〉

음악치료학(3판, 공저, 학지사, 2015)

〈논문〉

사물놀이의 자진모리장단이 노인의 상지근육 활동도수에 미치는 영향(단독, 한국음악치료학회지, 2005)

치매노인을 위한 한국형 MBECF(Korean version of Music-Based Evaluation of Cognitive Functioning)의 타당도와 신뢰도 연구(공동, 한국음악치료학회지, 2014)

노래활동이 뇌의 주의집중도와 뇌 활성량 변화에 미치는 영향(공동, 한국음악치료학회지, 2016)

▣ **김경숙**(Kim Kyung Suk)

University of Minnesota 음악치료학과 박사

현 한세대학교 대학원 음악치료전공 교수

〈저서 및 역서〉

음악치료에서의 진단평가(학지사, 2008)

음악치료연구법(공저, 시그마프레스, 2015)

음악치료 탐구: 논점과 이해(공역, 학지사, 2016)

〈논문〉

음악치료가 암환자 기분상태에 미치는 영향에 관한 연구(공동, 한국음악치료학회지, 2014)

2014년 보건복지부지정 54개 호스피스 완화의료 기관내 음악치료 현황(공동, 인간행동과 음악연구, 2015)

공감적 음악치료 프로그램이 호스피스 보호자들의 정서 변화와 프로그램 필요 인식에 미치는 영향(공동, 한국예술치료학회지, 2019)

▣ **고범석**(Ko Bum Suk)

한세대학교 일반대학원 음악과 박사 수료(음악치료전공)

전 숙명여자대학교 음악치료대학원 임상실습 슈퍼바이저

서울특별시 은평구 치매안심센터 음악치료사

현 한세대학교 대학원 음악치료전공 강사

〈저서 및 역서〉

노인음악치료(공역, 시그마프레스, 2009)

21인의 음악치료사가 들려주는 임상이야기: 음악치료 임상사례집(공저, 학지사, 2019)

〈논문〉

K-MBECF(Korean version of Music-Based Evaluation of Cognitive Functioning) 단축형 개발을 위한 문항 분석 및 내용타당도 검증(공동, 한국음악치료학회지, 2017)

치매 환자의 인지재활 음악치료 효과에 대한 체계적 문헌고찰 및 메타분석(공동, 한국음악치료학회지, 2017)

음악이 정서에 미치는 조절 효과에 대한 체계적 문헌고찰: 신경화학적 측면을 중심으로(공동, 한국음악치료학회지, 2018)

올 댓 노인 음악치료
–노인을 위한 음악치료의 이론과 실제–
All That Elderly Music Therapy

2020년 9월 15일 1판 1쇄 인쇄
2020년 9월 20일 1판 1쇄 발행

지은이 • 황은영 · 문서란 · 김경숙 · 고범석
펴낸이 • 김진환
펴낸곳 • ㈜ 학지사
04031 서울특별시 마포구 양화로 15길 20 마인드월드빌딩
대표전화 • 02-330-5114 팩스 • 02-324-2345
등록번호 • 제313-2006-000265호

홈페이지 • http://www.hakjisa.co.kr
페이스북 • https://www.facebook.com/hakjisa

ISBN 978-89-997-2194-6 93180

정가 17,000원

이 도서의 국립중앙도서관 출판시도서목록(CIP)은 서지정보유통지원시스템 홈페이지(http://seoji.nl.go.kr)와 국가자료공동목록시스템(http://www.nl.go.kr/kolisnet)에서 이용하실 수 있습니다.
(CIP 제어번호: CIP2020036201)